教育部人文社会科学研究规划基金项目（19YJA630062）
广西科技重大专项资助（桂科 AA23062024）

战略性新兴产业的触发机制与高质量发展路径研究

ZHANLÜEXING XINXING CHANYE DE CHUFA
JIZHI YU GAOZHILIANG FAZHAN LUJING YANJIU

孙理军　张　琦　刘家国　张　尧　著

图书在版编目(CIP)数据

战略性新兴产业的触发机制与高质量发展路径研究/孙理军等著. —武汉:中国地质大学出版社,2024.9. —ISBN 978-7-5625-5978-8

Ⅰ. F269.24

中国国家版本馆 CIP 数据核字第 2024B28L68 号

战略性新兴产业的触发机制与 高质量发展路径研究	孙理军　张　琦 刘家国　张　尧	著

责任编辑:沈婷婷	选题策划:陈　琪	责任校对:宋巧娥

出版发行:中国地质大学出版社(武汉市洪山区鲁磨路388号)　　邮编:430074
电　　话:(027)67883511　　传　　真:(027)67883580　　E-mail:cbb@cug.edu.cn
经　　销:全国新华书店　　　　　　　　　　　　　　　　　http://cugp.cug.edu.cn

开本:787毫米×960毫米　1/16　　　　　　　字数:257千字　　印张:13.25
版次:2024年9月第1版　　　　　　　　　　　印次:2024年9月第1次印刷
印刷:武汉邮科印务有限公司

ISBN 978-7-5625-5978-8　　　　　　　　　　　　　　　　　　定价:58.00元

如有印装质量问题请与印刷厂联系调换

前　言

以重大技术突破和重大发展需求为基础的战略性新兴产业是形成新质生产力的关键,已成为世界主要国家和区域适应前沿科技和产业变革、构建现代化产业体系、全面塑造科技与经济竞争新优势的优先战略,大规模培育和发展战略性新兴产业的重大实践迫切需要深化触发机制和高质量发展路径的理论认识。2010 年《国务院关于加快培育和发展战略性新兴产业的决定》发布以来,中国战略性新兴产业企业数量不断增加,规模稳定增长,成为驱动中国新质生产力形成和发展的重要组成部分。2021 年 3 月,《中华人民共和国国民经济和社会发展第十四个五年规划和 2035 年远景目标纲要》进一步明确了战略性新兴产业在国家"构筑产业体系新支柱""培育壮大产业发展新动能"等方面的重要地位,以及"扩大战略性新兴产业投资""战略性新兴产业增加值占 GDP 比重超过 17%"等关键发展目标。战略性新兴产业的大规模扩张与高质量成长依赖于相关企业的触发及成长、创新状况,以及路径选择。与其他产业相比,战略性新兴产业的成长潜力更大、创新活动更明显,但面临的技术、市场风险和不确定性更高,因而在一定程度上弱化了相关企业孕育、成长与创新的积极性,出现了部分产业企业发展相对迟缓、经济效益与创新产出较低、发展停滞的现象;同时,创新驱动的战略性新兴产业的发展具有破坏旧模式、探索新路径的特性,而新路径是在多种因素的复杂作用下形成的。对此,本书重点研究战略性新兴产业的触发机制与高质量发展路径。

产业的诱发因素及其累积叠加如何导致产业启动,即产业的孕育及导入,本质上属于产业的来源及兴起(孙理军等,2020a);产业高质量发展路径,讨论影响产业发展的多种因素组合如何更好地应对产业机遇、应对挑战,寻求产业的市场竞争力或产业收益。战略性新兴产业的触发是技术创新与市场演化的动态匹配,是多主体协同的科技创新、产业市场发展、新产业生态体系创建与嵌入的复杂过程。解析战略性新兴产业的触发过程及其机制是探索性和解释性的研究,应用建立理论的案例分析是较为恰当的研究方法。新兴产业诞生于标准产业分类边缘或交界处，影响触发的变量多，早期阶段很难识别，同时，受到数据可得性限制，而历史档案法提供了广泛、关键的研究资源，可以应用于分析新兴产业。另外，新兴产业系统构建和新兴产业形成的分析重点已从系统元素和系统结构扩展到系统核心功能，采用功能方法分析战略性新兴产业的触发过程，可以对不同国家、不同区域、不同制度环境下的战略性新兴产业的触发过程和影响因素进行横向比较，更好地揭示产业初始资源禀赋、主体功能等方面差异及其对触发绩效的影响，揭示产业触发的国家特征，优化产业创新资源的配置，并结合组态视角认识战略性新兴产业高质量发展的核心条件、边缘条件；可以通过描述和解释典型新兴产业变化的纵向分析，追踪随时间变化的产业主体活动及其功能演化，更系统地探索产业触发的外部作用、内部驱动力量及其相互作用的累积效应，进而确认产业触发过程及其绩效的决定因素，有助于提高新兴产业触发过程及其策略的运用能力。为此，本书研究下列问题。

(1) 新兴产业触发过程及其机理的理论分析。现有研究更多地关注产业生命周期整体，讨论新兴产业的发展和演化。由于新兴产业的触发是技术创新、新市场发展、制度及环境变革的多主体参与及其互动的复杂演化过程，不同阶段的技术、市场组织和环境等方面具有明显的异质性。研究聚焦于战略性新兴产业的触发阶段，结合文献研究及中国战略性新兴产业的现实问题，基于生态创新系统、功能分析视角，借鉴和拓展新兴产业发展的"技术-组织-环境"(Technology-Organization-Environment，简称 TOE)分析框架，探讨新兴产业孕育和导入阶段新技术、新市场、新环境的供给、需求及支持条件等要素；探索中国战略性新兴产业启动中多尺度空间创新主体及其异质化资源禀赋、差异化功能定位、优先活动选择、期望价值实现路径，揭示战略性新兴产业触发过程价值创造主体的行为特征及主要机制，阐释战略性新兴产业系统构建和嵌入过程中多主体的技术创新、产业组织创新、政策环境支持创新等子系统，以及子系统间交互作用，构建一个战略性新兴产业触发过程的关键变量及其功能链接影响绩效的理论分析模型，说明战略性新兴产业触发的内在作用机理。

(2) 中美量子通信产业触发过程及其绩效的案例比较。中国与发达国家具有均等的战略性新兴产业兴起机会，但不同的历史背景、技术-非技术因素组合，以及触发决策、规划等影响，可能引起产业触发绩效的差异。本书选择量子通信产业作为战略性新兴产业典型案例，应用文献计量学分析、专利分析等方法，追踪、比较中美量子通信产业的触发实践过程，归纳、总结战略性新兴产业触发过程及内在机制的中国特色及经验。在理论认知战略性新兴产业触发过程的基础上，系统地进行产业回溯分析，通过多渠道收集、检索、梳理中美量子通信产业新技术、新市场和新政策环境的资料数据，结合文献、专利、商业等多源异构数据，应用时间序列和内容分析方法，比较认识中美量子通信触发实践的基础研究、技术创新、市场培育及需求拓展状况，探索产业企业、大学、政府等多主体参与量子通信触发的产业市场、科技、政策环境创新及其互动演化，量化分析、客观判断中美两国量子通信行业的触发现状、主要绩效及变化趋势，识别、归纳中国量子通信触发的多主体功能与角色特征，获取影响战略性新兴产业触发过程变量的本质性事实及其关联，提炼、揭示中国量子通信孕育及导入历史过程中研发、市场、政策环境的系统特征、国家特色与主要机制。

（3）中国战略性新兴产业企业的触发绩效研究。归纳、总结中国战略性新兴产业企业的典型触发模式，建立并实证检验中国战略性新兴产业企业典型触发模式类型、动态能力与企业成长及创新绩效的关系，揭示战略性新兴产业企业有效触发的内在机制。2010年以来，中国战略性新兴产业企业的培育成就举世瞩目，但战略性新兴产业企业触发的中国方案理论构建、中国战略性新兴产业企业的高质量培育研究有待深化。本书基于资源基础理论、核心能力理论和企业发展绩效理论，根据新兴产业生态系统构建和嵌入中主体的资源禀赋及功能定位、触发过程的关键活动等差异，探索、总结中国战略性新兴产业企业触发的4类典型模式：自然人创业触发型企业、政府机构及国企触发型企业、民营及外资企业触发型企业、大学和研究机构触发型企业。构建战略性新兴产业企业触发模式类型、动态能力与企业成长、创新绩效的理论框架模型，将国家统计局发布的《战略性新兴产业分类》与《国民经济行业分类》衔接，利用2013—2021年286家中国战略性新兴产业上市企业的数据，使用面板回归模型，运用Stata15.1软件进行实证分析发现：中国战略性新兴产业企业触发模式类型的分布具有差异，而且不同触发模式的战略性新兴产业上市企业的成长绩效和创新绩效存在差异，其中，自然人创业触发型企业数量最多，但其他类型的触发模式在成长绩效、创新绩效方面更为显著，如大学和研究机构触发型企业的成长绩效相对最高，政府机构及国企触发型企业的创新绩效相对最高；动态能力对战略性新兴产业上市企业的成长绩效、创新绩效均具有显著正向影响，并在企业触发模式类型和企业绩效之间发挥中介作用，但动态能力不同维度的贡献存在差异，表现为感知学习能力能够显著提升企业的成长绩效、创新绩效，资源整合能力仅显著提升企业成长绩效，知识创造能力仅显著提升企业创新绩效。这一结果揭示了企业触发模式类型、动态能力与企业成长绩效和创新绩效的内在联系、作用机制,以及不同动态能力维度对企业绩效的贡献差别,表明战略性新兴产业企业的复杂触发过程,不仅需要关注企业触发的初始资源禀赋和功能定位,而且需要关注触发主体感知、获取、整合资源等动态能力的不同。本书提出的战略性新兴产业企业触发模式变量,突破了局限于政策、技术等变量的既有研究;基于功能分析、动态能力探索战略性新兴产业触发企业成长、创新绩效的框架视角,较为系统地考察了影响企业触发绩效的初始资源禀赋和演化因素,实现产业演化理论与创新系统理论的融合,揭示了触发企业初始条件及其关键活动对企业成长和创新的影响机制,提供了中国战略性新兴产业企业分类触发和有效触发的重要信息,探索了战略性新兴产业典型企业触发模式影响企业绩效的内在作用机理,并为相关政策的靶向性提供了理论支持和实践支撑。因而,有理由认为课题的研究丰富、深化了对战略性新兴产业触发过程及其绩效的机理认识。

(4)中国战略性新兴产业高质量发展路径。针对影响战略性新兴产业发展质量的因素,从产业技术、产业组织投入和产业环境3个维度,选取突破性创新、渐进性创新、资本要素、劳动力要素、外商投资、政府支持、市场集中度7个要素作为条件变量,采用模糊集定性比较分析方法(Fuzzy-Set Qualitative Comparative Analysis,简称 fsQCA),探究产业高质量发展和低质量发展的前因条件组合及其作用,发现战略性新兴产业高质量发展有自主研发驱动型、资源禀赋驱动型、外资促进型和市场集中型4条路径。自主研发驱动型路径的核心是高资本投入和强大的自主研发能力;资源禀赋驱动型路径主要依赖资本和劳动力要素投入,以及渐进性创新能力,同时市场集中度、突破性创新和政府支持起辅助作用。外资促进型路径的核心条件是外商直接投资、资本投入和突破性创新能力,劳动力投入和渐进性创新是重要的辅助条件。市场集中型路径的关键是较高的市场集中度、外资参与度和突破性创新能力,渐进性创新作为有益补充。资本要素投入、自主创新能力、外资参与度和市场化程度是影响战略性新兴产业能否实现高质量发展的关键因素。政府应加大对创新活动的支持力度,营造公平竞争的市场环境,鼓励外商投资,引导产业加大研发投入,提升自主创新能力,推动战略性新兴产业向高质量发展阶段迈进。对于因资源、技术、环境等多重因素而陷入低质量发展困境的产业,不能从单一的因素视角考虑,要综合产业技术创新能力、产业组织投入和产业发展环境多个方面,注重充分利用外资、增加固定资产投资和突破性创新能力的提升,针对战略性新兴产业不同行业的特点制定策略,推动产业高质量发展。

(5)中国战略性新兴产业的治理策略和政策建议。战略性新兴产业的触发和高质量发展需要解决技术突破、市场拓展、政策创新等方面的关键问题,积极探索和创新产业治理架构。本书依据中国战略性新兴产业触发的关键特征和影响企业触发绩效的机理认识、高质量发展的组合条件、路径,变革传统的规范政策干预模型,使用"问题＋目标＋手段＋约束"的政策架构,基于中国战略性新兴产业触发和演化过程的3个匹配,即相关主体的功能定位和资源禀赋结构匹配、触发主体的关键活动与价值创造匹配,以及产业生态系统的构建与技术、市场、政策环境创新的匹配分析,结合技术、市场的演化趋势与发展路径,以及中国战略性新兴产业触发的基础条件评估、重大机遇与主要挑战的探讨,考虑目标、约束条件及动态适应性等原则,提出中国战略性新兴产业的治理策略及政策建议,为中国战略性新兴产业高质量培育和有效治理提供决策参考。

与已有研究成果比较,本书可能有以下进展。第一,研究问题更为聚焦。本书主要讨论战略性新兴产业的触发过程及高质量发展路径,更能体现中国加快战略性新兴产业发展的现实需求及其政策靶向性要求。第二,分析框架的维度更具综合性。本书应用TOE多维分析框架,结合战略性新兴产业触发相关主体的资源禀赋、功能定位差异及其优先活动等,分析和讨论战略性新兴产业触发的关键因素、逻辑关系及多因素组合共同影响,可以克服仅仅关注技术、政策等单维因素的局限。第三,研究背景及内容的时代特征更显著。不同于中国决定发展战略性新兴产业后的产业趋势与培育探索等已有研究,经过十多年实践的中国战略性新兴产业已初具规模并提出了"十四五"发展的具体目标,因而对中国战略性新兴产业触发实践和高质量发展的理论阐释,转向了产业触发绩效评价、典型触发模式探讨、高质量发展路径及研究治理政策完善等,这些构成了中国战略性新兴产业发展新阶段重要的研究组成部分。

目 录

1 绪 论 …………………………………………………………………… (1)
  1.1 研究背景与选题价值 ………………………………………………… (1)
  1.2 国内外研究现状 ……………………………………………………… (5)
  1.3 主要研究内容与框架 ………………………………………………… (10)
  1.4 课题研究重点、难点 ………………………………………………… (13)
  1.5 可能的创新之处 ……………………………………………………… (13)

2 战略性新兴产业企业触发过程的理论分析 ……………………………… (17)
  2.1 战略性新兴产业触发的质性特征与关键要素 ……………………… (17)
  2.2 战略性新兴产业触发体系的功能分析 ……………………………… (18)
  2.3 战略性新兴产业触发过程的解析 …………………………………… (19)
  2.4 战略性新兴产业触发过程的理论框架构建 ………………………… (25)

3 战略性新兴产业触发过程：中美量子通信产业案例比较 ……………… (27)
  3.1 量子通信：创新发展趋势与国家竞争 ……………………………… (28)
  3.2 中美量子通信孕育及导入历史过程的回溯分析 …………………… (43)
  3.3 中美量子通信产业触发：主体行为及其功能定位 ………………… (50)
  3.4 中美量子通信产业触发过程的主要机制 …………………………… (65)
  3.5 中美量子通信的触发绩效比较 ……………………………………… (71)
  3.6 中美两国量子通信产业触发过程的政策启示 ……………………… (99)

4 战略性新兴产业企业触发模式、动态能力与绩效关系研究 …………… (100)
  4.1 基本概念与理论基础 ………………………………………………… (101)
  4.2 理论分析与基本假设 ………………………………………………… (111)
  4.3 模型设定与数据来源 ………………………………………………… (117)

  4.4 实证结果与分析 ·· (122)
  4.5 研究结论与讨论 ·· (138)
5 战略性新兴产业高质量发展路径 ································ (142)
  5.1 发展要素、路径与发展质量 ································ (144)
  5.2 研究设计 ·· (146)
  5.3 数据处理及结果分析 ·· (148)
  5.4 研究结论与讨论 ·· (159)
6 中国战略性新兴产业触发的治理策略及政策建议 ············ (161)
  6.1 中国战略性新兴产业触发的基础条件评估 ··············· (161)
  6.2 中国战略性新兴产业触发的重大机遇 ····················· (162)
  6.3 中国战略性新兴产业触发的主要挑战 ····················· (164)
  6.4 中国战略性新兴产业触发策略与政策改进的核心思想 ··· (165)
  6.5 中国战略性新兴产业触发的策略选择及政策建议 ········ (167)
主要参考文献 ·· (172)
后　记 ·· (199)

1 绪 论

1.1 研究背景与选题价值

1.1.1 课题研究背景

经济发展本质上是科技创新、产业结构变化的过程(林毅夫,2010)。新兴产业已经成为现代市场经济成功获得经济增长、就业、竞争力和可持续性的核心(Hung & Chu,2006;Murtha et al.,2001),但新兴产业的诞生、发展源于技术创新与市场机遇的耦合和匹配(孙理军等,2020a),是新兴技术的研发、商业化示范、规模化发展与广泛应用的复杂过程,包括产业关键技术突破及其完善与应用阶段、新兴市场开发及产业竞争能力构建阶段(熊勇清和柯静,2017)。新兴产业的触发并非完全由市场驱动,而是由产业的诱发要素及其累积叠加导致产业启动,从而获得产业的萌芽及导入。产业触发的创新系统具有动态性(Cao & Zabe-Brechtel,2011;Conti et al.,2013)。面对新一轮全球科技突破和产业系统变革,世界主要国家和区域将培育战略性新兴产业作为获得与保持科技前沿地位、构建产业竞争优势的优先战略。有效利用战略性新兴产业触发的窗口机会和机遇是新时代国家治理的重要历史选择。但是,新兴产业技术、市场的不确定性高,知识创造及其商业化超越了传统组织边界、地理和技术空间,产业触发是多主体参与的共同价值创造、新兴科技与新持续市场演化及融合的新兴产业探索过程,面临新技术、新市场、新模式等系统变革(余东华和吕逸楠,2015;Yu et al.,2016;Kuhlmann et al.,2019;孙理军等,2020a)。

发展战略性新兴产业已经成为世界主要国家和地区的战略目标。不过,在实践中,发达国家的相关新兴产业也处于早期探索阶段,没有既成模式(王宇和刘志彪,2013)。美国一直重视战略性新兴产业发展,2021年提出《无尽前沿法案》，聚焦人工智能、量子计算等 10 个关键领域发展。中国经济发展进入新阶段，国务院明确将战略性新兴产业作为培育国家经济增长新动能、推动产业融合、优化产业结构、加快发展和构建现代产业体系，引领、带动经济高质量发展和建设创新型国家的战略基点（孙理军等，2020a；胡怀国，2021）。2010年，《国务院关于加快培育和发展战略性新兴产业的决定》提出发展七大战略性新兴产业，旨在提升国家经济体系的自主发展水平，此后中国持续、多层次、大范围地规划和发展战略性新兴产业；2012 年国务院制定《"十二五"国家战略性新兴产业发展规划》，各省市均发布了战略性新兴产业的推进方案、专项规划，出台了系列支持政策，制定了战略性新兴产业的具体发展指标（刘晖等，2014）；2016 年国务院印发《"十三五"国家战略性新兴产业发展规划》，随后，中国战略性新兴产业的规模迅速扩张。实践中，大规模的战略性新兴产业规划和发展亟待解决产业启动过程及发展质量等问题，如我国战略性新兴产业整体位于价值链中低端行业及加工制造、装配和应用环节，关键技术、材料、零部件和装备等方面的自主性、国产化水平较低，产业盲目重复建设和产能过剩现象等无效供给严重；支撑战略性新兴产业高质量发展的要素投入质量不高，调控和治理政策滞后（吕岩威和孙慧，2014；陆国庆等，2014；汪文祥，2019；孙理军等，2020b；王昶等，2020）。2021 年 3 月，中国发布的《中华人民共和国国民经济和社会发展第十四个五年规划和 2035 年远景目标纲要》，进一步明确了战略性新兴产业在国家"构筑产业体系新支柱""培育壮大产业发展新动能""前瞻谋划未来产业""加速形成若干未来产业""全面塑造发展新优势"中的独特地位，以及"扩大战略性新兴产业投资"、推动国有经济"向前瞻性战略性新兴产业集中"、2025 年"战略性新兴产业增加值占 GDP 比重超过 17%"等发展要求与关键目标，开启了中国战略性新兴产业大规模触发和高质量发展的重大实践。中国战略性新兴产业的规模迅速扩张。党的二十大报告提出"发展壮大战略性新兴产业"是贯彻新发展理念、推进高质量发展、构建新发展格局的战略部署。战略性新兴产业的大规模扩张依赖于相关企业的触发及其成长与创新状况、高质量发展路径选择。与其他产业相比，战略性新兴产业的成长潜力更大、创新活动更明显，但面临的技术、市场风险和不确定性更高，因而在一定程度上弱化了相关企业孕育、成长与创新的积极性，出现了部分产业企业发展相对迟缓、经济效益与创新产出较低、发展停滞的现象；同时，创新驱动的战略性新兴产业发展具有破坏旧模式、探索新路径的特性，而新路径是在多种因素的复杂作用下形成的。如何有效地促进大规模的战略性新兴产业触发及高质量发展,获得产业系统变革的机遇及竞争优势,是中国实现战略性新兴产业战略规划目标的关键问题,也是战略性新兴产业治理的理论挑战(陆国庆等,2014;王昶等,2020)。对此,本书研究战略性新兴产业的触发机制与高质量发展路径。

1.1.2 课题研究目标与价值

1.1.2.1 主要研究目标

理论目标:①深化并应用"技术-组织-环境"分析框架,解析战略性新兴产业规模化发展的触发过程中技术创新、产业市场拓展、政策环境演化的关键变量及其动态互动关系、主体功能及其价值创新模式,揭示战略性新兴产业触发过程的主要机制、发展路径的核心条件及边缘条件;②归纳、评估中国战略性新兴产业规模化发展的典型触发模式,系统阐述战略性新兴产业发展实践经验的中国方案特色和理论发展。

应用目标:①探讨、识别中国战略性新兴产业规模化触发和高质量发展路径的决定因素及关键变量,解析中国战略性新兴产业发展的触发机制与效应,为中国战略性新兴产业大规模触发和高质量发展实践提供机理认知和治理依据;②实证分析中国战略性新兴产业的触发绩效和驱动路径,提出中国战略性新兴产业规模化发展的治理策略及政策建议。

1.1.2.2 课题研究价值

理论价值。拓展、深化战略性新兴产业发展触发机理和发展路径的理论认知,完善和丰富新兴经济大国战略性新兴产业的创新管理理论。战略性新兴产业的技术、市场不确定性高,产业触发是多主体参与的新科技、新市场及治理模式演化的探索过程(余东华和吕逸楠,2015;Yu et al.,2016;Kuhlmann et al.,2019),制度环境、机制创新、路径选择是产业触发与演化过程的重要组成部分,发达国家没有既成理论。产业生命周期、创新管理理论等现有理论,假设特定的创新系统、环境创造新兴产业,忽视了产业兴起的背景及经验、创新系统的动态性(Xu et al.,2018;孙理军等,2020b),或者基于市场竞争机制的经济效率驱动,很少关注新兴产业的出现过程及其非系统规划等创新(Conti et al.,2013)。开放背景下,发展中的大国与发达国家在新兴产业孕育方面具有同等机会,但两者不同的禀赋及因素、条件组合可能导致不同的触发特征及有效路径(孙理军等,

2020a)。中国战略性新兴产业的培育实践举世瞩目,研究中国战略性新兴产业的触发过程与发展路径,讨论关键因素及边缘条件、主体功能的作用机制、典型企业触发模式及其绩效,可以更好地理解战略性新兴产业触发机理与过程;采用探索性案例研究,选择、聚焦量子通信行业的触发过程,应用文献分析、回溯分析,比较追踪中美在这一典型战略性新兴产业的新技术、新市场和相关创新政策环境的演化,系统总结、揭示战略性新兴产业代表性行业触发的中国方案特色、实践经验及主要机制,构建和完善战略性新兴产业触发的理论框架模型,可以丰富和推进新兴产业创新理论研究。

应用价值。论证、总结中国战略性新兴产业企业触发的典型模式、高质量发展的路径、典型行业触发的特色经验,评估中国战略性新兴产业的触发绩效,提出完善中国战略性新兴产业孕育及发展的治理策略选择和政策建议。一是课题研究拓展政-产-学-研等多主体协同的创新系统框架,实证分析中美在战略性新兴产业量子通信行业触发的主体功能和国家特色、主要机制与实践绩效,科学认识中国量子通信行业触发的进程,总结并揭示中美量子通信行业生态系统构建和嵌入中政策、市场、技术创新的主体功能和国家特色,基于案例解释性说明战略性新兴产业触发过程的理论分析框架。二是由于资源禀赋、主体功能等差异,战略性新兴产业的触发可能存在不同的行为特征,表现为典型的企业触发模式,进而可能在企业成长绩效和创新绩效方面存在区别;动态能力作为企业的核心能力,可能对战略性新兴产业企业的成长绩效和创新绩效产生重要影响。2010年以来,中国各地规划和实施的战略性新兴产业数量多、规模大,产业的触发绩效如何?是否存在典型的企业触发模式及相应的触发机制效应?课题总结十多年中国战略性新兴产业实践的企业典型触发模式,讨论企业触发模式类型、动态能力与中国战略性新兴产业企业成长绩效与创新绩效的关系。基于286家战略性新兴产业上市企业数据进行实证检验,深化认识中国战略性新兴产业企业触发过程,为中国战略性新兴产业企业的分类培育、战略性新兴产业企业成长绩效和创新绩效的有效改善,以及新兴产业生态系统的构建提供依据和决策参考。三是战略性新兴产业的发展路径和创新政策,确立并传达了国家、区域及产业的激励创新与期望发展目标及其实现渠道,是优化产业触发的治理策略、促进产业高质量培育的重要基础,但路径依赖及路径突破的差异、政策的供给需要全面评估战略性新兴产业兴起及发展的影响因素与组合、主体功能等变量,以及产业创新发展的策略,从而提高产业触发和持续发展的治理及政策绩效。近年来中国各部门、各层级政府发布的战略性新兴产业创新政策和战略数量多、涵盖内容广泛,但政策支持与激励的依据及其绩效管理有待研究。未来中国战略性新兴产业发展策略如何?如何完善新阶段中国战略性新兴产业创新政策?课题依据实证分析结果,结合中国战略新兴产业发展路径的组态分析、支持条件评估,以及面临的重大机遇和挑战探讨,提出中国战略性新兴产业触发及创新发展的策略选择和政策建议,为精准化触发和高质量培育国家战略性新兴产业提供治理决策参考。

1.2 国内外研究现状

1.2.1 新兴产业演化及触发的因素

相关文献讨论新兴产业的技术、市场及其演化与培育,认为新兴产业处于形成阶段,具有突破性创新、高度不确定性、利润较低等特征,由相互关联的"触发"因素引起,主要从技术创新、创新系统与创新网络、集体行动观点等视角关注新兴产业的触发、发展,强调特定创新系统、环境的作用(Carrizosa,2007;Audretsch et al.,2014;Luzzini et al.,2015;白雪洁和孟辉,2018;Xu et al.,2018;孙理军等,2020a)。研究产业发展阶段的判断方法,包括龚柏兹曲线拟合法、Logistic 曲线拟合法、净进入率法、产业规模统计和重大标志性事件等(熊勇清和柯静,2017;Huang et al.,2022;Li & Feng,2022)。分析新兴产业演化及触发的关键因素,包括原始培育能力、科技创新、市场需求、地理、政策等因素影响(Joshi et al.,2009;龚惠群等,2018;白雪洁和孟辉,2018;孙治宇和王庚,2019;许冠南等,2020),可以分为以下 3 类。

一是新技术推动。相关研究强调新技术的重要性,认为产业的出现主要由技术创新推动,新的知识和能力驱动。市场选择过程中将惩罚低"环境适应"的企业,只有那些创新的公司才能提升应对"环境"的能力、提高效率、获得更多的市场份额和生存时间,但企业创新过程中受到"死亡之谷、达尔文之海"等导致的不确定性影响,只有获得与创新过程创造的新机会相关的适当收益时才会降低失败率;由于模仿企业进入带来竞争,创新活动可能与公司的机会、特定的知识和能力积累、新颖性的创造能力相关联,企业的知识增长与确保内部经济、外部经济间的一致性能力有关(Andersson & Klepper,2013)。行业的技术变革、新产品和新服务供给带来的产业活力、重大技术创新的突破、产业关联的改变,以及技术变革与技术融合的创造性过程,都会构建和创造新兴产业,同时,技术创新的过程伴随着产业结构的演变,技术创新程度影响行业的市场价值(Lou et al.,2010;Krafft et al.,2014;黄鲁成等,2017;孙理军等,2020a);技术变革推动产业企业发展,供给侧是理解技术机会的关键(Shane,2001);技术积累增强的企业可以更有效地创新产品,提供企业经营和创新的补充或支持性要素,技术发展和技术积累的独特性和多样化组合创造价值、机会领域和竞争优势(Tripsas,1997;孙理军等,2020b)。结合创新程度分析,根本性创新一般带来新产业的创造、新企业的更多机会,也可能改变原有部门的发展路径、再构新的部门,带来某些重要产业的兴起,这类创新甚至可以按照可以识别、可以预测的方式发展(Krafft et al.,2014),技术变革能够创造机会,已有传统产业也可以通过创造性的破坏过程重塑自身,围绕技术变革改变关键参与者(孙晓华等,2018;孙理军等,2020b)。

二是市场拉动,市场需求、要素市场、市场化等促进新兴产业发展。创新系统、网络理论认为,产业的建立及演化需要某些机构和能力,并受要素市场、技术扩散网络、市场化等因素的影响。技术突破通常先于市场启动和技术的大规模商业化,但技术创新需要技术和市场的匹配,创新主体需要就技术和市场的未来预期达成一致。最低限度一致的规范和标准是技术扩散的重要条件,广泛的知识共享、技术能力和思想的联系,适度嵌入网络对新技术领域的企业创新绩效具有积极影响,国家创新系统往往带来不同国家产业创新绩效的差异(Bento & Fontes,2019)。在某种程度上,新兴产业的出现依赖于个体、行动者成为价值链及产业基础设施的节点,以及将其他行动者的利益与新兴产业的利益结合起来的能力。能够利用广泛网络中不同技术和市场理念的公司进行的新产品创新更容易成功;而且,企业可以通过市场演变策略影响技术的商业化发展机会,动态能力、技术与市场的匹配、跨市场应用的技术创新管理等,对新兴产业企业至关重要(Van de Ven,2005;Maine & Garnsey,2006;孙理军等,2020b)。Suzuki & Kodama(2004)研究发现,既定行业外部企业、价值链外部的行业进入者通过新技术和市场联系往往拥有更大的市场份额,带来更大的成功。产业孕育、可持续发展受到初始条件、经济主体选择的影响,已有的产业可以作为新兴技术创新系统的基础,与已有产业活动相关的新兴产业技术创新可以通过与已有产业的叠加获取收益(Freitas et al.,2013;王卉彤等,2014;Hanson,2018),初始制度和技术体制不同的国家往往在相同新产业发展领域表现出强烈的差异(Storz,2008)。创新系统理论阐述并建立了新技术发展系统支持条件的概念化框架,包括行动者、机构网络等结构要素。研究表明美国的创新体系催生了大量新兴产业,相反,日本的国家创新体系重在鼓励知识扩散,难以匹配新兴产业的发展需要,导致新产业的触发相当困难(Lynskey,2006;孙理军等,2020a)。已有产业、市场条件、资本市场、产业组织及国家创新体系等影响产业兴起及生存(Berchicci,2013;Hanson,2018;闫俊周等,2019),技术与市场的匹配、政府与产业关系、创新行动者网络、知识共享等影响产业出现(Andersson & Klepper,2013;程鹏等,2019)。实证研究证实,市场规模等对新兴产业的创新具有显著影响(Toole,2012),生态组织创新对产业企业的绩效影响很大(Lee & Kim,2016);需要构建基于制度条件、产业结构、资源与能力的战略性新兴产业商业模式、创新生态系统等(Cheng et al.,2014;李苏秀等,2018;张路蓬等,2019)。

三是新兴产业兴起过程受新能力、制度支持等影响。社会运动理论关注到新产业的触发特需的关键因素和制度。一国的新兴产业触发,可能源于传统产业的复兴、产业的嵌入,可能不同于国际新兴产业的兴起,需要新的组织形式,尤其是制度支持。技术创新理论、创新系统理论等难以直接应用于国家的新兴产业触发实践(Aldrich & Fiol,1994;Hambrick & Chen,2008;孙理军等,2020b)。集体行动提出产业兴起,通过新兴产业的需要来区分和发展独特的、其他在位者难以模仿的集体认同,从而为新产业及其发展铺平道路(Lounsbury et al.,2003)。Lechevalier 等(2014)发现,新兴产业的孕育和演化路径具有动态性,主要由已有大型公司而不是新公司触发新兴产业,研究性大学、国家实验室、企业的研究人员等关键参与者及其多样性影响触发过程。另外,全新技术的"新"活动显现出专业化模式,特定能力逐渐积累并限制产业的空间分布、技术多元化方向,如果与当地主体已有能力相关更可能取得成功(Colombelli et al.,2014)。对于原始性创新,刘小花和高山行(2013)强调动态知识流动、交换、合并和创新的触发机制;杨燕和蔡新蕾(2016)认为利益相关者通过内、外部两条路径的过滤机制、信号机制影响。在以色列,政府与产业关系、特殊的技术政策体制演化对软件产业的触发十分关键(Breznitz,2007)。如果市场和政策失效,产业企业可能追求社会资本投资而非从事创新的投资(Lu et al.,2014;刘冰和周绍东,2014)。对此,研究者通过创新行动者要素框架、三螺旋参与者网络、商业生态系统、创新生态系统等,讨论产业的发展及其不同、经济和社会因素(Lee & Kim,2016;Rong et al.,2018;李苏秀等,2018;张路蓬等,2019;Huang et al.,2022)。

1.2.2 新兴产业的触发机制

新兴产业源于政府培育、市场选择等的作用,Caniéls等的研究提出技术推动、需求拉动和政策驱动等作用机制(Caniéls & Romijn,2008;龚惠群等,2018)。行业动态和企业学习模型基于相关多样化、产业分叉等视角阐述新兴产业形成机制,提出专利原创性、知识流动、技术和产业关联、大学研究、企业衍生和多元化发展、创新利益相关主体合作平台对新产业的发展极为重要,破坏性的技术创新创造或吸引要素供给,导致新产业;产业结构变化刺激在位者创新,技术和制度变迁具有路径依赖性(Quatraro,2012;Foray & Raffo,2014;杨燕和蔡新蕾,2016)。组织生态理论基于机会窗口、创新环境、创新系统和价值链等视角,描述新兴产业发展过程中的集聚发展、报酬递增机制(Arbuthnott et al.,2010;赵建吉等,2019),认为结构性因素促进行动者创新,形成新的产业模式,市场需求、多主体参与是产业兴起的必要条件,领先市场能够解释非技术原创地的新兴产业发展及新兴技术的后向选择(Khaire,2014;蔡莉等,2018;刘可文等,2021);制度理论关注新兴产业如何获得机构支持和合法性,认为政策支持、制度供给和制度的一致性影响新兴产业的发展,技术发展与政策制度变革、市场变化动态互动和共同演化是战略性新兴产业培育机制,技术创新伴随多层规则体系演化,制度创新带来组织变革,改变新兴产业发展路径(Yin,2003;Ruan et al.,2014;Rasiah et al.,2016;黄凯南和乔元波,2018;黄紫微等,2018)。

1.2.3 战略性新兴产业的兴起及其发展机制、路径

一些研究认为战略性新兴产业的兴起与发展以重大技术突破为基础,核心技术创新、市场培育、学习效应和产业政策等极为关键(熊勇清等,2014;董明放和韩先锋,2016;姚潇颖等,2017;孙晓华等,2018;胡登峰等,2022);一些研究关注新兴技术的研究开发、技术的商业化与产业化、技术演化、市场需求及转化、产业创新及发展路径、政策激励、制度供给,以及创新绩效的影响因素,关注中国战略性新兴产业的技术研发、市场培育、制度激励等机制(肖兴志等,2014;Wang & Hsu,2018;黄先海和张胜利,2019;Sun et al.,2019;王炳成等,2020;张敬文等,2020;杨早立等,2021;Lee et al.,2022);一些研究解释产业孕育和发展的载体、动力、支撑体系、创新网络、产业创新系统、国际竞争力的作用机制及演化(Kondo,1999;戴魁早和刘友金,2016;赵黎明等,2017;伍健等,2018;刘华军等,2019;王宏起等,2020;陈文锋,2021;伍先福等,2021);还有一些研究解释了中国战略性新兴产业培育中产业基础与核心技术缺失、嵌入全球价值链低端、政策不匹

配、发展趋同性等问题,基于产业组织、价值链、国内外市场构建及融合、产业融合、技术和制度共同演化、技术和市场互动、区域创新体系与新兴产业发展的关联等视角,讨论战略性新兴产业的培育机制、政策和政府主导或者市场主导等模式、发展路径(董铠军,2019;刘洪民和刘炜炜,2019;Li et al.,2022)。

1.2.4 量子通信领域的创新发展

主要讨论量子通信技术领域的研究现状、演进趋势、前沿发展及市场竞争态势,认为量子通信的演进各阶段的研究主题有所不同,提出美国、中国等国家量子通信的基础研究和应用技术居于世界前列,但中国量子通信技术的有关论文等研究成果整体影响力有待提升(肖玲玲和金成城,2015;淮孟姣等,2016;申小曼和刘雪立,2022);研究全球量子信息科研竞争态势,认为政府是量子通信产业发展的关键推动因素,提出中国量子通信产业化在校企协作方式、产业支持政策等方面积累了一定的经验,但在关键器件、专利布局和标准制定方面存在薄弱环节(杨秀丽和赵今明,2018;张志强,2018;刘丹和何理;2021);提出要加强基础理论和学科交叉研究、企业合作和量子通信复合人才培养及人才队伍建设,重视量子通信具体发展计划,以及国际重要专利市场的前瞻性布局等举措(彭小宝和张宇,2018;沙锐等,2021)。

1.2.5 新兴产业兴起治理及其发展策略

产业治理强调国际竞争地位、自主创新能力,认为开放条件下的产业发展依靠创新投入及创新资源利用、制度资源的匹配(Musiolik et al.,2012;白让让,2016;曹萍等,2017;Guan & Pang,2017);提出新兴产业带来价值网络、价值创造、制度等方面的治理挑战,在治理原则、治理关系和治理工具等方面有别于传统治理框架,需要敏捷治理,关注产业政策工具、政策功能和与产业发展政策需求相匹配的演化机制(Halme et al.,2014;刘芸和朱瑞博,2018;江小涓,2018;薛澜和赵静,2019);讨论后发国家的产业自主发展存在陷阱并发现产业发展的资本、市场和技术等缺口,揭示新兴产业的发展模式应具有多元性(周亚虹等,2015;余明桂等,2016;孙理军等,2020a);产业存量资源和外部环境及政策共同影响新兴产业的选择与培育(Quitzow,2015;武光等,2015;黄永春等,2017;汤长安等,2018;许珂和耿成轩,2018);中国战略性新兴产业面临国际价值链、政治遏制两种阻击,不同阶段的产业培育政策应具有差异(邓衢文等,2012;Song et al.,2015;孙蕊和吴金希,2015)。

综上所述,已有成果富有启迪,但是这些研究存在以下不足。①集中于新兴产业全过程或者产业形成后的阶段发展,关注技术、市场、制度环境等维度的某些特定因素、某一主体,很少针对新兴产业孕育和导入阶段的不同主体、不同因素,系统阐释新兴产业触发过程的关键因素间作用、内在逻辑关系及其对高质量发展路径的影响,分析新兴产业的触发机制及其治理策略也相对有限;②新兴产业触发过程中技术、市场、环境维度的复杂因素互动演化差异是否形成典型的企业触发模式及相应机制,进而引致触发新兴产业规模化发展的政策靶向性支持,是否存在高质量的发展路径,有待进一步探讨;③研究对国内、国际要素共同作用甚至国内要素主导情景下的中国战略性新兴产业触发关注较少,结合某一典型战略性新兴产业触发实践进行主要国家触发绩效的比较及过程解析更少,对十多年中国战略性新兴产业规模化发展阶段的触发及治理实践系统的总结和理论阐释有待完善。

1.3 主要研究内容与框架

课题以中国战略性新兴产业为研究对象,完善和应用"技术-组织-环境"框架,构建中国战略性新兴产业触发过程的理论分析框架,并以量子通信为案例揭示中国战略性新兴产业触发的国家特色和内在机制;讨论和归纳中国战略性新兴产业企业的典型触发模式,并依据中国战略性新兴产业上市企业的数据,检验企业触发模式类型、动态能力与企业成长、创新绩效的关系,揭示中国战略性新兴产业企业触发绩效和触发过程的微观作用机理;基于组态分析,揭示影响中国战略性新兴产业高质量发展路径的核心条件及边缘条件;针对战略性新兴产业的触发需要突破技术领域、市场拓展、政策创新等方面的关键问题,结合中国战略性新兴产业触发的基础条件、重大机遇与主要挑战,基于触发主体功能定位和资源禀赋结构匹配、关键活动与价值创造匹配,以及策略选择与政策目标匹配的思路,提出中国战略性新兴产业触发的治理策略及政策建议。主要研究内容如下。

新兴产业触发过程及其机理的理论分析。基于战略性新兴产业的现实问题及文献、理论进展,依据学习机制与社会技术系统理论,基于生态创新系统视角,结合新兴产业触发阶段的技术、市场组织与环境方面特征变量,探讨新兴产业的新技术、新市场、新环境的触发因素、形成发展,借鉴 Arbuthnott 等(2010)的产业发展过程分析框架,讨论新兴产业孕育及导入的供给、需求及环境要素;应用 Sarpong 等(2017)创新模式模型,探索新兴产业启动中多尺度空间创新主体及其功能定位、创新机会窗口选择行为、期望价值实现路径,揭示新兴产业触发过程的多主体价值创造、动力等机制,阐释新兴产业系统构建和嵌入中多主体的技术创新、产业创新、政策环境支持等子系统创新,以及子系统间交互作用的演化及机制,构建新兴产业触发过程的"技术-组织-环境"创新及其影响产业触发绩效的理论模型,解释新兴产业触发的作用机理。

中美量子通信产业触发的过程及绩效比较。选择战略性新兴产业典型行业量子通信为案例,应用文献计量学分析(Dhar et al.,2022)、专利分析等方法,较为全面、系统地揭示中国战略性新兴产业触发的历史过程及内在机制作用。研究在理论认知新兴产业触发因素及触发过程的基础上,利用 CNKI、Elsevier 等数据库和文档等,多渠道收集、检索、梳理中美量子通信产业新技术、新市场和新政策环境的资料数据,进行三角验证,通过产业回溯分析,结合文献、专利、商业等多源异构面板数据分析,并将时间序列和内容分析应用于该行业兴起和发展过程分析,考虑背景及实践经验,推理、比较认识中美量子通信触发实践的基础研究、技术创新、市场培育和需求拓展状况,探索产业企业、大学、政府等多主体参与量子通信的产业市场、科技创新和政策环境互动演化过程,量化比较、客观判断中美两国量子通信行业的触发现状、主要绩效及变化趋势,识别、归纳中美量子通信触发的多主体功能与角色特征,获取影响相关触发过程变量的本质性事实及其关联,以便"从公开信息中萃取秘密",提炼、揭示中美量子通信孕育及导入历史过程中产业研发、市场、政策环境的功能与变化及其相互作用的系统特征、国家特点与内在机制,进而提出中国战略性新兴产业触发的探索性治理策略选择框架与创新政策建议。

中国战略性新兴产业的高质量发展路径和典型企业触发模式及其绩效与运行机制效应研究。中国战略性新兴产业的兴起具有与发达国家同等的机会,但不同的背景、不同的技术-非技术因素组合,以及触发决策、规划等影响,可能导致不同的发展路径、触发模式。2010 年以来,中国战略性新兴产业企业的培育成就举世瞩目。基于产业触发本身是一个多要素复杂的组合及互动关系,本书采用组态视角的 fsQCA 方法以有效分析、识别要素间的组合效应及其对于差异化发展路径的作用机制、核心条件及边缘条件,从而揭示中国战略性新兴产业高质量发展路径及其复杂因果关系;根据新兴产业生态系统构建和嵌入中主体的资源禀赋及功能定位等差异,依据国家战略性新兴产业的公开数据,总结、检验中国战略性新兴产业企业触发活动的关键特征变量,探索、总结企业触发的典型模式;由于面板数据可以在截面和时间二维空间反映变量的变化与特征,课题基于演化理论与动态能力视角,构建企业触发模式类型、动态能力与企业成长及创新绩效的理论模型,将国家统计局发布的《战略性新兴产业分类》与《国民经济行业分类》衔接,利用2013—2021年中国战略性新兴产业上市企业的数据,使用面板回归模型,运用Stata15.1软件,实证分析中国战略性新兴产业上市企业不同触发模式类型对企业成长绩效和创新绩效的影响、动态能力在企业触发模式和企业绩效的作用、机制及其效应,解释影响产业企业触发绩效的关键触发要素和路径,揭示中国战略性新兴产业企业触发实践的历史过程和触发绩效的微观作用机理,提供中国战略性新兴产业的有效触发信息。

中国战略性新兴产业触发的治理策略和创新政策建议。战略性新兴产业的触发需要解决技术突破、市场拓展、政策创新等方面的关键问题。课题依据新兴产业触发的理论分析框架、中国战略性新兴产业触发的关键特征和企业触发的内在机制,基于中国战略性新兴产业触发过程相关主体的功能定位和资源禀赋结构匹配、触发主体的关键活动与价值创造匹配,以及产业生态系统的构建与技术、市场、政策环境的匹配分析,结合中国战略性新兴产业触发的基础条件评估、重大机遇与主要挑战探讨,考虑约束条件及动态适应性等原则,阐述中国战略性新兴产业触发过程中的触发策略与政策完善目标,提出中国战略性新兴产业触发过程的治理策略及政策建议。

课题研究框架,见图1.1。

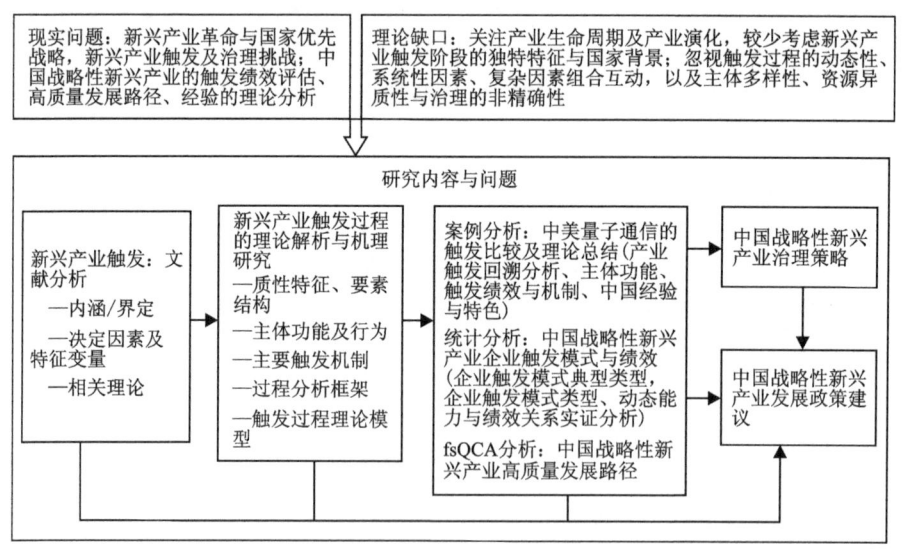

图1.1 课题研究框架

1.4 课题研究重点、难点

1.4.1 研究重点

新兴产业触发的过程及其机理；中国战略性新兴产业企业触发的典型模式与成长绩效、创新绩效关系；中国战略性新兴产业高质量发展路径；中国新兴产业触发的治理策略与政策建议。

1.4.2 研究难点

(1)新兴产业规模化发展的触发机理。新兴产业往往诞生于标准产业分类边缘或交界处，影响变量多，又受数据可得性限制。研究采用档案文献和产业演化分析法，把握新兴产业生态系统构建和嵌入过程的质性特征，典型行业量子通信的文档与统计数据，探讨比较新兴产业孕育及导入过程的"技术-组织-环境"要素构成、主体功能定位及资源禀赋、关键活动等变量与逻辑关系、主要机制及系统作用，揭示新兴产业触发过程机理。

(2)中国战略性新兴产业企业的触发治理策略。战略性新兴产业的触发需要探索和学习的创造空间，研究借鉴敏捷治理理念，把握新兴产业触发的机遇及关键问题、主体功能，解释产业触发过程的治理目标、约束条件与技术、市场组织、制度环境(含国际化)等维度的变量动态匹配关系、作用，提出中国战略性新兴产业触发治理策略。

1.5 可能的创新之处

与已有研究成果比较，本书取得以下进展。第一，研究问题更为聚焦。本书主要讨论战略性新兴产业的触发过程、高质量发展路径策略，更能体现中国加快这一发展的现实需求及其政策靶向性要求。第二，分析框架的维度更全面。本书应用"技术-组织-环境"多维分析框架(谭海波等,2019)，结合战略性新兴产业触发相关主体的资源禀赋、功能定位差异及其优先活动等，分析战略性新兴产业触发的关键因素、逻辑关系及多因素组合影响,可以有效克服仅仅关注技术、政策等单维因素的局限。第三,分析目的和背景更为明确。本书面向中国战略性新兴产业新阶段的现实背景,即经过十多年实践,中国战略性新兴产业已初具规模并提出了高质量发展要求。本书尝试对中国战略性新兴产业触发实践进行理论阐释,评价产业触发绩效、探讨典型触发模式、研究发展路径与政策完善等内容,主要创新如下。

一是聚焦战略性新兴产业的触发阶段,揭示新兴产业触发过程的内在机理。现有研究主要针对产业生命周期整体讨论新兴产业发展和演化,由于新兴产业是技术创新、新市场发展、制度及环境变革的多主体参与及其互动的复杂过程,不同阶段的技术、市场组织和环境方面具有明显的异质性。在新兴产业的触发阶段,关键技术已经突破,但技术选择、技术与市场的融合、市场拓展等处于孕育期,技术创新与相关系统的功能结合日益关键(Quitzow,2015),多主体参与价值共创、产业生态系统构建及嵌入。这也是科技创新子系统、产业市场创新子系统和政策环境创新子系统等功能构建与形成,以及子系统间的动态作用,共同影响和演化发展的阶段。研究借鉴已有成果,集中于新兴产业的触发阶段,整合和拓展利益相关者与创新生态系统理论,深化和拓展新兴产业触发过程的"技术-组织-环境"框架,解析新兴产业触发过程中创新主体的功能定位、价值期望、机会窗口重大选择行为特征,建立一个将新兴产业关键变量与功能作用链接的分析模型,探讨新兴产业触发在科技、市场组织和制度环境维度的主要因素、变量,展示新兴产业触发阶段的主体功能、重要活动行为特征及主要机制,说明新兴产业触发过程的内在作用机理。

二是追踪、比较量子通信产业的触发实践过程,总结战略性新兴产业触发的中国特色及经验。中国战略性新兴产业的兴起具有与发达国家同等的机会,但不同的背景、不同的技术-非技术因素组合,以及触发决策、规划等影响,可能导致触发特征的不同。选择量子通信这一典型战略性新兴行业作为案例,运用文献计量、专利统计分类、内容分析等方法,追踪中美战略性新兴行业触发实践的历史过程,揭示中美量子通信产业形成过程中基础研究、科技创新、产业创新等方面的特点和趋势,认识和把握中美量子通信的触发实践绩效及演化趋势,创新发展特征及其差异,评价、总结中国战略性新兴产业触发的特色与经验,并提出高质量培育中国战略性新兴产业的建议。

三是探讨中国战略性新兴产业高质量发展路径、企业的典型触发模式,建立并实证检验中国战略性新兴产业企业典型触发模式类型、动态能力与企业的成长及创新绩效关系,揭示中国战略性新兴产业企业有效触发的内在机制。研究采用组态视角的 fsQCA 方法,分析多要素及互动关系影响中国战略性新兴产业的组合效应及其对发展路径的作用机制,揭示中国战略性新兴产业高质量发展路径和核心条件及边缘条件;运用资源基础理论、核心能力理论和企业成长理论,根据新兴产业生态系统中主体的资源禀赋及功能定位差异、触发过程的主要关键活动特征,归纳、总结了中国战略性新兴产业企业的 4 类典型触发模式:自然人创业触发型企业、政府机构及国企触发型企业、民营及外资触发型企业、大学和科研机构触发型企业;构建了战略性新兴产业企业触发模式类型、动态能力与企业绩效的理论模型,采用 286 家中国战略性新兴产业上市企业的数据进行实证研究发现,中国战略性新兴产业企业触发模式类型的分布具有差异,而且不同触发模式的战略性新兴产业上市企业在企业成长绩效和创新绩效方面存在差异,动态能力对战略性新兴产业上市企业成长绩效、创新绩效均具有显著正向影响,并在企业触发模式和企业绩效之间发挥了中介作用,但构成动态能力不同维度的作用不同。其中,自然人创业触发型企业数量最多,但相比于自然人创业触发型企业,政府机构及国企触发型企业、民营及外资触发型企业、大学和科研机构触发型企业在成长绩效、创新绩效方面更为显著,从而揭示了不同企业触发模式类型、动态能力与企业成长绩效和创新绩效的作用机理,研究结论表明,战略性新兴产业的企业触发不仅需要关注触发主体的初始资源和功能定位,而且需要考察触发主体的动态能力作用。基于功能、动态能力的战略性新兴产业企业触发绩效分析,可以揭示企业触发绩效的初始资源禀赋和演化因素影响,实现了产业演化理论与创新系统理论的融合,能提供中国战略性新兴产业企业分类触发和有效触发的重要信息,并为相关政策的靶向性提供依据和实践切入点。

四是提出中国战略性新兴产业治理策略与创新政策建议。战略性新兴产业的触发需要解决技术突破、市场拓展、政策创新等方面的关键问题,有效规划或发展战略性新兴产业需要探索和创新产业治理架构。本书依据新兴产业触发的理论分析框架,基于实证分析的中国战略性新兴产业触发过程、机制及国家特征,以及中国战略性新兴产业企业触发类型、动态能力与绩效作用关系的结论,使用"问题+目标+手段+约束"的政策架构,替代传统的规范政策干预模型,基于中国战略性新兴产业触发过程的 3 个匹配,即相关主体的功能定位和资源禀赋结构匹配、触发主体的关键活动与价值创造匹配,以及产业生态系统的构建与技术、市场、政策环境创新的匹配分析,结合技术、市场的演化趋势和中国战略性新兴产业触发的基础条件评估、重大机遇与主要挑战探讨,考虑战略性新兴产业的规划目标、约束条件和动态适应性等,阐述中国战略性新兴产业触发过程中的触发策略与政策完善目标,提出中国战略性新兴产业触发过程的治理策略及政策建议,为中国战略性新兴产业高质量培育和有效治理提供决策参考和政策建议。

2 战略性新兴产业企业触发过程的理论分析

2.1 战略性新兴产业触发的质性特征与关键要素

战略性新兴产业触发阶段的学习机制。 战略性新兴产业的触发涉及新技术、新市场和新环境的发展,研究开发及商业化示范、规模化创新发展的活动范围广泛,参与的主体众多,必须审视产业触发整个体系的作用。学习机制等理论认为技术学习是知识和经验积累的过程,包括基础研究、技术创新与开发、技术示范和产业部署等活动,具有探索性学习、干中学、用中学和社会行为体之间的互动学习等知识来源。技术、社会经济环境和组织维度的众多因素影响技术学习过程或经验曲线(Quatraro,2012;Guerzoni et al.,2014)。其中,研发和市场经验被认为是两种典型的学习机制。研究开发在产业发展初期和应对市场需求时至关重要,成功的研发可以增加特定技术创新及其扩散的可能性。市场经验主要是一种嵌入在工艺和实践技能中的隐性知识的渐进学习,依赖于有关知识和能力的重新组合。研发过程中,研发主体通过学习培训与外部参与者的互动,或者面向解决方案的生产者和用户交互,空间共同定位和持续面对面交互等,获得隐性知识和空间"黏性"并不断累积,从而深入地根植于特定区域及特定环境,瞄准技术的特定需求,创造新的技术突破方案甚至带来新的技术标准。市场经验是研发过程的一个重要反馈机制,关注具体的环境挑战和需求,有助于研发产出更灵活、更广泛融入下一代的技术和场景。

战略性新兴产业的触发是社会技术系统的演化。 演化是一种与变异、选择和保留的动态性有关的适应性方法。一方面,战略性新兴产业触发依赖于以科技创新为基础的科学原理及其应用,具有产业-大学关联和根本性技术突破的特征。由于科学技术变革会产生自己的一系列问题,颠覆性技术对技术性能的可用性基础设施、技术体制或系统产生巨大影响,技术与市场的匹配、跨市场应用的技术创新管理至关重要。预先假设一个最佳预定结果可以通过政策来计算和实现没有多大意义,而静态外部性环境可能会增加技术体制转变的阻碍力量(Maine & Garnsey,2006;Bergh et al.,2007;Bento & Fontes,2019)。另一方面,战略性新兴产业的触发受初始条件、经济主体选择的影响。新兴科技变革的资源配置在很大程度上受制度和社会规范的影响,路径依赖带来技术竞争中的锁定和技术突破的价值。同时,基于社会技术系统,科技变革需要创新主体就技术和市场的未来预期达成一致,新产业的兴起意味着新的组织形式发展和制度支持(Aldrich & Fiol,1994;Freitas et al.,2013;王卉彤等,2014;Hanson,2018)。大学-产业-政府动态三螺旋参与者网络互动能够极大地改进创新能力,生态组织创新对产业企业的绩效影响很大(Lee & Kim,2016)。因而,战略性新兴产业的技术变革及其利基市场发展、技术制度和其他因素的相互作用,必然导致基于知识创新、市场形成、资源调动、技术合法化及其相辅相成的社会技术系统演化。对此,社会技术系统、技术进化经济学等的发展与结合,提出基于知识创新、市场形成、资源调动、技术合法化及其相辅相成的子系统,探索技术变革及其利基、技术制度和其他因素的相互作用,关注创新方向重大转变的相关障碍,强调技术的共同进化及其制度嵌入,认为产业的研发产出依赖于以科技创新为基础的科学原理应用,并具有正式研发、紧密的产业-大学联系和根本性技术突破的特征,技术创新系统结构往往超越特定的地区和国家,对知识交流、区域和国家边界以外的重大知识溢出具有重要作用。

2.2　战略性新兴产业触发体系的功能分析

新兴产业系统构建和形成的分析重点已从系统元素和结构扩展到核心功能(Hekkert et al.,2007;Bergek et al.,2008)。战略性新兴产业的新技术进步、新市场拓展和产业环境创新,与技术学习有关,但技术创造、传播及其产业利用活动又是在特定制度环境和基础下进行的。采用功能方法,讨论战略性新兴产业的触发体系,可以通过讨论产业基础研究、技术创新、产业发展系统中发生的重要过程,描绘产业触发体系的发展及其发展中不同主体的功能作用,识别、理解、比较和解释战略性新兴产业科技变革及其实现过程的关键活动、动态趋势,以及刺激或影响产业触发方向的政策,洞察引导新技术发展和新市场拓展及其结果的关键事件、环境影响,解释特定新兴产业系统的演化、产业生态系统构建及变迁的策略。其中,横向分析不同国家、不同制度环境下的新兴产业触发过程并对绩效进行比较,有助于增加对新兴产业触发过程关键活动的分析能力,可以更系统地确认产业触发过程的决定因素,描述和解释其在特定产业系统中的变化;纵向分析可以通过产业主体活动功能随时间变化的图示,揭示产业触发的外部作用、内部驱动力量及其相互作用的累积效应,探索产业触发体系可能存在的不同驱动力量相互作用的累积因果关系和循环因果关系,还可以描述和解释特定产业系统的变化,以及政策目标、实现目标的条件、约束及工具,有助于探讨产业触发因素与绩效的状况,更好地配置产业创新的资源。

2.3 战略性新兴产业触发过程的解析

2.3.1 战略性新兴产业的触发过程:触发主体及其活动解析

战略性新兴产业触发的驱动力及驱动因素可能存在差异。不同主体源自空间、知识学习分离的相对独立性、组织理念和组织使命的异质性,参与触发活动的战略目标、优先活动可能存在较大差异,表现为研发类型、技术创新程度及覆盖范围的差异(Von Zedtwitz & Gassmann,2002),或者在市场拓展类型、资源和产业化过程差异方面可能产生不同形式和产出的结果。根据战略性新兴产业触发过程中的创新主体功能,即主体的触发主要活动领域、战略目标、发挥的关键作用和价值属性(价值创造、价值转移的相关制度支持),可以将战略性新兴产业触发主体分为3个组成部分:大学和独立学术研究机构、产业公司、政府及其资助机构。大学和独立学术研究机构承担基础研究领域的研发活动,旨在创建没有应用意图的科学产品或者创造应用方面的科学知识;产业公司进行应用研究领域的技术创新活动,主要创造实用理念、开发技术性能,以及产品试制或开发特定产品/服务,实施科学知识价值的转移和市场的孕育、发展;政府及其资助机构从事发展新兴产业研究领域的活动,主要是试验、示范性能与展示实际条件下的原型,为科技价值的创造和实现提供资助、基础设施和制度支持。3个不同部分的组合和互动共同决定了战略性新兴产业体系的任务、目标和特征,提供和配置触发过程中的创新资源。这是新兴产业触发过程协同和有效地配置创新资源的基础。

2.3.2 战略性新兴产业触发的主体资源及其功能

从功能视角看,一国的产业研发体制包括异质化的多功能子系统,技术研发及其产业化的研发过程是相关子系统、子系统相互间的结构耦合,主要存在两种关键机制:一是研发体制子系统的资源获取及其功能生成机制,创造和整合产业不同创新活动的关键系统资源;二是研发体制子系统的结构耦合机制,建立和完善参与研发必要活动的特定资源(知识、市场准入、金融投资和技术合法性)的参与者链接。战略性新兴产业的研发体制不仅要概念化研发系统组成部分的关键要素及其功能,还要探索子系统组成部分之间,以及子系统组成部分与外部环境的关系,将产业创新活动过程嵌入国家或区域创新体系。因而,战略性新兴产业的研发体制构成及其功能可以从研发主体、主体形成的网络和影响研发活动的外部环境等予以讨论。

第一,大学及研究机构。战略性新兴产业的科技创新往往长时间先于市场经验积累。大学或独立研究机构、公共研究实验室等,主要由科技创新驱动,可以提供新兴科技学习和实验的平台。大学及研究机构的基础研究和创新的能力、知识的系统积累和有组织开发,构成战略性新兴产业知识创造和新科技发展的重要源泉,形成产业触发的知识传播、人才培养和成果转化的重要渠道,还可以减少国家创新体系的"系统性失败"、现有行业企业的组织锁定。通过探索、分析、测试、培训等科技创新活动,大学及研究机构推动战略性新兴产业的科学原理发展、科技成果扩散、促进研究人才等创新资源的空间区域相对集中。这些功能可以归纳为5项:战略性新兴产业的科技基础研究、知识基础及其系统化、科技创新及传播、人才培养和智力支持、成果交流及持续开发。

第二,产业企业。战略性新兴产业的企业组织包括进入战略性新兴产业领域的现有企业和新创企业。这些企业主要基于商业利益预期和市场拉动,进行新产品、新工艺、新服务等的供给,以及创造市场需求的应用性开发拓展活动,实现新兴科技创新价值的转移应用和"技术"领域的知识增值,创新活动较为分散。产业企业的市场和组织嵌入对战略性新兴产业触发过程发挥着关键作用,但它们的创新能力、作用随着国家的产业战略需求、技术周期和市场需求的变化而演化。在新兴产业的早期萌芽阶段,企业部分资源的获得及聚集倾向于路径依赖导致的特定地域空间,或者面向特定国家背景下的政策红利。企业通过嵌入制度和利基市场的研发活动,创造最初的知识和技术合法性,或者建立开拓性市场。在新兴产业的技术主导设计或产品架构出现之后,即技术研发之后的商业化示范、规模化发展阶段,产业企业基于价格驱动的市场竞争,可能对创新资源的空间配置进行重大变革,以加快国内国际创新过程的复杂耦合。例如企业可能和国内外大学及研究机构、政府相关部门密切互动,直接动员资源并将优势资源固定在产业触发过程某些环节,跨越地理空间构建创新协作网络,甚至参与制定全球技术标准和测试程序,协调世界市场的技术进入壁垒,确立企业在新兴行业创新过程特定领域的治理价值。进一步地,随着战略性新兴产业企业国际化的深度和广度提升,为应对市场全球化、技术快速变化的重大影响,公司的创新资源配置可能出现新的趋势:加大企业内部创新投资,改进其产品市场的新技术竞争力;或者利用技术外包获得外部研发产出和更便利的要素市场投入,促进主要由产品竞争而非技术要素驱动的新兴产业市场拓展,推进新兴产业发生新的组织变化,包括重视国外新兴产业的研发基地建设,加强产业创新资源的整合、引导和协调等。为此,战略性新兴产业企业在产业触发中的功能主要有4个方面:科技的应用性开发、产品测试及标准化、产业市场开拓、创新资源的空间配置与整合。

第三,政府及其所属部门。政府及其所属部门在战略性新兴产业触发过程中主要承担6项功能:提供基础研究的必要资源,提供公司创新激励,指导创新、促进信息和知识交流,刺激/创造市场,减少社会不确定性及引入创新的社会阻力。首先,政府及其所属机构参与战略性新兴产业的研发活动。政府及其所属部门在新兴产业研发活动中承担研发管理职能。战略性新兴产业的触发面临一些制约因素,包括未来结果的不确定性较高,缺乏技术和绩效衡量标准、外部合法性,研发投资大、潜在影响范围广但是短期收益有限,政府及其所属机构参与推动研发活动,包括明确产业发展的国家战略定位、愿景及其技术能力要求、可能应用,提供研发资助及支持性基础设施,检测评估研发活动的创新质量和性质,确定科技创新来源并在不同来源之间建立联系和协调机制;刺激、扩大新兴产业的创新产出需求和相关行动者的一致性(Alic et al.,1992;Roca et al.,2021)。其次,政府及其所属部门承担战略性新兴产业研发、商业化示范及应用活动的管理职能。在新技术研发过程及其创新产出的不稳定阶段,利用机会窗口,对具有吸引力和期望价值的潜在研发领域选择提供支持与协调;在产业技术的商业化示范及应用的机会窗口,政府及其所属部门通过投资、补贴等政策工具和支持条件,改变进而影响新兴技术的发展路径、新的解决方案的竞争力,锁定特定技术路径或者增强某一根本性技术创新的能力。最后,政府通过相关动态政策设计、工具选择及创新、战略利基管理、转型管理,推动新兴科技的学习曲线移动到具有竞争力市场的适应性创新环境中。例如,政府可以确定关键创新领域及其战略目标、规划优先创新的范围;支持研发投入高但学习潜力良好的科技试验并创造新技术需求,创建和协调有关投资市场发展;预测与指导创新方向、识别技术可能性和经济可行性并认识增长潜力,评估技术路线、协调国家和区域的长短期战略创新组合;选择特定的科技创新活动、应对适应性投资组合需求或者新产品及服务的需求,处理技术缺陷和克服缺陷的学习,推进建立参与者网络和产业根本性技术变革(Laak et al.,2007);应对新兴产业触发的国际政治环境的复杂性、产业资源及供应链的限制等问题,提供创新支持和可持续性期望效益的试验和制度创新,设计并动态评估诸如"独特采购机会"等工具,形成产业触发的专门平台和专项政策。

第四,支持系统。战略性新兴产业的技术突破通常先于市场启动和技术的大规模商业化,但技术创新需要技术和市场的匹配。要素市场、市场结构等影响新产业的兴起(Bento & Fontes,2019)。新兴产业的要素禀赋与配置、资源支持条件及市场结构可能影响新兴技术选择,与科技创新的匹配及其潜在市场价值的实现,导致新兴产业的发展质量和绩效变化(Maine & Garnsey,2006)。一个国家战略性新兴产业的触发,包括国家战略性新兴产业战略规划的制定和实施,在很大程度上受到历史背景和外部环境的因素影响,并不完全由科技发展、新兴技术的简单竞争及其商业化进程决定。国家创新系统、相关领域的知识积累、可能的金融资本、基础设施、人力资本、社会规范、规章制度甚至国际关系等因素和外部社会经济情景,将会约束和支持一国战略性新兴产业的技术出现及其商业化与应用。战略性新兴产业的触发过程,支持系统包括可以影响科技创新及其扩散复杂性、不确定性等属性的外部参与机构及其治理组织,涉及科技准入、市场准入等协议,相关专利、法律、标准等规制的设计、实施和传播,公共创新活动水平及第三方科学和技术创新服务的开放程度。它们通过激励、约束、信息及知识传播、专业协调、冲突管理和合作,影响战略性新兴产业触发的先发/后发优势和机遇。此外,鉴于战略性新兴产业的创新突破可能创造领先市场、导致技术垄断和带来国家安全问题等,国家及国家集团可能进行相对独立的制度创新和探索,例如界定特定产业研发的规模、范围和目标及创新产出转移的具体行动,从而对战略性新兴产业触发过程及绩效带来影响。

第五,战略性新兴产业触发主体的系统交互作用。新兴产业的触发,源于不同参与者如何将知识、投资、市场和合法性结合形成新的有效配置,不同主体的资源具有高度的选择性和不均衡性,触发的结果可能取决于多系统的资源质量、配置过程和整合。良好的结构及不同系统相互关联的"结构耦合"逐步构建起新产业生态系统与其演化,从而实现新兴产业的创新价值。战略性新兴产业触发活动的复杂性和产出的不确定性,决定了触发过程不是简单、既定的研发投入—产出函数关系,而是一个知识探索、积累及利用的过程,是技术驱动、市场拉动和政府推动的多系统间结构耦合,表现为如下不同的交互作用机制。

一是战略性新兴产业基础研究、市场创新和产业化发展3个部分内部,基于技术创新类型和特点的研发活动,表现为资源和功能的异质性及系统锁定。战略性新兴产业的研发活动与积累的知识基础、相关技术及市场经验相关联,要素资源及互补性知识、资源限定了战略性新兴产业触发过程的各系统资源配置和创新行为。各创新主体的研发活动倾向于聚焦在资源禀赋相对优势的环节,以逐步建立特定环节的竞争力及差异性功能,由此产生战略研发过程的相对分工和子系统循环,导致产业触发的研发活动各子系统形成及其资源惯性、结构和规制,构成一种自强化的机制效应。其中,大学与研究机构承担基础研究,通过知识创造、知识搜索指导、知识资源配置、基础研发活动等相互链接构成基础研发子系统;新产业企业通过创造市场、配置产业资源、开展应用研发、构建愿景等活动,实现创新市场的功能,构建市场创新子系统;政府及其所属机构通过实施政策创新、指导与协调、公共资源配置、产业创新发展等主要功能,形成产业发展子系统。

二是战略性新兴产业基础研究、市场创新和产业发展3个部分间基于知识创造和利用的相互作用,表现为产业触发过程的多系统间协同。随着时间变化、知识积累的科技原理发现和应用探索,战略性新兴产业的触发主体基于适应性期望和创新能力建立与积累的技术学习驱动,在一系列阶段性的创新节点决策、选择,产出结果分属于特定主体,该过程持续的异构协同、协调集成,构建了新兴产业分工合作的基本共识及价值网络,并依据技术应用潜力和经济社会价值的评估、判定、选择时间机会窗口或者产业技术轨道,不同创新主体的自主选择知识积累或者开发的投资及其组合,通过竞争、协同作用创造出原理认识、技术商业应用和产业发展层次的共同目标,大学与研究机构、产业企业和政府在此过程中连续地自主解构、建构、重构互动关系,强化或终止科学创新、市场开发与产业化发展间的联系,因而这一触发过程的路径具有动态性,新兴企业和其他行为者之间的相互作用共同促进产业的触发(Lechevalier et al.,2014)。

三是支持环境与基础研究、市场创新和产业发展之间的交互作用,表现为战略性新兴产业触发的子系统开放性。新兴产业研发的科学探索及其利用可能需要新的参与主体和资源,但只有通过相关子系统的开放性设计、外部战略性干预,才能从系统外获得。一方面,战略性新兴产业的基础研究、市场创新和产业发展子系统,提供了广泛的新兴技术学习选择、交流、探索和利用的机会,丰富和刺激了产业触发的支持环境子系统的功能作用。例如,获得和利用更大的知识资源库以加强、加速某一科技创新领域的学习过程,增强特定领域的新技术创新、市场拓展能力,快速实现新科技的战略价值及产业布局。提高产业触发支持环境子系统对新兴产业研发及商业化活动的影响力和区域竞争力;大学和研究机构设立新兴产业企业,以及大学和研究机构与产业企业、政策制定部门间建立新联系,与国际合作伙伴共同发展,可以在提高创新主体的影响力及支持程度的同时,强化新兴产业科技创新的迭代更新,甚至推动创新主体与政府部门间的边界变化,推动国家创新政策及体系变革。同时,战略性新兴产业触发的支持环境子系统,作为新兴产业技术创新价值形成、转移的基础和架构,在一定程度上可以影响产业的发展选择和创新主体参与,例如利用新兴科技积累的知识和能力获得收益,甚至通过所有权、国家权力干预,阻止实际或潜在竞争对手利用新兴科技资产,可能会影响潜在创新发展主体的战略选择。

综上所述,与传统产业研发体制比较,战略性新兴产业的研发体制具有不同的特征,见表2.1。

表2.1 传统研发体制与战略性新兴产业研发体制的比较

研发体制	传统研发体制	战略性新兴产业研发体制
主体构成	企业为核心,多主体分工合作	多主体,包括大学和研究机构、企业和产业实验室、政府部门及相关主体的松散网络
技术与市场特征	相对稳定,不确定性较低	技术变革、集成甚至系统创新,多样化、复杂性、不确定性高;市场重大变化,新市场兴起

续表 2.1

研发体制 主体构成	传统研发体制	战略性新兴产业研发体制
	企业为核心,多主体分工合作	多主体,包括大学和研究机构、企业和产业实验室、政府部门及相关主体的松散网络
政府作用	产业调控	产业孕育及参与者,研发及商业化激励、技术战略利基及窗口管理,研发激励及过程治理
驱动力来源	市场竞争,适应规则	技术发展、市场拓展和政府政策创新,国家/区域的多尺度竞争,规则创新
系统资源	产业资本为主的资源整合,较为单一	多源、异质化的资源随机组合
产出与结果	特定产品、技术解决方案	技术学习经验,技术竞争选择方案与技术学习经验,技术商业化,新的商业模式及产业系统结构
系统结构	技术的投入—产出为中心	多样化,技术、市场和政府子系统内演化+子系统间互动
政策标准与工具	效率标准,"目标+手段"逻辑	技术/创新窗口利用,动态适应性、与问题匹配性原则,问题+目标+手段+约束框架

2.4 战略性新兴产业触发过程的理论框架构建

综合上述,战略性新兴产业触发过程的讨论,可以提出战略性新兴产业触发过程的分析框架,如图 2.1 所示。

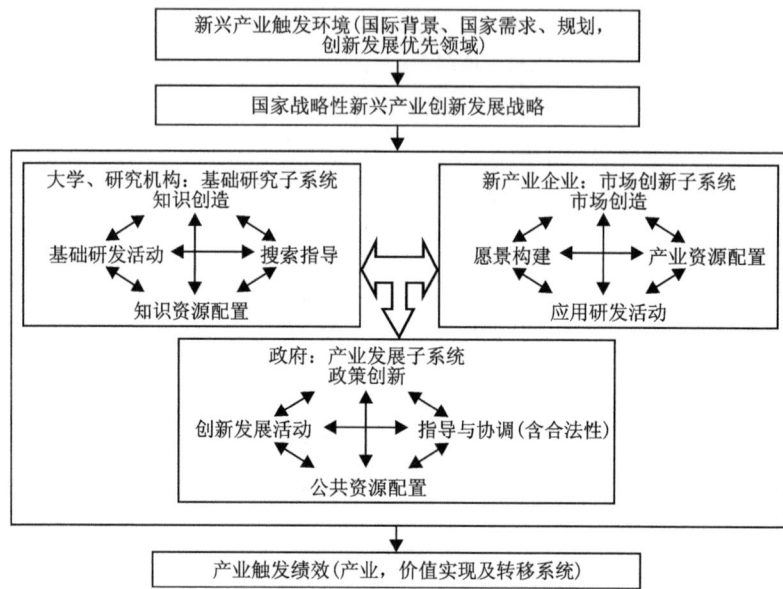

图 2.1 战略性新兴产业触发过程的理论分析模型

3 战略性新兴产业触发过程：中美量子通信产业案例比较

战略性新兴产业的兴起需要探索和学习，实现技术创新、市场演化的动态匹配，是多主体协同的科技创新、产业市场发展、新产业生态体系的创建过程。新兴产业诞生于标准产业分类边缘或交界处，触发影响的变量多、早期阶段很难识别，又受数据可得性的限制，而历史档案法提供了关键的研究资源，可以分析新兴产业（Forbes & Kirsch，2011）。因而，本部分选择典型案例，应用历史档案法，对战略性新兴产业的触发过程进行案例研究。

2022年，诺贝尔物理学奖授予在量子信息科学领域做出开创性贡献的美国学者John Clauser、法国的Alain Aspect和奥地利的Anton Zeilinger。量子通信被认为是保障未来通信安全最重要的技术手段，是影响国家信息安全和国防安全的新一代信息技术，极有可能引发军事、经济、社会领域的又一次重大革命，正逐步成为国民经济和社会的一个战略性新兴产业（光子盒，2022）。

目前，全球主要国家和地区正积极规划、发展量子互联网及量子通信网络等建设，开展量子通信局域网、城域网和广域网相关实验和试点工作（曹原和赵永利，2019）。中国、美国是世界量子通信发展的重要力量，对全球量子通信的创新发展具有特殊影响，量子通信发展均上升为国家战略（张志强等，2018）。2020年10月，习近平总书记主持中共中央政治局第二十四次集体学习时提出"培育量子通信等战略性新兴产业"，强调"深入分析研判量子科技发展大势"（中国政府网，2020）。2021年3月，《中华人民共和国国民经济和社会发展第十四个五年规划和2035年远景目标纲要》明确提出，"十四五"期间我国量子信息领域要围绕量子通信技术研发等进行科技攻关，推动量子通信技术的广泛应用。美国白宫科技政策办公室2017年将量子信息科学列为国家研发重点。2018年12月，时任美国总统特朗普签署《国家量子倡议法案》，为加速研发与应用量子通信等领域的量子科技提供立法保障。2020年9月,美国众议院提出《量子网络基础设施法案》,要求联邦政府促进国家量子基础设施技术发展,开发量子通信所需的相关技术。特别要指出的是,美国实施"美国优先"战略和对华技术打压等策略,2023年8月9日美国总统拜登签署对华投资禁令,严格限制美国在量子信息技术等3个领域对中国的投资。在中美竞争日趋激烈的背景下,中国和美国在量子通信等战略性新兴产业领域的触发竞争持续深化。当前,量子通信作为高效和绝对安全的新一代通讯方式,发展极为迅速,中国、美国在这一方面发展居于世界前列,初步形成了产业生态系统(彭小宝和张宇,2018),但是在量子通信产业的基础研究、技术创新等方面,美国表现出更强的影响力(叶珍珍等,2021)。

  本书选择量子通信产业作为典型案例,采用历史档案法进行回溯分析,对中美量子通信产业的触发过程中的关键主体及其功能、主要作用机制等,进行深度案例研究。一方面,比较中美量子通信的创新发展绩效,客观认识和评价中美量子通信的研发、产业发展现状及绩效差异,揭示中国量子通信领域的相对地位,深化认识中美两国在这一领域的创新发展趋势及其国家特点,为更好地把握世界量子科技研发态势、推进中国量子通信产业的有效触发和高质量发展提供参考;另一方面,由于中美两国在战略性新兴科技创新及其产业化体系等方面的差异、美国实施全方位打压中国新兴科技创新及产业发展等策略的影响,追踪比较中美量子通信领域的触发过程、创新状况和发展应用趋势,解析量子产业触发过程中参与主体的功能定位及其资源禀赋,解析战略性新兴产业孕育与导入过程中的主体功能实现、多主体协同创新过程的内在作用机制,可以为调整和完善中国量子通信的创新政策和创新机制提供依据,为中国战略性新兴产业的触发策略及创新政策提供参考和建议。

3.1 量子通信:创新发展趋势与国家竞争

3.1.1 量子通信:关键技术及其创新价值

  量子通信为量子信息科学的重要组成部分,是基于量子力学的不确定性、测量坍缩和不可克隆原理,利用量子叠加态和纠缠效应,提供无法被窃听和计算破解的一种新型信息传递和处理方式。理论上能够实现无条件安全的链路数据传输,具有传统通信方式所不具备的绝对安全保障(冯骥和冯江源,2012)。量子通信技术的发展领域主要是量子密钥分发、量子隐形传态、量子安全直接通信、量子机密共享、量子密集编码等。其中,量子密钥分发技术是指在两个或多个合法用户之间分发密钥,是量子通信最先应用、最广泛应用的技术(樊矾等,2018)。1984年,Bennett和Brassard提出量子密钥分配协议,即BB84协议;1992年,Bennett提出了BB84的简化版,称为B92协议;随后,BB84协议和其他量子密钥分配协议进行了许多重要改进和实证研究,为远程用户间的信息交换提供了一种无条件的安全方式。量子隐形传态是指将某个量子的未知量子态转移到远处的合法用户。Bennett等(1993)提出第一个量子隐形传态协议,这一研究包括发送端和接收端,以及量子信道和经典信道等。量子安全直接通信是指信息直接从发送方传输到接收方,不同于采用高级加密过程量子密钥分配的完全量子传输。

量子通信技术的创新价值集中体现在量子通信技术的优势及其潜在的发展应用前景中。

一是量子通信技术的安全优势在于量子通信绝不会"泄密"。量子通信技术主要是以量子态作为传递信息的载体。量子加密的密钥是随机的,无法破解信息,具有纠缠态的两个粒子分别在两个指定的位置完成相应的信息传输过程,不依赖于传统的加密技术进行加密信息的复杂算法。一个粒子的量子态发生变化,另外一方的量子态就会随之立刻变化,对量子密钥的任何观察和干扰等操作,都会立刻改变量子状态,引起其坍塌,得到的信息并非原有信息,因而由物理法则保证,摆脱了传统加密方法的束缚,具有不可分割、不可测量和不可复制等相关特点,被认为是保障通信安全的最终技术手段。这就使得量子通信技术具备了无法窃听、无法复制的理论"无条件安全性",以及传统通信技术不可匹配的高安全性传输特点(张灿,2019)。

二是量子通信的信息传递效率高。目前,应用较为普遍的通信技术是光纤通信,以光作为信息传递载体。相关科学研究发现,在温度相同的状态下,量子通信的载体量子态可携带的信息量大于光纤通信的载体光携带的信息量,即量子通信的信息容纳量相比于传统通信方式具有很大优势(郑博熙和杜英,2016)。而且,量子通信技术中信息的传输效率与量子态的运动频率有关,量子态的工作速度超过光速,量子状态在特定信息传输中不会发生线路上的时间滞留,因而,量子通信技术的信息传递效率更高(梁涵,2018)。

3.1.2 全球量子通信技术的创新态势

3.1.2.1 分析方法

本书主要采用文献计量法和科学知识图谱分析法,分析量子通信创新发展的研发态势。科学文献是对科学知识的记录和科研成果的反映,文献计量法通过统计研究某一研究领域文献的数量、作者、机构、地区等外部特征,描述、分析并输出量化的信息内容以反映某一研究领域的现状与发展趋势;科学知识图谱分析法以知识域为对象,通过可视化知识图形展示科学知识的发展进程与结构关系。文献计量法和科学知识图谱分析法,可以将大量的文献内容转化为对引文数量关系的统计与分析,运用数字和可视化的图谱直观形象地挖掘和揭示文献数据背后要素间的联系与真相,进而快速锁定相关主题的重要文献,同时避免由研究者经验差异导致对文献恰当性理解的主观效应(陈悦和陈超美,2014;石京民和李健,2019;李琳璐,2021)。课题使用 CiteSpace 软件,对所选的国内外文献样本进行数据处理与分析。首先,对国际量子通信领域发表的相关研究论文数量及趋势进行统计分析,总结全球量子通信领域总体研究发展趋势;然后,通过关键词共现、聚类分析,深入探究国内外量子通信技术研究重点领域;最后,通过关键词突现分析及国家合作网络,揭示国内外量子通信技术研发的主要特点和前沿动态。

3.1.2.2 样本选择及数据来源

为保证数据来源的可靠性和权威性,文献检索主要采用 Web of Science(WOS)的科学引文索引扩展版(Science Citation Index Expended,SCIE),WOS 是全球最大、覆盖学科最多的综合性学术信息资源库,SCIE 收录经过世界权威认证的重要学术期刊论文,是权威的科学技术文献检索工具(孙理军等,2020a)。为了研究样本数据能够最大程度地囊括全球量子通信技术的主要研究成果,课题以 Web of Science 资源库中的 SCIE 数据库作为主要数据来源。文献检索时间为 2022 年 7 月 1 日,以 "TS=(Quantum communication) AND LA=(English) AND DT=(Article)" 检索式进行检索。由于检索到的文献数量繁多,涵盖的学科领域和研究方向较为广泛,为了将主题进一步聚焦于量子通信技术领域,将 Web of Science 类别中的"QUANTUM SCIENCE TECHNOLOGY"及"TELECOMMUNICATIONS"作为精练依据。时间跨度选择所有年份,初步检索到2260篇SCI论文,所有检索文献年份跨度为1989—2022年,其中包括国外发表的1473篇和中国发表的787篇。为便于进行文献信息的分析,课题通过CiteSpace软件对2260篇SCI论文进行数据清洗,辅以人工复查,剔除记录不全、无法被软件识别用于后续分析的15篇论文,最后得到可用于CiteSpace软件分析处理的量子通信技术研究有效文献2245篇。

3.1.2.3 基于SCI论文发表数量的趋势分析

需要说明的是,CiteSpace软件进行数据清洗时剔除的文献仅是无法用软件进行后续分析的,它们仍存在于数据库中。为保证时序分析的完整性,课题在以SCI论文发表数量进行分析时,采用的是未经清洗的2260篇文献作为数据源。通过图3.1可以发现,全球范围内有关量子通信领域的SCI论文年发表数量都呈现总体上升态势,说明该领域研究产出不断增加。总体而言,有关量子通信技术的文献从1989年开始出现,但在2000年以前,SCI论文发表数量相对较少,年发文量低于20篇。从2000年开始,SCI论文文献数量快速增加,特别是2018年以后,相关文献年发文量突破200篇,且连续3年保持该水平,反映出近年来世界量子通信领域的研究活动不断增加、研究成果日益丰富。从SCIE数据库中中国量子通信领域SCI论文年发文量中可以看出,中国量子通信领域的研究活动启动时间相对较晚,1992年开始出现相关研究成果,在2008年以前研究活动产出都处于较低水平。但是,从2008年起,中国在量子通信相关领域的SCI论文年发文量大幅提高,年发文量多次接近国外当年发文量总和。

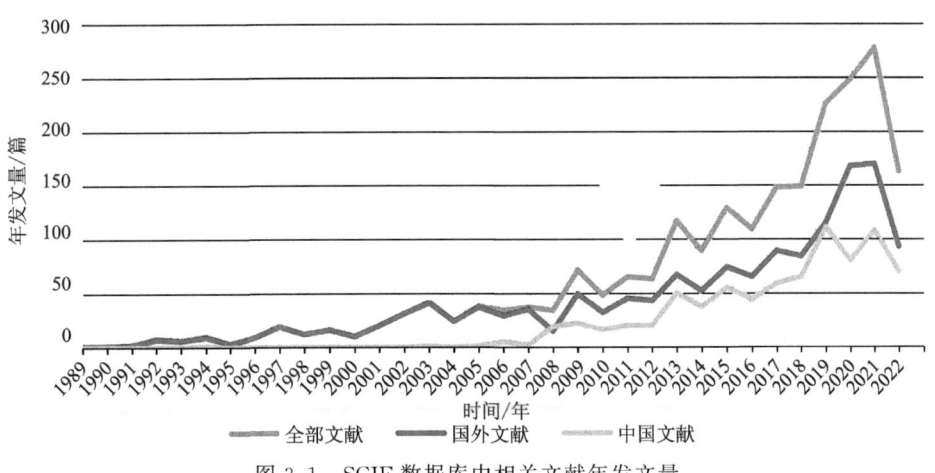

图3.1 SCIE数据库中相关文献年发文量

3.1.2.4 基于关键词共现与聚类分析的重点技术创新领域分析

关键词是文献核心观点、主题内容的高度凝练。特定时段出现频次和中心度较高、具有内在联系的关键词,所表征的研究内容或主题可以代表该领域的研究热点。关键词共现网络,能够直观地呈现关键词表征的各个研究主题的受关注程度,代表关键词的节点越大,说明该关键词表征的主题研究成果越多,受关注度越高。因而通过词频和中心性的统计与分析,可以探测具体重点领域(涂冬波等,2013;李琳璐,2021)。在 CiteSpace 软件中,关键词中心性的测度共有 3 种不同方法,课题选择较为常用的中介中心性(betweenness)进行研究分析。较高的中介中心性的关键词表示其在某领域涉及的内容较多。课题使用 CiteSpace 软件对英文样本文献的关键词进行可视化呈现,对词频最高的前十个关键词的词频和中心性值进行统计,结果见表 3.1。从表 3.1 中可以发现,除了通信(Communication)这一无意义的关键词外,纠缠态(Entanglement)、密码学(Cryptography)、量子密钥分发(Key Distribution)3 个关键词在英文文献高频关键词中出现频次位列前三,其出现频次分别达到 251 次、230 次和 150 次。同时,3 个关键词中介中心性也分别高达 0.09、0.08、0.06。据此,可以认为纠缠态(Entanglement)、密码学(Cryptography)、量子密钥分发(Key Distribution)是国内外学者重点关注的 3 个研究热点,其中介中心性高也说明这 3 个研究热点与量子通信相关领域中其他方向联系较为紧密。

表 3.1 高频关键词频次及中介中心性统计表

序号	英文关键词	频次/次	中介中心性
1	Communication	340	0.2
2	Entanglement	251	0.09
3	Cryptography	230	0.08
4	Key Distribution	150	0.06
5	Scheme	135	0.07
6	Teleportation	134	0.05
7	Security	114	0.04

续表 3.1

序号	英文关键词	频次/次	中介中心性
8	State	108	0.06
9	States	102	0.04
10	Secure Direct Communication	98	0.03

通过个别高频关键词可以对量子通信创新发展研究热点进行探查,但无法对其相关领域形成全面的认识,故本书进一步使用高频关键词进行聚类分析,尝试对量子通信重点技术创新领域进行较全面的概述。高频关键词聚类分析,以关键词两两在同一篇文章中出现的频率(共词)为分析对象,利用聚类的统计学方法,把关联密切的关键词聚集在一起形成类团(郭文斌等,2012)。课题使用 CiteSpace 软件对经过清洗的英文样本文献的关键词进行共现、聚类可视化呈现,如图 3.2 所示。图中形成的类团显示了量子通信创新重点领域,类团中节点较大的关键词代表了其所在领域中的热点方向。

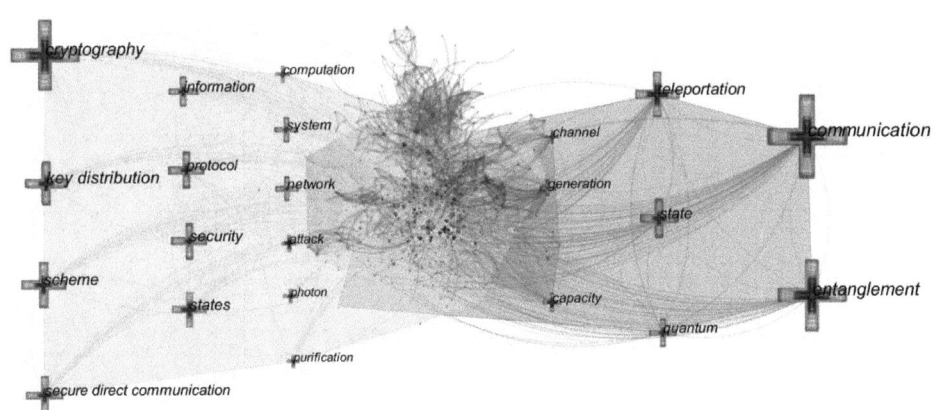

图 3.2 英文文献关键词共现、聚类知识图谱

注:cryptography:密码学;key distribution:密钥分发;scheme:方案;secure direct communication:安全直接通信;information:信息;protocol:协议;security:安全性;states:状态;network:网络;system:系统;computation:计算;attack:攻击;photon:光子;purification:纯化;teleportation:量子传输;communication:通信;state:状态;capacity:容量;channel:信道;generation:生成;quantum:量子;entanglement:纠缠。

3.1.2.5 基于突现关键词的研发趋势分析

对量子通信领域创新发展趋势的分析即是对该领域研究前沿的识别与追踪。在文献计量学中,研究前沿的分析通常采用文献中代表该研究领域的词汇或短语出现频次的变化进行反映。相对于传统的高频词分析方法,突现关键词分析更适合探测学科发展的新兴趋势和变化情况(秦晓楠等,2014)。突现关键词指较短时间内文献中出现较多或使用频率较高的关键词,根据突现关键词的词频变化便可识别与追踪相关领域前沿的研究和发展趋势(王娟等,2016)。本书使用 CiteSpace 软件对经过筛选清洗的 2245 篇英文文献进行突现关键词分析,从而探究各时期各阶段量子通信相关领域的创新发展趋势,突现关键词时间表见表 3.2。

表 3.2 全球量子通信英文文献突现关键词时间表

关键词	突现强度	突现开始年份/年	突现结束年份/年	突现持续时间(1989—2022)/年
Semiconductor Laser	9.66	1991	2002	
Quantum Well Laser	9.18	1991	2007	
Diode	6.68	1991	2006	
Laser	4.97	1992	2003	
Performance	10.41	1993	2007	

续表 3.2

关键词	突现强度	突现开始年份/年	突现结束年份/年	突现持续时间(1989—2022)/年
Dfb Laser	7.04	1994	2008	
Gaa	5.09	1994	2001	
Molecular Beam Epitaxy	3.94	2001	2003	
Bell Theorem	7.35	2003	2014	
Cryptography	4.1	2006	2012	
Entangled States	4.73	2010	2014	
Attack	7.33	2011	2015	
Secure Direct Communication	6.35	2012	2015	
Multiparty	4.13	2013	2014	

续表 3.2

关键词	突现强度	突现开始年份/年	突现结束年份/年	突现持续时间(1989—2022)/年
Purification	5.89	2014	2018	
Protocol	5.8	2014	2016	
Bell States	5.33	2016	2018	
Classical Communication Cost	4.22	2016	2018	
Cryptanalysis	4.57	2018	2020	
Repeater	6.55	2019	2022	
Algorithm	4.32	2019	2022	
Internet	7.04	2020	2022	
Optimization	4.76	2020	2022	
Challenge	4.32	2020	2022	

续表 3.2

关键词	突现强度	突现开始年份/年	突现结束年份/年	突现持续时间(1989—2022)/年
Orbital Angular Momentum	3.97	2020	2022	

基于对世界范围内量子通信相关领域关键事件的研究,结合表 3.2 突现关键词分析结果,参考高瞻产业研究院的《量子通信行业发展深度解析》和徐启建等学者对量子通信相关领域的研究综述(徐启建等,2009),可以将全球量子通信相关领域的研究发展分为概念提出与基本理论体系形成、实验室演示、商业化和产业化 4 个阶段,见表 3.3。

表 3.3 世界量子通信触发过程的主要阶段划分

阶段	时间	阶段划分依据
概念提出与基本理论体系形成	1984—1992 年	第一个量子密码通信方案提出,即 BB84 协议,打开量子通信新时期的大门
实验室演示	1992—2005 年	实现安全通信距离达到 10km 的量子密钥分发演示性实验,但仍不具有实用价值
商业化	2005—2010 年	美国洛斯阿拉莫斯国家实验室实现安全距离超过 100km 的量子密钥分发,量子通信开始从实验室演示开始走向实用化和产业化
产业化	2010 年至今	量子通信进入大规模的产业化应用阶段

第一阶段:1984—1992 年,是量子通信概念提出与基本理论体系的形成阶段。1984 年,IBM 公司的 Bennett 和蒙特利尔大学的 Brassard 提出第一个量子密钥分配方案(BB84 协议),打开量子通信新时期的大门。该阶段突现关键词包括 Semiconductor Laser、Quantum Well Laser、Diode、Laser,主要聚焦于量子通信的基础理论研究。

第二阶段:1992—2005 年,是量子通信的实验室演示阶段。量子密钥分发演示性实验首次实现 100km 以上通信距离,但安全通信距离只有 10km 量级,仅停留在实验室演示阶段,实用价值并不高。从表 3.2 中可以看出,此阶段研究主要包括 Dfb Laser、Gaa、Molecular Beam Epitaxy 等实验性研究。

第三阶段:2005—2010 年,是量子通信的商业化阶段。以实践应用为主导的 Cryptography、Entangled States 成为这一阶段的研究重点。2005 年,美国学者提出多强度诱骗态调制方案,解决了量子通信中的安全漏洞,量子通信开始从实验室演示走向实用化。2006 年,美国洛斯阿拉莫斯国家实验室成功实现了一项诱骗态方案,实现了安全距离超过 100km 的量子密钥分发,实现了量子信息技术向实际应用转化的基本条件。

第四阶段:2010 年至今,是量子通信的产业化发展阶段。棱镜门、勒索病毒等事件的暴发引起世界各国对信息安全问题的广泛关注,"Attack"成为 2010 年以来的重点研究对象,量子通信产业化发展愈发凸显。2013 年,美国独立研究机构 Battelle 公布的环美量子通信骨干网络项目,为谷歌、微软、亚马逊等互联网巨头的数据中心之间通信提供量子安全保障服务,标志着美国量子通信正式进入大规模的产业化应用阶段。从表 3.2 中可以看出,这一阶段量子通信的"Multi-party"(多方)应用进入推广阶段,量子通信在 Classical Communication Cost、Cryptanalysis、Orbital Angular Momentum 等多个领域开展实践推广。

3.1.2.6 基于各国发文量和国家合作网络的创新发展趋势分析

为了更加全面地反映量子通信的创新发展趋势,课题从空间维度对文献进行分析,探究量子通信相关研究在世界范围内的创新发展和合作情况。数据来源于 Web of Science 资源库中的 Science Citation Index Expanded(SCI-EXPANDED)数据库,按条件检索、清洗得到 2245 条文献记录,通过整理各国相关论文发表数量,并合并了如"PEOPLES R CHINA"和"JAPAN"等词后,得到世界各国(地区)发文量统计表见表 3.4,其中,中心性为常用的中介中心性(betweenness),该值越大,说明在量子通信相关领域一个国家与其他国家合作越紧密。需要注意的是,Science Citation Index Expanded(SCI-EXPANDED)数据库中部分文献的挂靠单位和国家(地区)并不止一个,因此在表 3.4 中,各国(地区)发文量总数大于 2245 篇。

3 战略性新兴产业触发过程:中美量子通信产业案例比较

表 3.4 世界各国(地区)在量子通信相关领域发文量统计表(按发文量降序排序)

序号	国家(地区)	发文量/篇	中介中心性	占比/%	序号	国家/地区	发文量/篇	中介中心性	占比/%
1	中国大陆	778	0.07	25.59	39	南非	7	0	0.23
2	美国	359	0.8	11.81	40	摩洛哥	7	0	0.23
3	印度	161	0.04	5.30	41	希腊	7	0	0.23
4	英格兰	159	0.19	5.23	42	墨西哥	7	0	0.23
5	日本	148	0.04	4.87	43	阿拉伯联合酋长国	6	0	0.20
6	德国	117	0.13	3.85	44	卡塔尔	5	0	0.16
7	加拿大	112	0.02	3.68	45	阿尔及利亚	5	0	0.16
8	意大利	95	0.12	3.13	46	拉脱维亚	5	0	0.16
9	西班牙	68	0.06	2.24	47	伊拉克	4	0	0.13
10	法国	66	0.1	2.17	48	斯洛伐克	4	0	0.13
11	中国台湾	65	0.03	2.14	49	阿曼	4	0	0.13
12	澳大利亚	64	0.02	2.11	50	挪威	4	0	0.13
13	韩国	60	0.03	1.97	51	克罗地亚	4	0	0.13
14	奥地利	56	0.03	1.84	52	威尔士	3	0	0.10
15	伊朗	52	0	1.71	53	塞尔维亚	3	0	0.10
16	波兰	51	0.02	1.68	54	罗马尼亚	3	0	0.10
17	巴西	44	0.03	1.45	55	乌克兰	3	0	0.10
18	俄罗斯	42	0.01	1.38	56	新西兰	2	0	0.07
19	新加坡	37	0	1.22	57	印度尼西亚	2	0	0.07
20	苏格兰	36	0.01	1.18	58	保加利亚	2	0	0.07
21	荷兰	35	0	1.15	59	卢森堡	2	0	0.07
22	瑞士	30	0.01	0.99	60	尼日利亚	2	0	0.07
23	爱尔兰	30	0.03	0.99	61	黎巴嫩	2	0	0.07
24	捷克共和国	28	0.01	0.92	62	斯洛文尼亚	1	0	0.03
25	丹麦	27	0	0.89	63	厄瓜多尔	1	0	0.03
26	瑞典	26	0.05	0.86	64	哈萨克斯坦	1	0	0.03
27	沙特阿拉伯	26	0.01	0.86	65	多哥	1	0	0.03
28	匈牙利	22	0	0.72	66	马耳他	1	0	0.03

续表 3.4

序号	国家（地区）	发文量/篇	中介中心性	占比/%	序号	国家/地区	发文量/篇	中介中心性	占比/%
29	葡萄牙	21	0	0.69	67	摩尔多瓦	1	0	0.03
30	以色列	21	0.02	0.69	68	突尼斯	1	0	0.03
31	马来西亚	14	0.02	0.46	69	利比亚	1	0	0.03
32	埃及	19	0.04	0.63	70	泰国	1	0	0.03
33	比利时	15	0	0.49	71	喀麦隆	1	0	0.03
34	土耳其	13	0	0.43	72	阿根廷	1	0	0.03
35	巴基斯坦	10	0.03	0.33	73	巴拿马	1	0	0.03
36	芬兰	10	0	0.33	74	孟加拉国	1	0	0.03
37	越南	8	0	0.26	75	巴林	1	0	0.03
38	智利	7	0	0.23	76	塞浦路斯	1	0	0.03

从表3.4可以看出，量子通信相关研究在世界范围内的发展存在空间异质性，有相关论文发表的国家（地区）达到76个，但一半以上国家（地区）的发文量低于10篇。在76个国家中，中国大陆发文量远超其他国家，稳居第一，达到778篇，在相关领域占世界总发文量的25.59%，但其中介中心性仅有0.07，在所有国家中排名第六，这也反映出中国在量子通信相关领域实力强劲，但与其他国家的合作并不十分紧密。美国发文量达到359篇，仅次于中国大陆发文量，但其中介中心性达到0.8，远超其他国家（地区）中介中心性值，说明了美国在量子通信相关领域与世界各国（地区）联系紧密。除此之外，包括英格兰、德国、意大利、法国在内的4个欧洲国家，中介中心性均高于0.1，且4个国家发文量均较高，由此可以看出欧洲地区在量子通信相关领域的发展中具有很强的合作意识和较大发展潜力。

在国家论文合作网络图中，不同的节点代表不同国家（地区），节点大小代表其发表论文数量，节点越大，表明该国（地区）发表的与量子通信领域相关的论文数量就越多；节点之间的连线则反映出国家（地区）间合作状况，连线越密集说明该国（地区）与其他国家（地区）合作越密切。从图3.3中可以清晰看出，中国与美国节点最大，体现出两个国家在量子通信相关领域都有较强实力和丰硕的研究成果。但从连线程度看，美国与欧洲多国连线都较为密集，而中国与其他国家

3 战略性新兴产业触发过程：中美量子通信产业案例比较

(或地区)的连线略显稀疏，该结果也是表 3.4 中各国中介中心性的直观表现。

中国和美国在量子通信相关领域的重要性位置都十分突出，但相比较而言，美国的国际合作范围较广，是美洲、欧洲国家学习和传递量子通信领域相关研究经验的重要国家，在与美洲、欧洲等国家的合作中具有重要的引领作用。目前，美国、日本、澳大利亚与欧洲诸国以产业巨头为主导，通过联合研究和成果共享，形成并不断强化联盟优势。其中，英特尔与荷兰 QuTech 研究所、德国马普量子光学中心、美国国家标准技术研究院等研究机构，联合推进硅半导体量子计算；微软与荷兰 QuTech 研究所、丹麦玻尔研究所等，合作研究拓扑量子计算；IBM 对金融、汽车、电子、材料等不同应用领域的全球合作伙伴开放量子计算云平台，推动产业应用，量子计算初具产业生态。同时，谷歌、IBM、英特尔等大型企业积极开展全球合作，与耶鲁大学、麻省理工学院、加州大学系统等科研机构联合攻关共性技术。中国关于量子通信的合作研究，主要还集中在国内，由国内高校、科研机构和业界巨头三者主导，采取国外并购、战略合作等多种形式，目前在相关领域已取得突出成果，但与世界其他国家的合作尚且较弱。

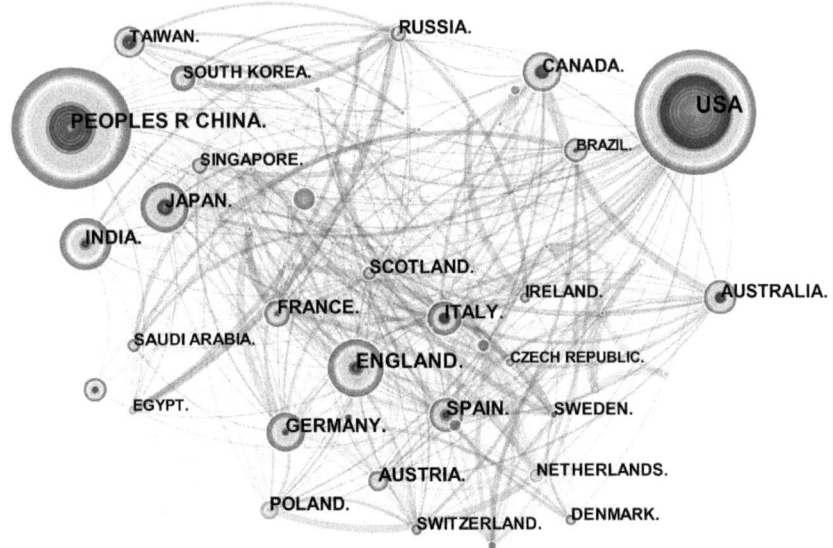

图 3.3　世界各国(部分地区)量子通信相关领域论文合作网络

注：USA：美国；PEOPLES R CHINA：中华人民共和国；JAPAN：日本；ENGLAND：英格兰；GERMANY：德国；FRANCE：法国；ITALY：意大利；CANADA：加拿大；AUSTRALIA：澳大利亚；RUSSIA：俄罗斯；SOUTH KOREA：韩国；INDIA：印度；TAIWAN：中国台湾；NETHERLANDS：荷兰；SWITZER-

· 41 ·

LAND;瑞士;SPAIN;西班牙;SWEDEN;瑞典;POLAND;波兰;SAUDI ARABIA;沙特阿拉伯;AUSTRIA;奥地利;DENMARK;丹麦;BRAZIL;巴西;IRELAND;爱尔兰;EGYPT;埃及;SCOTLAND;苏格兰;SINGAPORE;新加坡;CZECH REPUBLIC;捷克共和国。

3.1.3 全球量子通信的产业初步应用与国家竞争

量子通信技术沿着高速、远距离、网络化的方向快速发展,已经逐步实现产业化,量子通信产业链雏形已经清晰(表3.5),广域乃至全球范围的产业价值链、产业生态系统正在演化形成,在科学研究、政务、金融系统、电力系统、交通、消费等领域应用不断增加。

表 3.5 量子通信产业链分布

产业链位置	产业核心技术	产品/服务	代表企业
上游	元器件/材料	信号芯片、雪崩二极管等基础光电元器件和量子通信元器件	英特尔、紫光同创、复旦微电子集团、华微电子、亨通光电
	核心设备	量子态制备、存储、交换等设备,如量子光源,单光子探测器,QKD设备,量子路由器,量子交换机,量子随机数发生器等	TOSHIBA、NVIDIA、ID Quantique、国盾量子、问天电子、九州电子、华为、中兴
中游	网络干线	量子通信网络的传输和平台核心设备	中国电信、联通和电信、SK telecom、AT&T、Zayo、中国有线
	系统平台	经典网络管理子系统、量子网络管理子系统、量子密钥分发子系统、综合网络监控子系统、备份及容灾子系统、量子密钥管理子系统及相关设备及解决方案	MagiQ、国盾量子、问天电子、国科电子、中国移动、联通和电信等传统网络运营商、中国有线、神州信息等
	建设运维	网络建设及后期运维管理服务	中国有线、中国联通和中国电信等

续表 3.5

产业链位置	产业核心技术	产品/服务	代表企业
下游	安全应用	国家基础设施建设及科研,政务、金融信息、数据中心、工业互联网、电力电网、消费/移动应用	国家电网、中国工商银行、国盾量子、HITACHI、三星等

资料来源:光子盒,2022。

量子通信的技术创新及其产业应用逐步形成国民经济和社会的一个重要新兴行业,美国等主要发达国家积极发展量子通信产业并力求在全球竞争时保持领先地位;中国等新兴重要经济体鼓励发展量子通信产业以便获得全球新兴行业创新的话语权。中美量子通信产业的触发从最初的基础理论研究和学习深化到技术、基础设施、政策的共同进化,这一过程涉及从政府、大学到商业的各种不同主体,并在互动过程中推动了量子通信产业的发展,形成初步的产业生态系统。研究采用档案文献和经济史分析方法,基于量子通信产业触发是产业系统构建和嵌入过程的质性特征,对中美量子通信产业的孕育和成长过程进行深度案例研究,追踪中美量子通信新兴产业孕育及导入的演化过程,回溯分析并比较中美量子通信关键主体及其功能、主要作用机制,阐明中美两国量子通信产业触发过程的国家特征。

3.2 中美量子通信孕育及导入历史过程的回溯分析

突现关键词的词频变化可以识别与追踪相关领域的前沿研究和发展趋势(王娟等,2016),对中美量子通信孕育及导入历史过程的回溯分析,可通过中美两国在量子通信相关领域的研究文献成果进行突现关键词分析。与传统的高频词分析方法相比,突现关键词分析更适合探测学科领域发展的新兴趋势和变化情况(秦晓楠等,2014)。为便于比较,课题在 Web of Science 资源库的 SCIE 数据库中检索 SCI 相关论文,在经过数据清洗的 2245 篇文献中,将国别为美国的 378 篇文献、国别为中国大陆的 781 篇文献分别作为数据来源,通过 CiteSpace 软件进行突现关键词分析,美国、中国研究成果英文文献突现关键词时间表分别见表3.6和表3.7。为全面反映中国在量子通信领域孕育的历史过程,课题还使用CiteSpace软件对经过筛选清洗的770篇中文核心期刊文献进行突现关键词分析,中文文献的突现关键词时间表见表3.8。

表3.6 美国量子通信英文研究文献突现关键词时间表

关键词	突现强度	突现开始年份/年	突现结束年份/年	突现持续时间(1989—2022年)
Performance	4.02	1993	2007	
Semiconductor Laser	5.49	1997	2002	
Optical Communication	3.53	1997	2009	
Quantum Communication	5.25	2018	2020	
Protocol	4	2019	2022	
Repeater	3.64	2019	2022	
Security	4.89	2020	2022	
Network	3.97	2020	2022	

表3.7 中国量子通信英文研究文献突现关键词时间表

关键词	突现强度	突现开始年份/年	突现结束年份/年	突现持续时间(2000—2022年)
Bell Theorem	5.91	2006	2014	

续表 3.7

关键词	突现强度	突现开始年份/年	突现结束年份/年	突现持续时间(2000—2022 年)
Quantum Information	4.51	2012	2016	
Entanglement	3.47	2013	2014	
Purification	5.12	2014	2018	
Entanglement Concentration	4.97	2014	2017	
Quantum Key Agreement	3.5	2014	2019	
Quantum	3.49	2015	2018	
System	4.14	2017	2020	
Photonics	4.39	2019	2022	
Algorithm	3.47	2019	2020	
Protocol	7.19	2021	2022	

表 3.8 中国量子通信中文文献突现关键词时间表

关键词	突现强度	突现开始年份/年	突现结束年份/年	突现持续时间(2000—2022 年)
量子计算	3.86	2000	2004	

续表 3.8

关键词	突现强度	突现开始年份/年	突现结束年份/年	突现持续时间(2000—2022 年)
地铁调度网络	3.84	2000	2011	
多方	3.83	2000	2010	
压缩态	3.5	2000	2012	
半量子对话	3.5	2000	2011	
半量子安全直接通信	3.5	2000	2011	
多次发送	3.44	2000	2010	
双向通信	3.26	2000	2013	
量子密码	5.95	2004	2010	
量子安全直接通信	5.71	2007	2013	
纠缠交换	5.29	2011	2017	
量子保密通信	4.98	2017	2022	
量子密钥分发	7.79	2018	2022	

对比美国量子通信英文研究文献突现关键词时间表3.6与全球量子通信英文文献突现关键词时间表3.2,可以发现美国量子通信英文研究文献突现关键词结果的大部分都在全球量子通信英文文献突现关键词时间表中出现,且时间基本一致。参考中国信息通信研究院2018年发布的《量子信息技术发展与应用研究报告》、2020年华安证券联合Wind发布的《量子通信:政治局集体学习有望催发主题行情研究报告》,可以发现美国量子通信的孕育和发展与世界量子通信整体发展历程存在一致性,即包括了概念提出与基本理论体系形成、实验室演示、商业化、产业化等4个阶段。结合维基百科"Timeline of quantum computing and communication",课题将美国量子通信发展历程总结(表3.9)。

图3.9 美国量子通信发展历程

阶段	时间	重要事件及主要成果
概念提出与基本理论体系形成	1984—1992年	提出第一个量子密码通信方案,打开量子通信新时期的大门
实验室演示	1992—2005年	实现安全通信距离达到10km的量子密钥分发演示性实验,但仍不具有实用价值
商业化	2005—2010年	美国密歇根大学和洛斯阿拉莫斯国家实验室证明并实现了远距离量子纠缠和安全距离超过100km的量子密钥分发,量子通信正式从实验室演示走向实用化阶段
产业化	2010年至今	美国量子通信进入大规模的产业化应用阶段。2013年,环美量子通信骨干网络项目公布,为谷歌、亚马逊、微软等互联网巨头的IDC之间提供安全通信保障服务;2019年,美国国家航天航空局(National Aeronautics and Space Administration,NASA)提出星地量子通信计划,量子交换公司(Quantum Xchange)提出链接华盛顿和波士顿的800km商用量子密钥分发(Quantum Key Distribution,QKD)线路建设计划

1984—1992年,量子通信概念的提出与基本理论体系的形成。1984年,国际商业机器公司(IBM)的Bennett和蒙特利尔大学的Brassard提出了第一个量子密钥分配方案,即BB84量子密钥分配方案。该阶段突现关键词主要聚焦于量子通信的基础理论研究。

1992—2005年,量子通信的实验室演示阶段。美国政府及相关部门逐渐重视量子技术领域研究,国防部高级研究计划局颁布"量子通信技术研究计划",这是美国量子通信领域首个由政府颁布的全局性的战略发展规划,拟用3~5年全面推进量子通信技术的相关研究,通过军队实施向军队和全球传输报文能力的量子通信计划。随后10年间,在贝尔实验室、IBM、麻省理工学院及斯坦福大学等的共同推动下,国防部高级研究计划局的量子网络于2003年底全面投入运营。该阶段研究主要包括了Dfb Laser、Gaa、Molecular Beam Epitaxy等实验性研究,量子密钥分发演示性实验首次实现100km以上通信距离,但安全通信距离只有10km量级,主要还停留在实验室演示阶段,实用价值有待提高。

2005—2010年,量子通信的商业化阶段。以实践应用为主导的Cryptography、Entangled States成为这一阶段的研究重点。2005年,美国学者提出多强度诱骗态调制方案,解决了量子通信中的安全漏洞,量子通信开始从实验室演示走向实用化和产业化。2006年,美国洛斯阿拉莫斯实验室成功实现了一项诱骗态方案,实现了安全距离超过100km的量子密钥分发,实现了量子信息技术向实际应用转化的基本条件。

2010年以后,美国量子通信的产业化阶段。同期,美国量子通信文献突现关键词结果减少,直到近年才大量出现;"Network"成为2010年以来,特别是近年来美国的重点研究对象,美国量子通信在Protocol、Repeater、Security等多个领域开展实践推广,量子通信产业化推广的重要性愈发凸显。2013年,美国独立研究机构巴特尔(Battelle)公布环美量子通信骨干网络项目,为谷歌、微软、亚马逊等互联网巨头的数据中心之间的通信提供量子安全保障服务,标志着美国量子通信正式进入大规模产业化应用阶段;2019年,NASA提出星地量子通信计划,Quantum Xchange提出链接华盛顿和波士顿的800km商用量子密钥分发(Quantum Key Distribution,QKD)线路建设计划。

相比于美国,中国在量子通信领域相关研究起步较晚,中英文文献突现关键词开始年份晚于美国文献,但无论文献数量还是突现关键词数量,中国均高于美国。参考吴华(2014)、赖俊森(2016)等学者对中国量子通信的分析,以及2020年华安证券股份有限公司联合万得信息技术股份有限公司(简称Wind)发布的

《量子通信:政治局集体学习有望催发主题行情研究报告》,课题将中国量子通信的触发过程划分为学习研究、领域尝试及产业化3个阶段,结合中英文文献突现关键词结果,对中国量子通信的孕育和发展进行回溯分析(表3.10)。

表3.10 中国量子通信发展阶段划分

发展阶段		时间	阶段划分依据
学习研究阶段		1995—2005年	中国科学院物理研究所在国内首次实现基于BB84协议的量子密钥分发实验,开启量子通信学习研究
领域尝试阶段		2005—2010年	潘建伟团队在世界首次实现安全距离超过100km的光纤量子密钥分发,中国量子通信开始走出实验室,走向实用化和商业化
产业化阶段	构建城域量子通信网络	2010—2016年	合肥量子通信试验网络建成
	构建城际量子通信网络	2016—2017年	京沪干线开通
	构建覆盖全球广域量子通信网络	2017年至今	墨子号发射运行

1995—2005年,中国量子通信领域的学习研究阶段。该阶段成果较少,没有显著的文献突现关键词,但国内量子通信领域的学习研究快速增加。1995年,中国科学院物理研究所吴令安小组在实验室内完成中国最早的量子密钥分发实验演示,开启了国内量子通信领域的学习研究;2000年开始,中国量子通信各领域的研究激增,量子计算、多方、压缩态、半量子对话、半量子安全直接通信、双向通信等关键词均高强度地在文献中突现,并保持了较长的持续时间。

2005—2010年,中国量子通信领域尝试阶段。中国在量子通信的部分研究领域实现赶超并逐渐领先世界。其中,2005年取得一定突破性进展,中国科学技术大学潘建伟团队通过"自由空间纠缠光子的分发"实验,在国际上首次证明星地量子通信的可信性;2006年,潘建伟团队在全球首次利用诱骗态方案实现安全距离超过100km的光纤量子密钥分发实验,获得量子通信技术应用机会窗口等,中国量子通信开始走向实用、规模化发展阶段。2007年,郭光灿团队在北京试验完成"量子路由器",并获得美国授权专利。2008年,首个量子电话语音网络在安徽合肥建成。这一阶段,"量子安全直接通信"成为中国的研发重点,"Bell Theorem"等的理论研究成果突出,中国量子通信研发从诱骗态量子密钥分发走向实用、规模化应用,中国量子通信领域的研究实现了赶超,并在部分领域达到世界领先水平。

2010年至今,中国量子通信的产业化阶段。研究成果数量快速增长,突现关键词数量激增,且涉及量子通信领域的各个方面。中国量子通信领域的研发技术处于全球领先地位,不仅重视 Quantum Information、Entanglement、Entanglement Concentration 等方向的理论研究,还开始了量子保密通信、量子密钥分发、Quantum Key Agreement 等实用化、产业化领域的攻关。中国拟计划于2030年在全球率先建立量子通信网络。量子通信产业实施阶段性发展计划:构建城域量子通信网络,于2010年在合肥成功搭建量子通信试验网络;构建城际量子通信网络,2017年成功开通世界首条量子保密通信干线——京沪干线,中国城际量子通信网络阶段的任务顺利完成;构建可覆盖全球的广域量子通信网络,以墨子号成功发射并运行为标志,中国量子通信已达到世界领先水平。

3.3 中美量子通信产业触发:主体行为及其功能定位

3.3.1 政府及其所属部门:战略规划与引导、投资主体、利益协调等功能

中美两国都重视量子科技进步,明确了量子科技在国家科研、经济、军事、安全等领域的作用,将量子技术提升到影响国家创新力和国际竞争力的重要战略地位,制定了相关法律、发展战略、规划,以引领国家量子科技发展方向;创新了量子通信发展政策,营造了量子科技发展的支持性环境。两国制定的主要相关法律、战略与规划、政策等见表3.11。由于量子通信与量子计算、量子测绘等量子科技分支相对独立又密切联系,大多数法律、战略与规划、政策等相关文件没有严格按照细分领域阐述,表3.11部分整理、列出了相关文件概况,可以从纵向时间序列上呈现两国推进量子通信发展政策演化的关联性,也可以为中美量子科技创新政策构成及其完善过程的比较提供文本内容支持。

3 战略性新兴产业触发过程：中美量子通信产业案例比较

表3.11 中美量子通信产业发展的相关法律、战略与规划、政策

国别	时间	机构及政策	主要内容
中国	2015年	国务院，《中国制造2025》	将量子计算进展列入其优先考虑的领域，属于"下一代信息技术产业"的范畴
	2016年	国务院，《中华人民共和国国民经济和社会发展第十三个五年规划纲要》	力争在量子通信与量子计算等重点方向率先突破，着力构建量子通信和泛在安全物联网
	2016年	中共中央、国务院，《国家创新驱动发展战略纲要》	面向2030年，在量子领域充分论证、把准方向，明确重点，再部署一批国家战略意图的重大科技项目和工程
	2016年	国务院，《"十三五"国家信息化规划》	强化战略性前沿技术超前布局，加强量子通信、未来网络等新技术基础研发和前沿布局
	2016年	国务院，《"十三五"国家科技创新规划》	明确设立"量子通信与量子计算机"重大科技项目，研发城域、城际、自由空间量子通信技术，研制通用量子计算原型机和实用化量子模拟机
	2017年	科技部、军委科技委，《"十三五"科技军民融合发展专项规划》	在量子技术等领域，发展前瞻性、先导性、探索性、颠覆性技术，抢占国际竞争制高点；积极推动量子通信与量子计算机等新一轮军民融合重大科技项目论证与实施
	2018年	国务院，《关于全面加强基础科学研究的若干意见》	强化基础研究系统部署，加强对量子科学等重大科学问题的超前部署；优化国家科技计划基础研究支持体系，发挥国家自然科学基金支持源头创新的重要作用，更加聚焦基础学科和前沿探索，支持人才和团队建设，加强国家科技重大专项与国家其他重大项目和重大工程的衔接，推动基础研究成果共享，发挥好基础研究的基石作用，拓展实施国家重大科技项目，加快实施量子通信与量子计算机等"科技创新2030——重大项目"；布局建设国家实验室，整合全国创新资源，聚集国内外一流人才；加强基础研究创新基地建设

续表 3.11

国别	时间	机构及政策	主要内容
中国	2019年	国家发展改革委,《产业结构调整指导目录（2019年本）》	鼓励量子通信设备研发应用
	2021年	全国人大,《中华人民共和国国民经济和社会发展第十四个五年规划和2035年远景目标纲要》	明确提出聚焦量子信息等重大创新领域组建一批国家实验室；瞄准量子信息等前沿领域，实施一批具有前瞻性、战略性的国家重大科技项目；在量子信息等前沿科技和产业变革领域，组织实施未来产业孵化与加速计划，谋划布局一批未来产业。"十四五"期间中国量子信息领域的科技攻关任务紧紧围绕量子通信技术研发、量子测量技术突破和量子计算的产品研制，并计划在量子通信方面构建完整的天地一体广域量子通信网络技术体系，率先推动量子通信技术在金融、政务和能源等领域广泛应用
	2021年	国务院,《计量发展规划（2021—2035年）》	明确发展目标：到2035年，中国关键领域计量技术取得重大突破，综合实力跻身世界前列；建成以量子计量为核心、科技水平一流、符合时代发展需求和国际化发展潮流的国家现代先进测量体系
	2021年	中共中央、国务院,《国家标准化发展纲要》	提出要加强关键技术领域标准研究，在人工智能、量子信息等领域，开展标准化研究，在国际上拥有量子标准制定的话语权
	2022年	国务院,《"十四五"数字经济发展规划》	提出瞄准传感器、量子信息、网络通信、集成电路、关键软件、新材料等战略性前瞻性领域，提高数字技术基础研发能力；提升基础软硬件、核心电子元器件、关键基础材料和生产装备的供给水平，强化关键产品自给保障能力

续表 3.11

国别	时间	机构及政策	主要内容
美国	2002年	美国国防部高级研究计划局,《量子信息科学和技术发展规划》	2004年发布2.0版,给出量子计算发展的主要步骤和时间表;2007年,将量子科技作为核心技术基础列入其战略规划;2015年量子物理学成为国防部高级研究计划局战略投资领域的三大技术前沿之一
	2009年	美国国家科学与技术委员会,《量子信息科学的联邦愿景》	认为量子信息科学(Quantum Information Science,QIS)处于早期阶段,但可能产生更大的意外影响,建议持续、集中关注,加强量子技术的控制和利用,采取资助具有发展潜力的基础研究,确定优先事项,培养未来的科学家等措施,以保持美国量子信息领域全球领导者的地位
	2016年	美国联邦政府公布、美国家科学技术委员会,《推进量子信息科学:国家的挑战与机遇》	分析美国在量子信息科学技术领域和基础研究领域的发展、潜在影响、应用前景等,确定了发展面临的挑战、机遇及其潜在解决方案;指出美国研发进程的障碍:基础研究的技术转化困难、满足量子信息需求的材料与器件开发难度大、研发投入不足且缺乏稳定性、学科领域和研究机构间存在隔阂等。报告调查了联邦投资,提出为了应对这些挑战和机遇美国需要在政策和战略上做出调整,包括增加联邦投资、推动跨学科和跨机构合作、设立长期稳定的核心研究计划以及实施短期目标明确的战略性研发计划
	2016年	美国能源部,《与基础科学、量子信息科学和计算交汇的量子传感器》	美国国家科学与技术委员会《量子信息科学的联邦愿景》报告的补充
	2018年	美国众议院科学、太空和技术委员会一致通过,总统特朗普签署,《国家量子计划法》	计划未来10年内向量子研究注入12亿美元资金,由美国能源部、商务部国家标准与技术研究院和美国国家科学基金会配合联邦政府共同落实量子计划项目

续表 3.11

国别	时间	机构及政策	主要内容
美国	2018年	美国众议院科学技术委员会通过、总统特朗普签署，《国家量子倡议法案》	设立国家量子协调办公室，成立量子信息科学组委会和康子倡议咨询委员会，授权多部门在2019—2023年共投入12.75亿美元发展量子技术
	2018年	白宫科技政策办公室、国家科学技术委员会，《量子信息科学国家战略概述》	明确将量子信息科学作为美国研发事业的新支柱，并提出维护和扩大美国在量子信息科学领域领导地位的国家战略方法，包括科学优先、培养未来人才、加强与行业之间的联系、基础设施建设、以国家经济和安全为导向、推进国际合作的政策选项
	2018年	美国国会提交、总统特朗普签署，《国家量子计划法案》	落实"国家量子计划"正式成为法律，在国家层次对主要研究机构、公司、人才队伍进行规划，为美国整合政府、产业界和学术界的资源，加速量子科技的研发与应用，获得战略性领先优势提供立法保障，要求加强联邦量子信息科学与技术研发的跨部门规划与协调，建立涵盖量子通信等领域的国家量子计划，维持美国量子科技领先优势
	2019年	美国空军，《科技战略：加强2030年及之后的美国空军科技》	将量子纠缠等量子科学视为重要的技术机遇，以及支撑美空军"弹性信息共享"能力的关键基础
	2020年	能源部，《从远距离纠缠到建设全国范围的量子互联网》	规划了美国第一个全国性量子互联网的战略发展蓝图，提出需要重点关注的量子科技应用领域、优先研究方向，以及量子互联网建设的阶段目标
	2020年	美国国务院，《关键与新兴技术国家战略》	将"量子信息科学"列为20项关键与新兴技术之一，对军事、情报和经济等国家安全优势具有重要作用

续表 3.11

国别	时间	机构及政策	主要内容
美国	2020年	美国国防部国家地理空间情报局,《国家地理空间情报局技术战略》	将量子计算列为美国地理空间情报界未来长期投资的技术
	2020年	白宫国家量子协调办公室,《美国量子网络战略愿景》	要求对开发量子网络所需的基础组件、协议和应用进行基础研发,完善量子互联网基础设施,确定发展量子互联网研发与应用的两个目标:未来5年,美国的公司和实验室将展示实现量子网络的基础科学和关键技术,识别这些系统的潜在影响,以及改进后的量子应用对商业、科学、卫生和国家安全的益处;未来20年,量子互联网链路将利用网络量子设备来实现传统技术无法实现的新功能,同时推进人们对量子纠缠作用的理解
	2021年	美国国家反情报与安全中心,《保护美国关键和新兴技术,免受外来威胁》报告	提出量子信息科技等5个关键领域是中美竞争的核心,量子科技被美国认定为中美博弈下需要重点发展的技术之一
	2021年	美国众议院,《量子网络基础设施法案》	推进量子技术发展,法案要求联邦政府在2022—2026年每个财年向能源部科学办公室拨款1亿美元,以推进国家量子网络基础设施建设并加速量子技术的广泛实施,包括开发安全的国家量子通信技术和战略,总目标是建立一个大规模的量子网络
	2022年	美国白宫科技政策办公室,《量子信息科学和技术劳动力发展国家战略计划》	旨在促进先进技术教育和推广,培养下一代量子信息科学人才,以跟上量子科学领域不断增长的就业岗位,并提出4项关键行动计划:一是从短期和长期角度评估量子信息科学技术(Quantum Information Science and Technology,QIST)生态系统对劳动力的需求;二是通过公共宣传和教育材料向公众宣传QIST;三是弥补QIST在专业教育和培训机会方面的具体差距,增加高中和本科生参与及获得STEM和量子科学教育的机会;四是保证QIST和相关领域的求职便利与公平

表 3.11 显示,中美两国政府支持量子信息科学技术(QIST)研发的政策创新,都经历了从愿景、模糊发展方向等,向具体的领域和目标、措施的逐步演进过程,主要政策目标集中于推动量子科技研发,发展量子科技人才,促进量子技术商业化、产业化和构建量子产业生态。但是,在量子通信领域,两国的重点发展领域、优先方向和重点事项具有一定的差异,政策引导方式具有较大的国家特色。

中国主要由国务院发布意见、规划、纲要等,提供宏观的发展方向指导,涉及量子通信具体领域的发展和应用相对较少;中国政府在多个国家政策文件中都指出了量子通信的重要性,并将量子科学技术发展纳入"十三五"科技规划和"十四五"数字经济发展规划等综合性战略规划,具有较强的连续性,各阶段的战略规划布局日趋明确,并通过北京、上海、广东、安徽等省级行政区的相应规划予以实施,但到目前为止,尚没有为量子科技发展提供法律保障。美国政府及其所属部门制定的政策文件较多,大多结合量子科技创新及其在行业领域的潜在应用如量子卫星、量子网络、量子密钥和新型量子材料等方面设定较明确的目标,还设立相关机构,启动相关研究项目,但并未将量子通信作为单独的发展领域,而是融合物理、化学、材料等其他相关学科领域综合考虑阶段目标和远期目标,甚至制订专门的发展计划、发展路线图。例如,对于与量子通信极为密切的量子网络,美国将其分离出来作为重要发展领域,提出建设全球量子互联网国家的目标,先后制定两项量子网络发展战略:2020 年 2 月发布《美国量子网络战略愿景》,明确未来 5 年、20 年量子网络的研发与应用目标,以及与实用量子网络和量子技术密切相关的 6 个重点研究领域。美国的《国家量子倡议法案》,针对量子科技进行国家立法,对国家支持、资金投入、人才教育、国际合作等制定了详细规则,建立了涵盖量子通信等领域的国家量子行动计划、管理和执行机构,明确了政府部门与机构的任务和合作机制,为美国加速量子科技的研发与应用,维持和获得美国量子科技战略性领先优势提供了立法保障。已有结果表明,美国量子通信的量子比特技术路线呈现多样化。光子比特、自旋比特、超导量子比特并行发展,量子比特、算法、存储、材料等研究较为深入。量子通信领域的重要研究领域不断克服更高层次的挑战并衍生出新的研究方向。美国这种尝试性的窗口管理,促进了萌芽和导入期的量子通信触发的技术创新、技术战略利基、机会窗口选择,在某种程度上引导了全球的未来量子技术研发与应用。

中美两国政府及其所属部门作为投资主体,持续地支持量子通信研发。量子通信作为影响国家安全、创新和国际竞争力的重大新兴技术领域,属于世界科技最前沿的领域之一。新技术的重大突破需要大量、长期、稳定的投入支持,促进多学科的基础研究、技术创新及产业发展。中美两国政府及其所属部门都是量子通信领域相关技术研发的重要资助主体,两国政府采用资助重要项目、设立研究和创新中心、扶持初创企业等方式。在 2015—2022 年间投入(含计划)量子信息科学研发资金见表 3.12。

3 战略性新兴产业触发过程:中美量子通信产业案例比较

表 3.12 2015—2022 年中美量子信息科学研发的投入

国别	金额	说明
中国	3.37 亿美元	2016—2019 年,根据国家"十三五"规划,中国量子科技研究经费约 3.37 亿美元
	1000 亿元	2021 年 3 月,"十四五"规划多次提及量子信息、量子通信、量子科技,明确提出要瞄准人工智能、量子信息等前沿领域,实施具有前瞻性、战略性的国家重大科技项目,计划投入 1000 亿元建设量子信息科学国家实验室
美国	1330 万美元	2015 年 5 月,《2015—2019 年技术实施计划》提出从 2016 财年起,国防部部长办公室支持量子科学与工程制造项目,总预算 1330 万美元
	12.75 亿美元	2018 年 12 月,《国家量子倡议法案》批准 5 年内联邦研发支出 12.75 亿美元,其中,美国国家标准与技术研究院获资 4 亿美元,制定量子科技发展标准;国家科学基金会获资 2.5 亿美元,支持量子科技人才建设;能源部获资 6.25 亿美元,成立量子信息科研中心,加速科技攻关,并呼吁全国范围内建立新的 QIS 研究机构和财团
	9400 万美元	2019 年 2 月,国家科学基金会发布《量子飞跃前沿研究院项目指南》,拟提供 9400 万美元推动量子信息科学与工程前沿,涵盖量子计算、量子通信、量子模拟和量子传感等研究主题。其中,跨学科研究将资助远程安全通信的量子网络、量子计算机的软件栈、量子模拟的算法、体系结构和平台等方向
	5 亿美元	2021 年 1 月,美国众议院提出《量子网络基础设施法案》,推进美国以量子为中心的基础设施的发展,包括量子计算、量子通信等,总目标是建立一个大规模的量子网络,2022—2026 年每财年预算 1 亿美元
	3.4 亿美元	2021 年 3 月,美国众议院提出《量子科学和技术用户扩展法案》,计划 5 年投入 3.4 亿美元

注:统计时期是 2015—2022 年 6 月。由于中美的量子投入不一定在国家层次全部公开,表中的 QIS 投入数据偏小,包括政府文件公开披露的已投入、已发布相关政策计划未来投入部分。

数据来源:光子盒量子科学研究院整理。

但是，两国在以下两个方面具有较大差异。

一是投资主体机构构成。中国主要由国家自然科学基金会、科技部、中国科学院等提供研究资助。美国资助量子通信领域的机构相对较多，主要包括美国国家标准与技术研究院、国家科学基金会、能源部、国防部等，更多相关部门参与资助量子信息科学的基础研究、工程技术研发、应用场景探索、人才教育和产业链构建等活动，导致美国量子信息科学获得了前瞻性、全方位、体系化的规划布局，有利于量子通信的相关的关键技术领域取得创新突破，也加速了量子通信技术与国家安全、军事等领域的融合创新及应用。

二是资助的持续时间和规范性。中国政府资助的量子通信项目开始时间相对较晚，2001年郭光灿获得中国科技部973计划的国家重点基础研究项目资助，其他项目更晚，2017年才正式启动量子信息科学国家实验室建设。资助方式相对简单，仅建立了中国科学院量子信息与量子科技创新研究院等有限研究中心，以促进量子通信技术的创新。与中国不同，美国国家标准与技术研究院、国家科学基金会等机构，在20世纪90年代早期就开始持续资助量子信息科学领域研发。相关机构在推进量子前沿科技、多学科合作、人才培养等过程中，表现出持续支持核心研究单元、创新生态系统合作、兼顾基础研究和科技成果转化等资助特点。尽管美国在量子通信相关领域的资助主要集中在量子传感、量子网络、量子器件和量子理论发展等领域，但主要资助机构的资助范围和投资领域相对明晰，见表3.13和表3.14。2018年，美国《国家量子倡议法案》进一步明确规定美国国家标准与技术研究院、国家科学基金会、能源部等机构在国家量子科技发展中的职责范围，其结果是美国建立了多个量子信息科学研究中心、国家实验室（见表3.15和表3.16，分别为美国能源部建立的量子信息科学主要研究中心、2019—2022年美国国家科学基金会建立的量子研究中心）。美国量子通信的基础研究领域不断深入，已经从基本理论逐渐扩大、深入到量子逻辑、量子控制和纠错方法、量子处理器等，产业技术创新发展到可以制作多类型量子信息科学设备原型、利用离子阱技术发展可扩展量子中继器、后量子密码术标准等前沿研究。产业发展初具规模，并基本形成涵盖联邦机构、学术研究机构、企业创新者和相关组织的量子领域创新生态系统。

3 战略性新兴产业触发过程:中美量子通信产业案例比较

表 3.13 美国量子通信相关研究领域的研究类型与投资机构

研究领域	量子传感	量子网络	量子器件和量子理论发展
资助机构	美国国家标准与技术研究院、国家科学基金会、能源部、国防部、内政部、国家情报局局长办公室	美国国家标准与技术研究院、国家科学基金会、国防部、美国航空航天局	能源部、美国国家标准与技术研究院、国家科学基金会

表 3.14 美国能源部 2019 年以来在 QIS 领域的重要研究及投资

时间	研究领域	投资额
2019—2024 年	广域量子网络	1370 万美元
2019—2024 年	加速量子计算发展	4700 万美元
2019—2023 年	粒子物理学,如开发用于检测稀有粒子的高灵敏度量子传感器、将宇宙与量子系统连接的量子模拟实验等	1200 万美元
2019—2023 年	等离子体科学技术在量子中的应用等	940 万美元
2019 起,持续 2~3 年	利用量子计算和量子传感器等关键领域的进展推动核物理学的理解,利用核物理学的专业知识和能力促进量子信息科学的进步	680 万美元
2019 起	聚变能的量子信息科学	600 万美元
2019—2022 年	QIS 的材料和化学研究	3700 万美元
2019—2022 年	发现和设计新的量子信息系统、对量子现象的化学和材料科学研究	7500 万美元
2020—2023 年	研究下一代量子智能设备和量子计算技术所需的材料和化学过程,解决从气候变化到国家安全等最紧迫和复杂的挑战	7300 万美元

续表 3.14

时间	研究领域	投资额
2021—2024 年	合成、构建量子结构,理解量子结构和现象	3000 万美元
2021—2024 年	量子互联网的基础研究	2500 万美元
2021—2026 年	QIS 和核物理学的跨学科研究	1000 万美元

表 3.15 美国能源部建立的量子信息科学主要研究中心

中心名称	研究内容	牵头机构
下一代量子科学与工程中心	专注于长距离量子网络、量子使能的传感,以及处理和测试;提供量子互联、建立国家代工厂,展示通信连接、传感器网络和模拟测试平台;将建立两个用于材料和器件制造的国家量子铸造厂。合作伙伴包括英特尔、IBM、微软和 ColdQuanta 等	阿贡国家实验室
量子优势协同设计中心	旨在克服早期 NISQ 设备的局限性,以实现高能、核物理、化学和凝聚态物理科学应用中的量子优势。5 年目标是在软件优化、基础材料和设备特性,以及量子纠错等方面实现 10 倍的改进,适当指标实现 1000 倍的改进,著名的合作伙伴包括 IBM	布鲁克海文国家实验室
超导量子材料与系统中心	专注于创建更好的超导量子比特,旨在利用下一代超导量子比特技术,构建和部署用于计算和传感的卓越量子系统,合作伙伴包括 Rigetti 等	费米国家加速器实验室
量子系统加速器中心	在科学应用中提供认证的量子优势所需算法、量子设备和工程解决方案,重点技术包括中性原子、离子阱和超导量子比特,展示科学计算、材料科学和基础物理学中每个平台的最佳应用。桑迪亚国家实验室是主要合作伙伴	劳伦斯·伯克利国家实验室
量子科学中心	发现、设计和演示拓扑量子材料、算法和传感器,克服量子状态弹性、可控性和量子技术最终可扩展性的关键障碍	橡树岭国家实验室

表 3.16 2019—2022 年美国国家科学基金会建立的量子研究中心

成立时间	研究中心名称
2019 年	量子工厂
2020 年	生物物理和生物工程量子传感量子飞跃挑战研究所
2020 年	量子网络中心
2020 年	量子态增强传感和分发量子研究所
2020 年	混合量子体系结构和网络研究所
2020 年	当前和未来量子计算研究所
2021 年	鲁棒的量子模拟量子飞跃挑战研究所

资料来源:美国国家基金会、光子盒量子科学研究院整理。

政府及其所属部门推动量子通信标准的规范,促进产业市场及产业生态系统发展。标准化是推动量子通信技术从理论实验进入产业化发展、系统满足社会需求的重要工具。2021 年 5 月,中华人民共和国工业和信息化部(简称工信部)批准并正式发布实施量子通信行业标准《量子密钥分发系统技术要求》及《量子密钥分发系统测试方法》。2022 年 5 月,美国国家标准与技术研究院表示即将发布后量子密码(PQC)标准列表。中国和美国政府部门已发布或正在编制的量子通信标准,有助于推进量子通信产业市场的规模化发展。此外,中美都积极采取措施,支持本国量子公司发展,如通过设立投资基金为初创企业提供直接资金支持,通过国防部门、大型企业采购量子通信相关产品,为量子通信产业创造市场机会和应用场景,构建量子通信的产业生态。

3.3.2 大学与研究机构:研发及产业创业

中美两国的研究型大学、机构和国家实验室等机构,是两国承担量子信息科学研发计划、产业创新发展、人才培育、研究人员聚集的重要载体,也是进行商业化投资,是国家及其所属部门设立卓越中心或创新中心等组织的组成部分。中国科学院、中国科学技术大学、中南大学、北京邮电大学、上海交通大学等,是中国进行量子通信基础研究、技术开发、工程应用技术攻关的重点科研院校。依托中国科学技术大学成立的中国科学院量子信息与量子科技创新研究院(简称量子创新研究院),整合包括北京大学、清华大学、复旦大学、上海交通大学、南京大学、国防科技大学、浙江大学、北京航空航天大学、华东师范大学、北京计算科学研究中心等高等院校和科研院所,以及中国科学院的上海技术物理研究所、半导体研究所、光电技术研究所、物理研究所、上海微系统与信息技术研究所、微小卫星创新研究院、武汉物理与数学研究所、中国科学院大学、国家授时中心等全国高校、科研院所和相关企业的创新要素和优势资源,形成了多学科交叉、优势互补、密切协作的量子信息科学领域重大前沿科学研究人才队伍。旨在构建广域量子通信网络技术体系,推动量子通信技术在政务、金融和能源等领域的广泛应用,以及与能源科学、生命科学等学科领域的融合,形成国际引领地位的战略性新兴产业,并为下一代国家信息安全生态系统奠定基础。将量子通信、量子计算和量子精密测量研究中发展起来的相关技术广泛应用于物质科学、能源科学、生命科学等学科领域,使中国在量子科技应用领域全面占领国际制高点。美国国家科学基金会持续资助加州理工大学、耶鲁大学、新墨西哥大学、哈佛大学等重点院校的量子信息科学领域研发(表 3.17)。美国国家科学基金会、美国能源部等机构设立的量子网络中心、橡树岭国家实验室、阿贡国家实验室等在美国量子信息科学研发和技术应用中发挥着重大作用。例如 2021 年 10 月,美国橡树岭国家实验室、斯坦福大学、普渡大学的研究人员,合作搭建了量子纠缠分发局域网并演示了远程量子态制备。

表 3.17 2000 年美国大学在 QIS 领域受到的美国国家科学基金会资助(部分)

受资助大学	资助内容	资助时间	资助金额/万美元
加州理工大学	在量子算法、量子密码学、量子信息理论、容错量子信息处理等领域构建 QIS 的理论基础	2000—2006 年	501.20
		2005—2010 年	180
		2008—2014 年	383.75
	探索量子现象,涵盖 QIS、凝聚物理、原子、分子和光学物理及新兴的量子力学系统领域	2011—2017 年	1425
		2018—2023 年	1140
耶鲁大学	理论和实践上探索有望大规模量子信息处理的系统的物理性质	2007—2013 年	280
新墨西哥大学	将量子系统的新思想和技术应用于控制量子系统行为的最先进实验室任务,将量子系统控制工具应用于信息处理任务	2009—2013 年	125.98
		2012—2016 年	133.05
		2016—2022 年	226.11

续表 3-17

受资助大学	资助内容	资助时间	资助金额/万美元
哈佛大学	原子、分子和光学物理的前沿研究	2012—2017 年	130.7
		2015—2022 年	420.12

　　大学和科研机构也是量子通信公司核心技术的重要来源,是有关基础设施共享和初创企业、衍生公司发起的重要产业伙伴。例如中国的国盾量子、问天量子起源于中国科学技术大学、中国科学院量子信息重点实验室。中国科学技术大学、量子创新研究院的潘建伟与学生彭承志等成立了安徽量子通信技术有限公司(即国盾量子),中国科学技术大学、量子信息重点实验室的郭光灿和学生韩正甫创立了安徽问天量子科技股份有限公司。美国麻省理工学院创立的 MagiQ 公司和洛斯阿拉莫斯国家实验室创立的 Qubitekk 公司等量子保密通信产业公司,能够提供整套量子信息安全加密解决方案。

　　由于美国的科研基础更为扎实,美国的大学和科研机构在量子通信领域的研发活动更具有连续性、规范性和系统性。例如,美国国家标准与技术研究院(NIST)与科罗拉多大学博尔德分校、马里兰大学等顶尖机构通过科罗拉多大学博尔德分校-NIST 联合研究所等组织,长期开展量子信息科学基础研究。NIST 所属的大型用户设施纳米尺度科学技术中心支持制造多种类型的 QIS 设备原型。NIST 参与国际合作和人才培养活动,支持新型量子通信技术如离子阱技术建立可扩展量子中继器、后量子密码术标准等研究,建立政府研究人员、大学生、博士后、学者的联系,通过合作研发协议与产业界合作促进技术转让。与此不同,中国的大学和研究机构的研发主要由政府主导、规划立项,包括"墨子号"量子科学实验卫星、国家量子保密通信"京沪干线"等。

3.3.3 企业:产业的孕育及发展

　　新的市场需求或者现有市场需求的变革是新兴产业发展演化的典型特征(Lounsbury & Leblebici,2004)。量子通信市场的启动及其成长,需要依靠企业确定量子通信产品或服务的市场机会,解决量子通信技术的商业或产业技术障碍并提供解决方案,扩展量子通信技术的利基市场和技术机会窗口,并逐步拓展到量子+产业互联网、金融、医药等细分应用领域。尽管政企合作、政府主导下的企业参与等,是新兴产业技术创新及其商业化应用的重要方式,但由于量子通信技术的突破与量子科技人才是量子科技成果转化的必要基础,因而中美从事量子信息科学研发的大学和研究机构衍生和创立了大批量子通信的创业企业。如美国开展量子通信全球化业务的公司 Qunnect,源于纽约州立大学石溪分校量子信息科学与技术实验室的技术商业化和纽约布鲁克林海军码头的深度科技创新孵化器。该公司是第一家将量子存储器推向商业市场的公司,2021 年 11 月向布鲁克海文国家实验室出售全球首款商用量子存储器,2022 年开始生产全量子中继器产品套件原型,以实现超安全的远距离量子通信。中国成立的多家量子通信公司,由于受到中国科学技术大学的技术支持而选择合肥,比如 2021 年创立的中电信量子科技有限公司、安徽中科锟铻工业互联网有限公司等。

中美量子通信产业企业的孕育、发展路径和模式也有一定差异。中国量子通信领域企业,一般随着量子通信技术的发展和产业市场不断扩展而设立。例如中国电信和国盾量子合资设立的中电信量子科技有限公司是量子通信新创企业与传统通信产业公司的合作。安徽中科锟铻工业互联网有限公司与紫光云引擎、国盾量子通过战略合作,开发量子+工业互联网/金融/医药等细分行业应用领域。尽管中国量子通信领域已经基本实现核心设备全链生产,城域范围内成熟的量子通信网络技术已在国家信息安全等领域得到初步应用,但大多数公司,包括成为全球领先的量子通信设备制造商、量子安全解决方案供应商的国盾量子、易科腾、问天量子和启科量子等,主要基于新技术的商业化而设立。美国的 BNN、MagiQ 等新兴量子通信公司,以及英特尔、IBM、微软等开展量子通信业务的巨型公司,均较早开展量子信息科学研发,相关公司往往获得了量子科技领域的重大突破并试图提供全球服务。例如,2021 年,美国致力于加密量子安全产品服务的 CommStar 实现量子密钥分发首次应用于地月通信基础设施,宣布将整合、运营用于空间数据分发的最先进通信基础设施。公司服务合作伙伴提供的融合全球基础设施和综合服务可以使商业、民用科学和政府实体通过量子保护的网络进行空间数据的创建、存储和传递。美国 Quantum Xchange 的新设备可以为小范围区域提供量子安全虚拟专用网络和专用网络加密,满足从家庭或小型办公室到企业、云及其组合的部署需求。

3.3.4 支持性系统:提供了量子通信产业触发的必要资源和支持环境

中美两国建立了量子信息科学相关的产业联盟、委员会、基金会等组织,发布产业信息报告、激励量子信息科学人才培养、提供产业发展基金、协调不同机构间职能等,促进国家量子通信的发展。但是,由于两国量子通信产业孕育的历史背景和外部环境,尤其是国家创新系统的较大差异,两国支持量子通信产业触发的资源、方式具有一定差异。例如,美国的量子经济发展联盟,包括企业、国家实验室、大学等205个成员,目的在于扩大美国在量子通信等量子产业领域的全球领先地位;美国的量子信息科学小组委员会承担了战略制定、人才培养、国际合作、基础设施建设、研究与项目预算的机构间协调等职能;国家量子协调办公室先后发布《美国量子网络战略构想》《量子前沿》等报告,提出了量子信息科学的前沿领域、优先探索领域及其主要研究方向与问题,并对技术研究、其他利益相关方进行协调;国家量子计划咨询委员会向总统提供咨询,对研发和管理进行跟踪与评价,提出改善建议。

中国组建的量子信息网络产业联盟,由中国信息通信研究院联合中国量子信息领域的高校、科研机构、初创企业、科技企业和信息通信企业共同发起和筹备,主要开展量子通信等领域的技术、应用、产业发展趋势问题研讨等,发布了《量子信息技术发展与应用研究报告》等;设立的中国量子通信产业联盟,主要整合中国科学技术大学、国盾量子、阿里巴巴、中国铁路网络有限公司、中兴通讯、北方信息技术研究所、中科院国有资产经营有限责任公司等的技术研发、核心制造、基础设施、应用服务、大数据等方面的优势资源,开展了产业设计与战略规划,推动了标准规范的建立健全,但相关成员数量相对有限,主要定位于国内,对产业触发进行动态协调的权威性和范围相对较弱。

3.4 中美量子通信产业触发过程的主要机制

3.4.1 动力机制

政府是量子通信产业触发过程的重要驱动力量。与以往、一般产业的孕育主要由技术驱动和市场拉动不同,政府是量子通信产业触发过程的重要驱动力量。这可能是由于量子通信的技术创新研发突破、商业化、规模化发展涉及的学科领域多,需要投入的资金大、时间长,初始市场仅限于研发系统等微小领域,产业的触发过程是一个路径突破活动,孕育与导入演进中的科研实施、科技创新与产业发展,需要稳定与长期的投入,以及大学、行业、政府机构的多主体协调及国际合作。政府及其所属部门不仅承担量子通信技术创新的主要投资、新兴市场的支持政策供给、量子通信人才培育的准入和引导,更主要凸显为政府及其所属部门直接面向量子通信技术的发展机遇,进行决策、规划指导,通过设立国家实验室直接参与重大技术研究活动,结合细分应用领域及技术可能机会确立主要研究方向、长短期目标,甚至成为量子通信产业触发的重要技术来源。此外,政府还承担协调不同部门、大学及研究机构、企业甚至其他国家等相关利益者的工作,表现为国家法律、规划、战略、联盟等,体现了发展量子通信的国家意志和重大需求,成为量子通信产业触发的关键驱动力。中美政府驱动量子通信触发的主要策略与措施见表 3.18。

表 3.18 中美政府驱动量子通信触发的主要策略与措施

国别	政府驱动量子通信产业触发的主要策略与措施
美国	建立立法保障与国家量子信息发展总体框架:通过《国家量子计划法案》《量子信息科学的联邦愿景》《量子信息科学和技术发展规划》,以及《推进量子信息科学:国家的挑战与机遇》报告等,对量子通信等发展进行前瞻布局,拟订核心研究计划、设定主要步骤和时间表。 联邦政府及其部门设立研究机构及国家实验室,承担重要的基础研究与应用研究工作,美国能源部、国防部、国家科学基金会等设立研究中心和国家实验室,直接从事关键技术研发。 量子通信人才供给:制定《量子信息科学和技术劳动力发展国家战略计划》,创建"国家Q-12教育伙伴"试点项目,通过国家科学基金会创立量子信息科学人才计划,培养和教育量子信息科学人才。 产业发展、产业生态支持:通过《量子科学和技术用户扩展法案》《量子网络基础设施法案》等,创立量子创意孵化器,推进量子企业设立、国家量子通信发展的基础设施建设、技术应用和市场拓展。 承担量子通信基础研究的主要费用和管理协调责任:2015—2022 年投入超过 22 亿美元资助大学及研究机构开展量子信息研究,成立量子经济发展联盟、国家量子倡议咨询委员会、国家量子协调办公室,并与日本等国签署国际合作协议,对国家量子行业发展进行协调;制定《量子信息科学国家战略概述》,颁布《国家量子计划法案》,整合政府、产业界和学术界的资源以推动量子技术的发展

续表 3.18

国别	政府驱动量子通信产业触发的主要策略与措施
中国	制定远景规划等重要国家文件,明确量子通信发展的国家战略地位:《中华人民共和国国民经济和社会发展第十三个五年规划纲要》《中华人民共和国国民经济和社会发展第十四个五年规划和 2035 年远景目标纲要》《国家创新驱动发展战略纲要》《"十三五"国家战略性新兴产业发展规划》《国务院关于全面加强基础科学研究的若干意见》等,明确要求积极推动量子通信发展。国务院、科技部、中央军委科学技术委员会、国家发改委等设立重大科技项目,建立中国科学院量子信息与量子科技前沿卓越创新中心等,并通过《"十三五"国家科技创新规划》《"十三五"科技军民融合发展专项规划》《产业结构调整指导目录》《"十四五"数字经济发展规划》等,提出量子通信战略性前瞻性领域,拟订核心研究计划,如城域、城际、自由空间量子通信技术的研发,量子通信军民融合重大科技项目。 直接投资设立科研项目和国家实验室,进行相关研究,如发起"空间尺度量子实验"国际项目;开展"国家广域量子保密通信骨干网络"项目、"京沪干线"远距离光纤量子保密通信骨干网;开展"量子调控与量子信息"重点专项、"科技创新 2030——量子通信与量子计算机重大项目";总计投入千亿元建设量子信息科学国家实验室(2018—2022 年)。 国家与地方政府资助、设立基金,推动量子通信学科和产业市场的发展。例如,国家为量子研究提供国家专项资金,安徽、深圳、山东地方政府设立量子科学产业发展基金,推进量子技术创新发展和基础设施建设,国盾量子 2017—2021 年受到的政府补助金额分别达到 5 413.60 万元、5 948.26 万元、8 440.86 万元、6 346.65 万元、4 503.7 万元(资料来源:科大国盾量子《首次公开发行股票并在科创板上市招股说明书》(2020 年 7 月 2 日),《科大国盾量子技术股份有限公司 2021 年度报告》)。 招募、培育量子发展人才,如国家通过广泛计划招募量子科技人才、教育部普通高等学校本科专业 2020 年开始新增量子信息科学专业

3.4.2 触发过程的协调机制

中美量子通信产业的触发过程是两国构建该新兴产业生态系统的动态过程,涉及政府、大学、行业、政府机构等主体,以及人才培养、国际合作等诸多因素及其变化,协调机制是影响和制约该产业触发质量的关键。美国通过《国家量子计划法案》,明确国家科学基金会、国家标准与技术研究所、能源部等机构和部门的分工合作领域,整合政府部门、学术界和产业界资源,并设立量子信息科学小组委员会、国家量子协调办公室、国家量子计划咨询委员会等,动态整合政府部门、学术界和产业界的异质性资源,协调、监督、跟踪与评价量子技术研发及应用动态,提出咨询、改善建议。中国通过国务院发布的《中华人民共和国国民经济和社会发展第十三个五年规划纲要》《中华人民共和国国民经济和社会发展第十四个五年规划和 2035 年远景目标纲要》,以及《"十三五"国家战略性新兴产业发展规划》《国务院关于全面加强基础科学研究的若干意见》等,对量子通信产业发展的产业资源、区域定位等进行指导和协调。中美两国量子通信触发过程的协调机制主要表现在 3 个方面。

(1)研发的国际合作机制构建。美国和英国、日本、澳大利亚、加拿大、芬兰、瑞典、丹麦等国家签署协议及联合声明,建立正式的量子技术发展合作关系(表3.19),共同投资量子技术研究与产业发展,共建共享基础设施与数据,培育量子人才,以强化甚至垄断量子通信产业核心技术和资源,维护国家安全和经济安全。中国强调量子通信产业发展的国际化、开放化。一些大学长期与国外开展研究团队及人员的合作,但由于中国基础研究领域的整体水平与美国存在一定差距,同时受政治体制、语言、文化、意识形态等因素的影响,中国量子通信前沿技术领域与世界主要科技国家的合作紧密程度、范围,相比于美国极为有限,成果转化及应用公司等与世界主要国家的合作也存在较多障碍,某种程度上影响了中国在量子通信领域的国际影响力。

表 3.19 美国量子技术的国际合作与发展

时间	合作方	合作文件	主要内容
2019 年 12 月	美国、日本	《东京量子合作声明》	两国将在量子信息科学技术研究与开发方面持续合作,具体领域包括但不限于量子计算、量子网络和量子探测;合作培育下一代量子信息科学家和工程师;利用多边合作机会解决国际性重要问题和关键政策问题;促进研究方法、基础设施和数据的共享等

续表 3.19

时间	合作方	合作文件	主要内容
2021年11月	美国、英国	《促进量子信息科学和技术合作的联合声明》	英国国家物理实验室（NPL）和美国国家标准与技术研究院（NIST）将探索如何通过项目的协调和关键领域的交流来发展两国量子计划之间的长期合作伙伴关系
2021年11月	美国、澳大利亚	《美国和澳大利亚关于量子科学和技术合作的联合声明》	合作并分享世界领先的量子科学和技术进步带来的巨大机遇和利益，加强两国交流量子知识和技能的能力，鼓励两国量子企业获得更大的市场准入
2021年11月	美国、加拿大	美国白宫科技政策办公室和加拿大创新、科学和工业部联合声明	联合声明旨在发起一项合作计划，资助人工智能和量子科学领域的研究项目
2022年4月	美国、芬兰	《科技合作协议》	关于量子信息科技合作的联合声明，旨在促进量子计算、量子网络和量子传感等发展
2022年4月	美国、瑞典	《关于量子信息科学与技术合作的联合声明》	计划利用科学、技术和创新精神，寻求合作和相互尊重，促进量子信息、科学与技术（QIST），包括量子计算、量子网络和量子传感等的发展
2022年6月	美国、丹麦	《关于量子信息科学与技术合作的联合声明》	利用两国在量子信息科学和技术方面的优势，加强量子产业供应链，扩大工业基础，培育新一代量子人才

资料来源：依据各政府文件、ICV TAnK 报告、光子盒量子科学研究院报告整理。

（2）科技突破、产业市场、政策创新的协同演化。在量子通信这一重要新兴技术领域，美国、中国都通过系列化和多样的愿景、规划、创新发展政策，支持、推进量子通信的科技进步及其成果转化，并根据量子通信技术的研发进展、机遇及障碍，以及应用前景和产业生态需要，及时创新政策。如建立量子卓越研究中心或者国家实验室，提出针对性报告或者发展计划，提供专项资助，扶持初创企业等，以支持、促进量子通信科技发展与技术转化，科技进步、产业发展与政策创新间互动有序，不断推进产业生态系统的演进。

（3）科技进步、人才培育、产业发展的动态系统演化。中美两国都将量子通信科技进步、人才培育与产业发展的耦合，作为量子通信政策创新的必要目标，统筹兼顾科技创新及其应用、量子人才成长，并将量子人才作为量子通信科技发展、商业化与产业化的坚实基础和关键因素。针对量子通信发展过程对技术、人才、市场等提出的挑战和要求，制定和完善多元化的相关政策措施，实现量子科技研发、人才培养、成果产业化转化三者间的动态适应和系统匹配。一方面，量子通信相关的政策、规划各有侧重，集中于量子科技研发、人才培育、技术商业化与产业化的某一方面或某些方面，不同政策相辅相成，共同促进量子通信产业生态系统的构建与演化。例如，2022年2月，美国白宫科技政策办公室的《量子信息科学和技术劳动力发展国家战略计划》，从短期、长期评估量子信息科学技术生态系统对劳动力的需求和量子科学教育机会，增加量子信息科学人才培养；2020年8月，美国国家科学基金会与白宫科技政策办公室宣布与产业界、学术界建立国家教育伙伴关系，提供中小学生量子教育以扩大未来的量子人才队伍并梳理基金。另一方面，实施中的相关政策和措施注意目标间的兼容性。例如，卓越中心或研发中心，在推进量子信息基础研究、关键技术研发的同时，关注量子人才培育与量子企业发展等方面。美国2018年发布《国家量子计划法案》后，美国国家标准与技术研究院在2019—2023年每年支持量子信息科学基础研究、应用研究、基础设施建设、人才培养等活动的可支配资金大约8000万美元。国家科学基金会资助量子信息科学与工程的基础研究、教育计划、多学科量子研究中心建设（2019—2023财年度每个中心的拨款不超过1000万美元）。

3.5 中美量子通信的触发绩效比较

3.5.1 中美量子通信领域基础研究现状

3.5.1.1 基础研究的文献分析方法、数据来源

基础研究是整个科学体系的源头,代表了一个国家和民族原始性创新能力及科技发展水平,基础研究及其发现决定新兴产业发展的领域、方向,构成产业突破性变革的前提,有助于提高国家在相关产业的知识及技术垄断优势,是发明专利及产业市场潜在规模的主导因素,对应用研究、科技创新、生产效率等均具有重要且深远的影响(孙理军等,2020b;梁宗正等,2022)。

科研论文是科学基础知识的重要载体,基础研究成果可以用重要学术研究论文来衡量,突破性进展和开创性设想大都在研究论文中有所体现,能够体现科学技术发展状况、特点和趋势。一国的科研论文数量和质量是评价一国某一领域基础研究产出能力及科研活动活跃程度的重要标志和必要参考,也是一国产业发展必须要解决的关键问题(刘彬和邓秀新,2015;杨涛等,2021;张玲玲等,2021)。对科研论文进行文献分析,可以认识快速发展的前沿研究领域(王伟,2008),这一方法已经被大量用于研究和分析新兴技术或产业技术领域的技术热点、技术前沿、技术机会、技术发展趋势等(Daim等,2006)。参考郑祥等(2020)、张玲玲等(2021)的研究,课题采用科研论文,比较研究中国和美国在量子通信领域的基础研究状况,主要分析中美两国量子通信SCI论文的年度变化趋势、主要机构、重要作者、主要研究方向、影响力和主要基金资助机构。

科学引文索引扩展板(Science Citation Index Expended,SCIE),收录经过严格遴选的、世界权威的、高影响力的重要学术期刊论文,是普遍使用的权威的科学技术文献检索工具。关于量子通信领域的基础研究,学者们基于Web of Science的SCI论文数据,讨论了国际量子通信的发展阶段、研究力量、研究主题等,分析了中国量子通信领域的研究机构和研究人员等状况(申小曼和刘雪立,2022);探讨了量子通信技术领域论文的数量变化及引用、国家和机构分布、核心期刊等内容,发现中国在量子通信技术领域的论文数量较多,但整体影响力还有

待提高(淮孟姣等,2016)。本部分参考淮孟姣等(2016)的研究,选取 SCIE 数据库进行论文数据获取,并借鉴了龙桂鲁等(2018)、杨秀丽和赵今明(2018)的研究,确定了以下检索式:主题为("quantum communication"OR"quantum dense coding"OR"quantum teleportation"OR"quantum cryptography"OR"quantum key distribution"OR"quantum secure direct communication"OR"quantum secret sharing"OR"quantum authentication"OR"quantum public key cryptosystem * " OR"quantum channel"OR"quantum memor * "OR"quantum nonlocality"),检索截至2021年中美量子通信 SCI 论文,研究中美两国量子通信的基础研究现状。

3.5.1.2 两国量子通信的年度论文发表

在量子通信领域,截至2021年中美在量子通信领域发表 SCI 论文的年度数量及其变化趋势如表3.20所示。其中,美国累计发表2705篇,相对于中国,美国发表相关 SCI 论文的时间较早并且年度间的论文数量增加趋势较为平稳;中国累计发表 SCI 论文6375篇,相对于美国发表 SCI 论文的时间较晚,但发表数量增长迅速,在2005年发表 SCI 论文数量达到130篇,超过美国,此后论文数量一直领先并保持较高增长,在一定程度上中国在该领域的学术影响力越来越高。

表 3.20 中美量子通信 SCI 论文发表趋势对比

年份/年	中国 SCI 论文/篇	美国 SCI 论文/篇	年份/年	中国 SCI 论文/篇	美国 SCI 论文/篇	年份/年	中国 SCI 论文/篇	美国 SCI 论文/篇	年份/年	中国 SCI 论文/篇	美国 SCI 论文/篇
1974	0	1	1986	0	0	1998	5	31	2010	234	75
1975	0	0	1987	0	0	1999	6	33	2011	258	89
1976	0	0	1988	0	1	2000	22	39	2012	258	109
1977	0	0	1989	0	0	2001	29	52	2013	354	104
1978	0	0	1990	0	2	2002	62	89	2014	356	131
1979	0	1	1991	0	4	2003	51	92	2015	381	151
1980	0	0	1992	0	8	2004	74	79	2016	438	182
1981	0	1	1993	0	6	2005	130	91	2017	396	154

续表 3.20

年份/年	中国SCI论文/篇	美国SCI论文/篇	年份/年	中国SCI论文/篇	美国SCI论文/篇	年份/年	中国SCI论文/篇	美国SCI论文/篇	年份/年	中国SCI论文/篇	美国SCI论文/篇
1982	0	0	1994	0	10	2006	197	87	2018	542	184
1983	0	0	1995	3	13	2007	224	76	2019	628	187
1984	0	0	1996	4	13	2008	261	89	2020	631	192
1985	0	0	1997	3	12	2009	254	109	2021	574	208

中国量子通信相关领域的基础研究成果产出除了以 SCI 论文为代表的外文文献,还需要关注国内权威的中文文献。中文文献检索采用中国知网(CNKI),CNKI 是目前世界上最大的连续动态更新的中国学术期刊全文数据库,广泛收录了最具权威性和时效性的中文数字期刊(邱均平等,2019)。以中国知网(CNKI)作为中文文献数据来源,检索式为:(主题%='量子通信'or 题名%='量子通信') AND((核心期刊='Y')OR(CSSCI 期刊='Y')OR(CSCD 期刊='Y')),检索范围为期刊,进行高级检索,所有检索文献年份跨度为 2000—2022 年,时间为 2022 年 7 月 1 日,初步检索到 775 条记录,通过 CiteSpace 软件除重处理后,经过人工筛选和清洗,对缺失数据进行删除或补充,得到中国量子通信技术研究中文有效文献数据 770 条(图 3.4),对相关文献进行时序数量分析,发现中文文献中量子通信相关领域文献出现时间晚于 SCIE 数据库中中国相关文献出现的时间,但中文文献年发文梳理开始激增的时间是 2005 年,要早于 SCIE 数据库中中国的 SCI 论文文献数量的激增时间;在 2008 年后,我国中英文文献年发文量基本持平,整体上相关研究产出的相对较为丰富。

3.5.1.3 中美量子通信领域发表 SCI 论文的机构分布

中美量子通信领域发表 SCI 论文数量最多的 10 所机构,分别如图 3.5 和图 3.6 所示。图 3.5 中,中国发表量子通信领域 SCI 论文数量最多的 10 所机构依次是中国科学院、中国科学技术大学、北京邮电大学、清华大学、安徽大学、上海交通大学、山西大学、中南大学、西安电子科技大学、国防科技大学。这 10 所机构发表的量子通信领域 SCI 论文数量总计占中国量子通信领域 SCI 论文数量的 74.15%,但不同机构的量子通信 SCI 论文发表数量差距较大。其中,中国科学

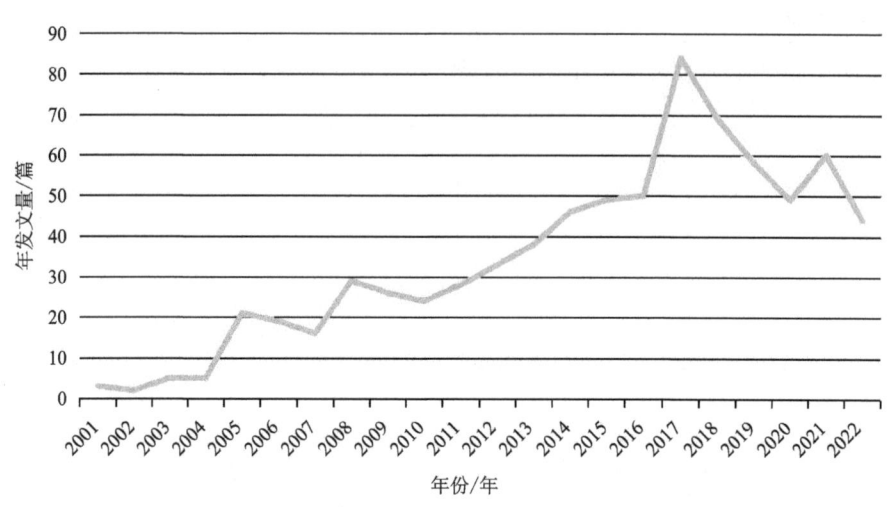

图 3.4 中国知网核心期刊中相关文献年发文量

院累计发表量子通信 SCI 论文 1496 篇,占到中国量子通信领域 SCI 论文数量的 23.53%,约为发表量子通信领域 SCI 论文数量位居第十位的国防科技大学的 8 倍;其次是中国科学技术大学,累计发表量子通信领域 SCI 论文 1000 篇,占中国量子通信领域 SCI 论文数量的 15.73%;其他机构的量子通信领域 SCI 论文发表数量占比均在 10% 以下。

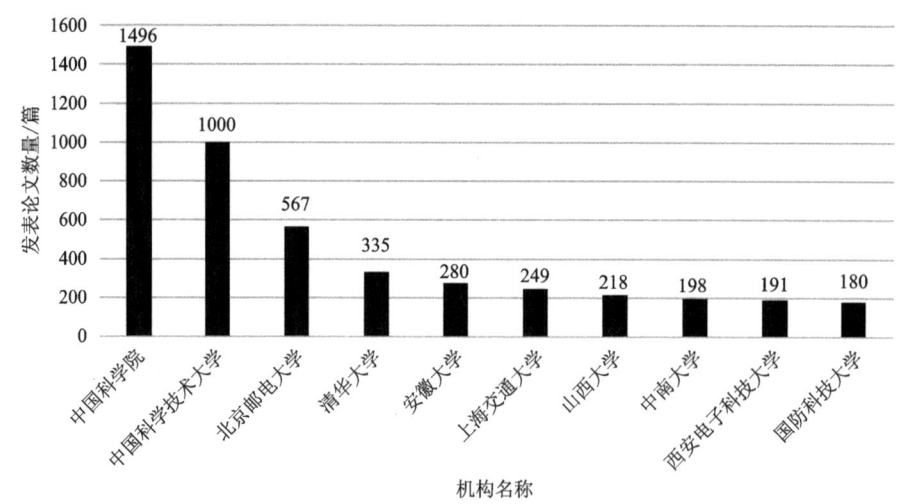

图 3.5 中国量子通信领域 SCI 论文数量前十所机构

3 战略性新兴产业触发过程：中美量子通信产业案例比较

美国量子通信领域发表SCI论文数量最多的10所机构依次是麻省理工学院、加州理工学院、加州大学系统、美国能源部、美国国家标准与技术研究院、哈佛大学、斯坦福大学、马里兰大学系统、马里兰大学帕克分校、路易斯安那州立大学。这10所机构发表的量子通信领域SCI相关论文数量总和占到美国量子通信领域SCI论文数量的61.85%，主要机构发表量子通信领域SCI论文数量如图3.6所示。其中，麻省理工学院发表量子通信领域SCI论文最多，累计为266篇，占该期间美国量子通信领域SCI论文数量的9.83%，约为第十位路易斯安那州立大学相应数量的2.9倍；其次是加州理工学院，累计为236篇，占比为8.72%；加州大学系统，累计为213篇，占比为7.87%，其他7所机构发表量子通信领域SCI论文的数量占比为3%~7%。

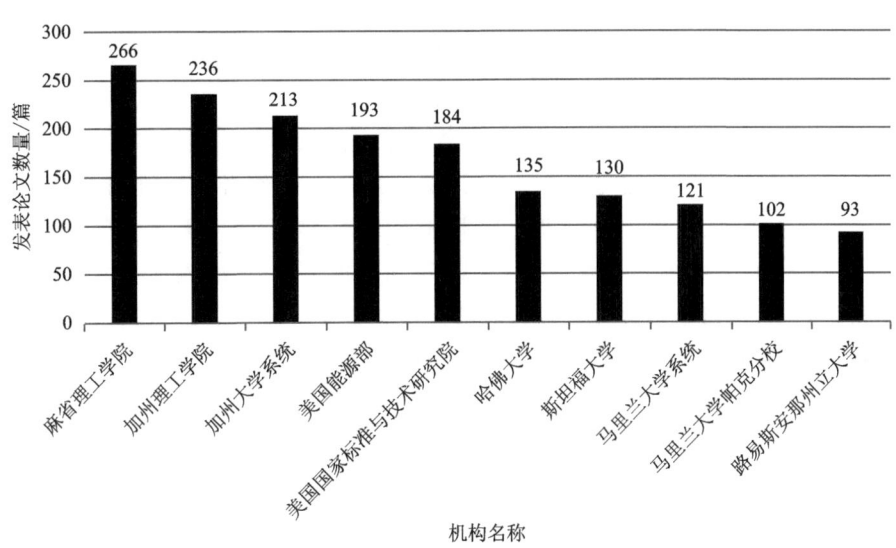

图3.6 美国量子通信SCI论文数量前十所机构

比较图3.5和图3.6可以看出，总体而言，中国前十所机构发表量子通信领域SCI论文的数量均较高，说明中国在量子通信领域的基础研究成果较为丰富；美国前十所机构发表量子通信领域SCI论文的数量分布相对较为平均，可能表明美国量子通信领域研究机构之间的基础研究能力发展相对均衡。

3.5.1.4 中美量子通信领域SCI论文作者分布

主要讨论中美量子通信领域SCI论文发表数量最多的10位作者状况，如图

3.7和图3.8所示,表3.21和表3.22分别列出了这些作者的所属机构和相关作者发表SCI论文数量占该国量子通信领域全部SCI论文的比例。中美两国发表量子通信领域SCI论文数量最多的作者,相关论文数量明显领先于该国其他作者。不过,中国发表量子通信领域SCI论文最多的10位作者的相关论文数量总和占中国量子通信领域SCI论文总数的24.94%,郭光灿发表的相关论文多达350篇,占中国量子通信领域SCI论文总数的5.49%。中国发表量子通信领域SCI论文最多的10位作者依次为郭光灿、郭迎、潘建伟、温巧燕、韩正甫、银振强、邓富国、曾贵华、陈伟、陈秀波,10位作者中来自中国科学技术大学的人数最多,包括郭光灿、潘建伟、陈伟3位,说明中国科学技术大学在中国量子通信研究领域具有重要地位。美国发表量子通信领域SCI论文数量最多的10位作者发表的相关论文数量总和约占美国量子通信领域SCI论文总量的17%,来自路易斯安那州立大学的Wilde Mark发表最多,为71篇论文,占美国量子通信领域SCI论文总数的2.63%,其他几位作者发表的量子通信领域SCI论文数量在美国相关论文总量中的占比均在2%以下,各位作者发表的量子通信领域SCI论文数量差距较小;美国发表量子通信领域SCI论文数量前十的作者所属机构分别为路易斯安那州立大学、美国国家标准与技术研究所(NIST)、哈佛大学、罗切斯特大学、斯坦福大学、麻省理工学院、芝加哥大学、加州理工学院、麻省理工学院、亚利桑那州立大学,相对于中国来说较为分散。这一结果可能进一步说明,相对于美国,中国量子通信领域的基础研究实力更为集中。

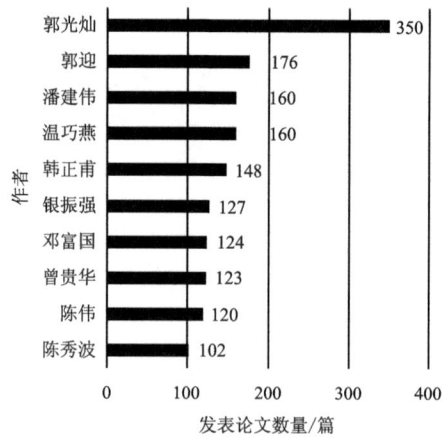

图 3.7　中国量子通信领域 SCI 论文数量前十的作者

3 战略性新兴产业触发过程：中美量子通信产业案例比较

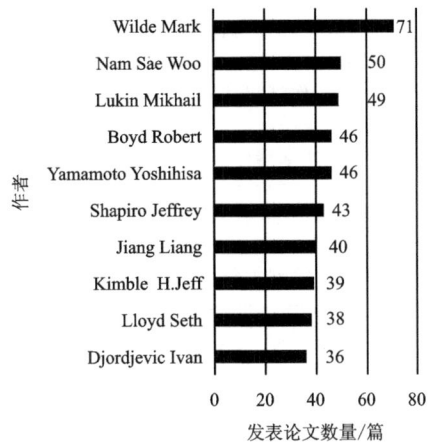

图 3.8 美国量子通信领域 SCI 论文数量前十的作者

表 3.21 中国量子通信领域 SCI 论文数量前十的作者

作者	作者机构	发表论文数量在该国占比/%
郭光灿	中国科学技术大学	5.49
郭迎	中南大学	2.76
潘建伟	中国科学技术大学	2.51
温巧燕	北京邮电大学	2.51
韩正甫	中国科学院	2.32
银振强	中国科学院	1.99
邓富国	北京师范大学	1.95
曾贵华	上海交通大学	1.93
陈伟	中国科学技术大学	1.88
陈秀波	北京邮电大学	1.60

表 3.22　美国量子通信领域 SCI 论文数量前十的作者

作者	作者机构	发表论文数量在该国占比/%
Wilde Mark	路易斯安那州立大学	2.63
Nam Sae Woo	美国国家标准与技术研究所	1.85
Lukin Mikhail	哈佛大学	1.81
Boyd Robert	罗切斯特大学	1.70
Yamamoto Yoshihisa	斯坦福大学	1.70
Shapiro Jeffrey	麻省理工学院	1.59
Jiang Liang	芝加哥大学	1.48
Kimble H. Jeff	加州理工学院	1.44
Lloyd Seth	麻省理工学院	1.41
Djordjevic Ivan	亚利桑那州立大学	1.33

3.5.1.5　中美量子通信领域 SCI 论文的主要研究方向

中美量子通信领域 SCI 论文研究方向统计分别如图 3.9 和图 3.10 所示。由于一篇论文可能涉及多个不同研究方向,因此论文各研究方向的百分比加总可能远大于 1。图 3.9 中,中国量子通信领域 SCI 论文的研究方向涉及物理(78%)、光学(29%)、计算机科学(7%)、科学技术及其他主题(5%)、工程(5%)、电信(2%)、材料科学(2%)、化学(1%)、天文学天体物理学(1%)、数学(1%)等。图 3.10 中,美国量子通信领域 SCI 论文研究方向涉及物理(68%)、光学(37%)、科学技术及其他主题(11%)、计算机科学(11%)、工程(9%)、材料科学(6%)、数学(3%)、化学(3%)、电信(2%)、仪器仪表(1%)等。

对比中美两国量子通信领域 SCI 论文的研究方向,可以发现中美量子通信领域的研究方向均主要为物理和光学,其中,物理占比最为突出,分别为 78% 和 68%,其次是光学较多,其他领域占比均较低。相比较而言,中国量子通信领域 SCI 论文主要集中在物理、光学和计算机科学上,其他领域涉及较少,而美国量子

3 战略性新兴产业触发过程:中美量子通信产业案例比较

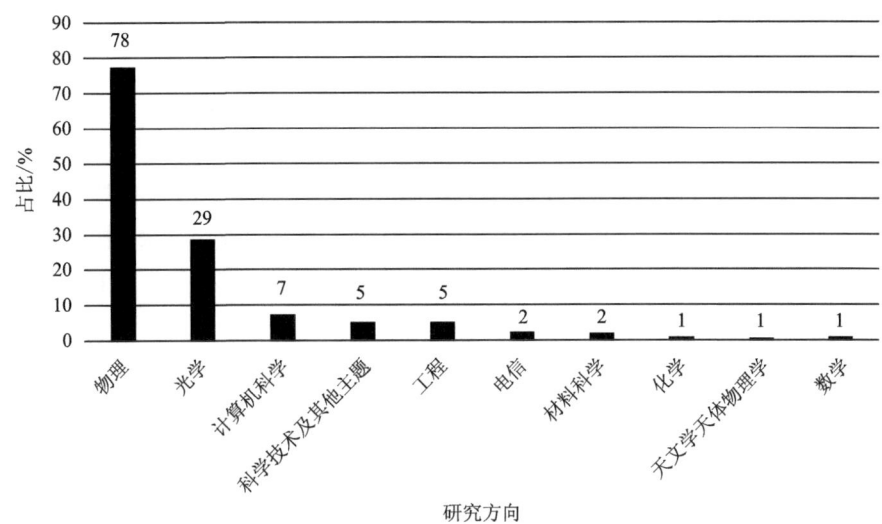

图 3.9 中国量子通信领域 SCI 论文研究方向

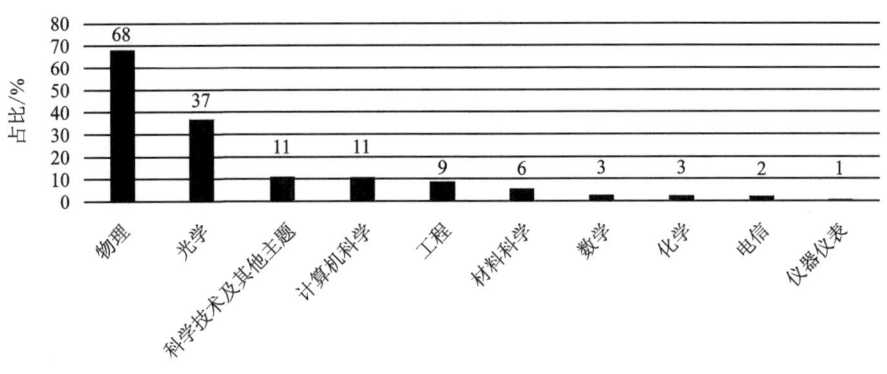

图 3.10 美国量子通信领域 SCI 论文研究方向

通信领域 SCI 论文的学科分布主要涉及物理、光学、科学技术及其他主题、计算机科学、工程和材料科学等领域,相对较为平均,虽然物理领域研究的集中性没有中国的占比高,但光学、计算机科学、材料科学等占比则比中国高一些,反映出中美两国量子通信领域的研究学科领域的不同。这些研究领域的差异或许源于中美量子通信领域的研发实力、体系及需求等的不同。

3.5.1.6 中美量子通信领域 SCI 论文的影响力

采用平均论文引用量,即年度总引用量与该年度论文总数的比值进行评估(Phil 等,2018),图 3.11 显示了中美量子通信领域 SCI 论文的平均论文引用量。从图 3.11 中可以看出,两国量子通信领域的 SCI 论文引用率均随着时间变化而增加,美国量子通信领域 SCI 论文的影响力整体上增速较大、较快;中国量子通信领域 SCI 论文的影响力一直在平稳增长,增幅较为平缓,相对于美国,中国量子通信领域 SCI 论文平均引用量较低,而且相对于美国的差距有逐步扩大的趋势,表明中国量子通信领域 SCI 论文总体影响力相对较低。

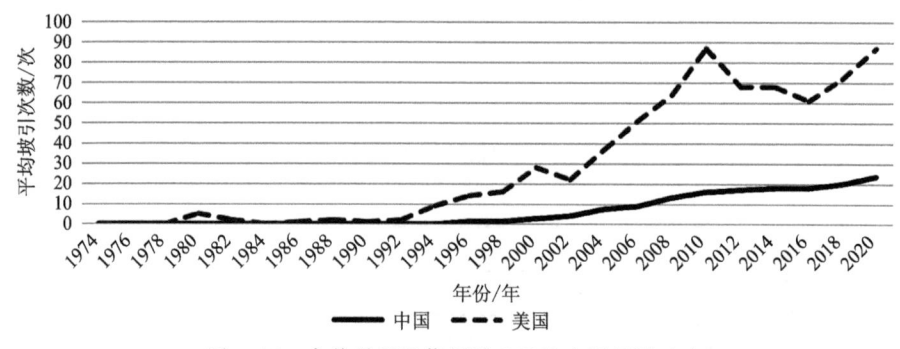

图 3.11 中美量子通信领域 SCI 论文引用影响力

3.5.1.7 中美量子通信领域 SCI 论文的基金资助机构

分别选取资助中美量子通信领域 SCI 论文篇数最多的 10 个基金资助机构进行分析,并计算出每个机构资助的 SCI 论文篇数在该国量子通信领域 SCI 论文总数中的占比,统计结果如图 3.12 和图 3.13 所示。需要说明的是,由于一篇论文可能受到多个项目基金资助,不同的资助项目基金可能来自不同的基金资助机构,因此所有基金资助机构在该领域资助的 SCI 论文占比简单加总可能会大于 1。可以发现,中国国家自然科学基金资助的中国量子通信领域 SCI 论文占比达到 67%,说明国家自然科学基金是推动中国量子通信基础研究发展的主导力量。其次,中央高校基本科研业务费专项资金资助的中国量子通信领域 SCI 论文占比也比较高。该项目由财政部、教育部于 2009 年设立,用于支持高校开展自主选题特别是世界科技发展前沿、具有重要科学意义的科学研究项目(财政部和教育部,2009)。国家重点基础研究发展计划、中国科学院等资助的中国量子通信领域 SCI 论文占比也具有重要地位。在 10 家资助机构中,中央高校基本科研业务费专项资金、中国博士后科学基金会、高等学校博士学科点专项科研基金、中国教育部等,属于鼓励高校开展研究而设立的基金项目;北京市自然科学基金和江苏省自然科学基金属于地方性的基金资助机构,北京和江苏的科技和经济实力在中国处于领先地位。

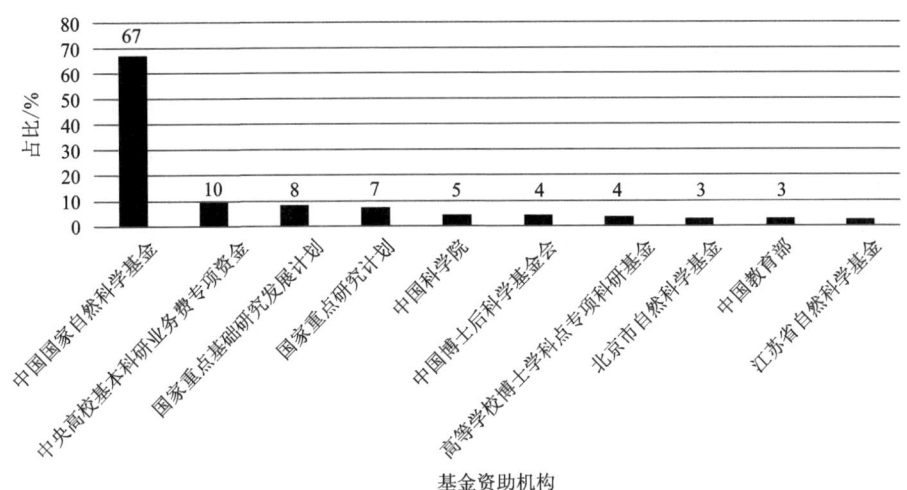

图 3.12 中国量子通信领域 SCI 论文基金资助机构

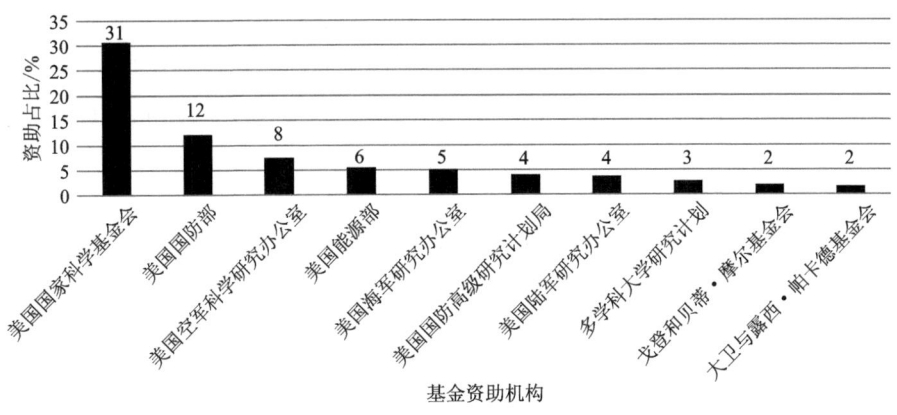

图 3.13 美国量子通信领域 SCI 论文基金资助机构

美国量子通信领域 SCI 论文的主要基金资助机构为美国国家科学基金会(NSF)和国防部(DOD),其他机构资助的 SCI 论文篇数占比均在 8% 及以下,主要是能源部和国家安全与军事部门等。美国量子通信领域 SCI 论文的首要资助方是 NSF,资助了美国量子通信领域 31% 的论文。其中,2016 财年,NSF 通过工程部的新主题"推进工程中的通信量子信息研究"和研究与创新前沿计划项目"先进量子通信信息研究与工程"来推动量子通信研究(吕凤先等,2022);2018 年至今,NSF、美国能源部(DOE)等部门投资支持国家量子计划(NQI)(光子盒量子研究院,2020)。其他基金资助机构主要来自国家安全与军事部门,如隶属美国国防部(DOD)的美国陆军研究办公室(ARO)、美国海军研究办公室(ONR)、美国空军科学研究办公室(AFOSR)、美国国防高级研究计划局(DARPA),多学科大学研究计划(MURI 项目)资助的量子通信领域 SCI 论文占比引人注目。此外,美国能源部(DOE)也资助了美国量子通信领域的论文,美国的一些社会慈善基金会如戈登和贝蒂·摩尔基金会、大卫与露西·帕卡德基金会等,在支撑量子通信领域基础研究中也做出了重要贡献,这些基金资助机构多为美国著名国际公司的创始人设立,说明大型企业的投资也是美国量子通信领域基础研究的重要支持力量。整体而言,美国基础研究的支持来自政府、军事、安全、经济等多元化部门及机构,呈现基础研究服务目标较为明确的特征。

3.5.2　中美量子通信领域技术创新现状

3.5.2.1　量子通信领域技术创新的分析方法、数据来源

技术创新包括突破性、渐进性两类创新程度不同的科技原理应用,主要是技术开发和技术应用,相关领域的技术创新通过技术开发和技术应用,构成产业创新发展的基础,是产业发展和演化的重要驱动力,体现了行业科技进步程度,对企业和国家经济的发展尤为重要。专利是技术创新能力的重要表征,专利获取有助于增强国家在相关产业的潜在市场控制能力;由于专利权的功能已经从技术垄断工具逐渐演变为一种全方位的投资工具,专利数据常常作为一个产业、一个地区甚至国家在相关领域进行技术开发产出及创新程度的一种重要衡量指标(Martin,2002;Bhattacharya et al.,2003;孙理军等,2020a)。通过专利信息分析,可以把握技术竞争态势,了解产业发展现状及动向、国家或区域间的产业发展差距(沙锐等,2021),已被大量用于研究和分析新兴技术或产业技术领域的技术热点、技术前沿、技术机会、技术发展趋势等(Daim et al.,2006)。关于量子通信领域的技术创新研究,学者们利用 DII 专利数据库,分析量子通信技术专利发

展现状,提出中国量子通信领域专利申请和保护方面的建议(刘丹和何理,2021);分析了量子通信领域的主要专利权人、技术领域及国家地区分布,探讨了中国、美国等国家的相关战略规划,提出中国量子通信专利运营、企业作用等方面的建议(彭小宝和张宇,2018);对比分析全球和中国量子通信专利的发展态势、技术热点和重点企业等,认为中国、美国等国家的量子通信技术水平居于世界前列(肖玲玲和金成城,2015)。此外,杨秀丽和赵今明(2018)基于IncoPat专利检索系统,探讨了全球量子通信专利趋势,并以美国等国家作为对照,讨论了中国在量子通信产业领域的优势及劣势;于杰平和王丽(2022)等学者比较了中美量子计算领域的研发现状,沙锐等(2021)基于智慧芽专利数据库,比较分析了中美量子信息科学产业的发展态势,认为中国、美国量子信息科学的创新具有差异。

智慧芽专利数据库覆盖了从1790年以来全球158个国家及地区超1.7亿专利数据,提供多种语言检索并每周更新,能够保证研究数据检索的全面、准确、可靠(智慧芽全球专利数据库,2007;智慧芽官网,2022),这一数据库可以进行专利权人区域、专利分类号、专利引用信息等专利数据分类功能分析。参考沙锐等(2021)、于杰平和王丽(2022)的研究,选取智慧芽专利数据库获取中国、美国量子通信专利数据,并注意专利权人的国别,研究中美两国量子通信的技术创新现状,检索截至2021年。其中,中国量子通信专利的专利权人区域为中国,美国量子通信专利的专利权人区域为美国。本部分参考郑祥等(2020),张玲玲等(2021)的研究,采用专利数据,主要分析中美两国量子通信专利申请的年度变化趋势、主要技术领域、主要专利权人、不同专利权人的技术研究重点和专利引用,以揭示中美量子通信领域的技术创新状况。

3.5.2.2 中美量子通信年度专利申请数量及其变化

中美量子通信年度专利申请数量及其变化见表3.23。美国1993年开始申请量子通信专利,时间较早,随后专利申请数量一直呈现波动性小幅增长趋势。中国2000年开始申请量子通信专利,2010年的量子通信领域申请专利数量达到24件,超过美国该年在该领域的专利申请数量,此后中国量子通信领域的专利申请数量一直超过美国,并从2015年左右开始专利申请数量呈现高速增长趋势。

表 3.23 中美量子通信年度专利申请数量比较

年份/年	中国/件	美国/件	年份/年	中国/件	美国/件
1993	0	3	2008	6	10
1994	0	0	2009	18	30
1995	0	0	2010	24	17
1996	0	1	2011	47	14
1997	0	2	2012	47	26
1998	0	1	2013	67	18
1999	0	0	2014	90	25
2000	1	3	2015	124	15
2001	0	5	2016	180	16
2002	3	13	2017	328	21
2003	13	20	2018	464	27
2004	3	31	2019	442	61
2005	0	40	2020	305	39
2006	12	26	2021	296	9
2007	3	19	总数	2473	492

3.5.2.3 中美量子通信技术专利申请的领域

采用国际专利分类法分类专利得到的分类号,称为国际专利分类号(即 IPC 号);同一专利可能具有若干个分类号时,最能充分代表发明信息的分类号排在第一位,称为主分类号。由于同一专利可能具有多个 IPC 分类号,因而所有 IPC 分类号数量的简单加总得到的申请总量可能超过直接检索到的总专利申请数量。图 3.14 和图 3.15 分别展示了中国与美国量子通信领域主要 IPC 小类分布。从 IPC 小类来看,中美量子通信专利申请数量最多的类别均为保密安全通信类的密钥分配(H04L9/08),该小类中的中国申请专利数量为1860条,占到中国量子通信排在前十五位的小类的申请总量的46.85%;美国申请的相关专利数量为258条,占到美国量子通信排在前十五的小类申请总量的33.12%,说明密钥分配是中美量子通信最主要的技术研究领域。在其他大部分类别,中美两国量子通信专利申请技术类别相似,申请数量位居前五位的领域均包含密钥分配(H04L9/08)、光子量子通信(H04B10/70)、检验系统用户的身份或凭据的装置(H04L9/32)。

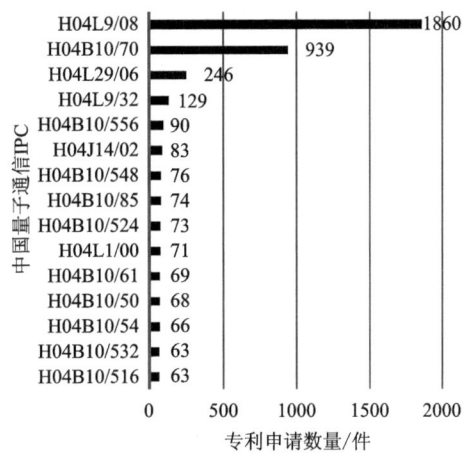

图 3.14　中国量子通信领域主要 IPC 小类分布(前十五位)

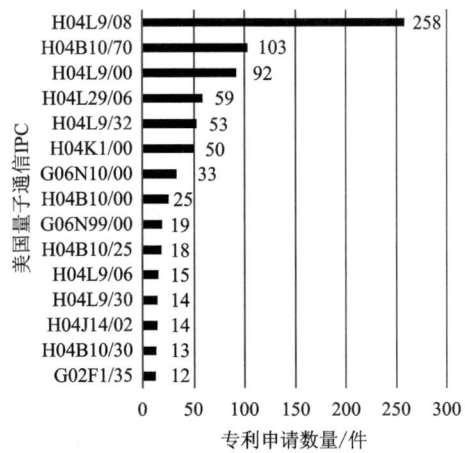

图 3.15　美国量子通信领域主要 IPC 小类分布(前十五位)

进一步分析两国量子通信专利申请前十位的技术类别。从 IPC 大类看,中国量子通信专利申请的前十位技术类别包括 H04L(电通信技术中数字信息的传输)、H04B(电通信技术中的传输)、H04J(多路复用通信)、G02B(光学元件、系统或装置)、G06F(电数字数据处理)、G02F(光学逻辑元件等)、H04W(无线通信网络)、G06N(基于特定计算模型的计算机系统)、G01J(红外光、可见光、紫外光的强度、速度、光谱成分,偏振、相位或脉冲特性的测量;比色法;辐射高温测定法)、H04Q(电通信技术选择)。其中,H04L 和 H04B 数量最多,分别占中国量子通信全部专利申请的 78.45% 和 43.83%。美国量子通信专利申请的前十位技术类别包括 H04L(电通信技术中数字信息的传输)、H04B(电通信技术中的传输)、H04K(保密通信)、G06N(基于特定计算模型的计算机系统)、H04J(多路复用通信)、G02F(光学逻辑元件等)、G06F(电数字数据处理)、G02B(光学元件、系统或装置)、H01S(利用辐射/激光的受激发射使用光放大过程来放大或产生光的器件等)、H04W(无线通信网络),其中的 H04L 和 H04B 也占据主要地位,分别占美国量子通信全部专利申请的 66.46% 和 32.72%。两国的前十位量子通信专利 IPC 大类中有 8 类相同,说明两国在量子通信专利领域的竞争十分激烈,这些专利可能也是量子通信技术的主要技术创新领域。

但是,相对于美国,中国在上述两个领域的专利申请数量更多,占据本国量子通信专利申请的份额更高,这可能反映了中国量子通信的绝大部分技术创新集中在该技术领域并具有领先地位,其他方面的技术进步及创新有待进一步拓展。

3.5.2.4　中美量子通信领域主要专利权人分布

中美量子通信领域专利申请量排名前十位的申请人状况,如图 3.16 和图 3.17 所示。中国量子通信领域专利申请前十位的专利权人均为新设立企业或院校/研究所,在前十位专利权人申请的量子通信领域专利总数中,院校/研究所占比为 38.09%,企业占比为 61.91%,说明企业是推动中国量子通信领域技术创新的主要力量。其中,国盾量子(全称,科大国盾量子技术股份有限公司)是申请量子通信专利数量最多的公司,申请数量高达 190 件。该公司是中国较早成立的量子信息技术公司,也是 A 股第一家以量子科技为主营业务的上市公司(胡心宇,2021)。美国量子通信领域专利申请的前十位专利权人均为企业或国家研究机构,特别是国家安全部门和一些国际大型知名企业。

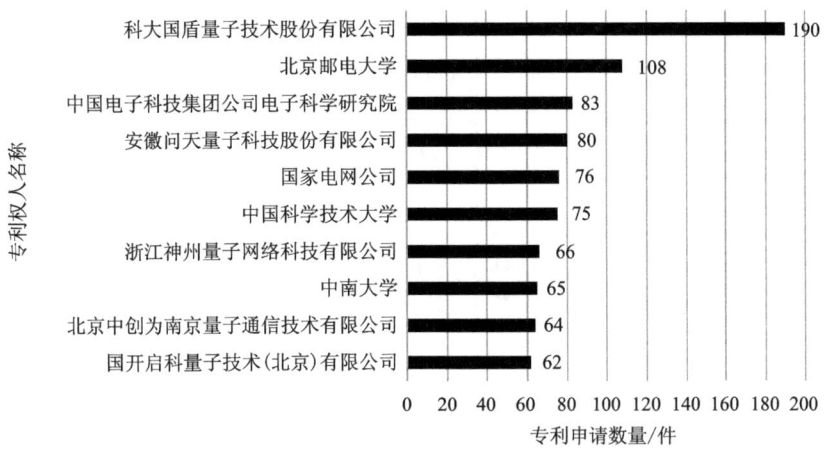

图 3.16　中国量子通信领域主要专利权人排名

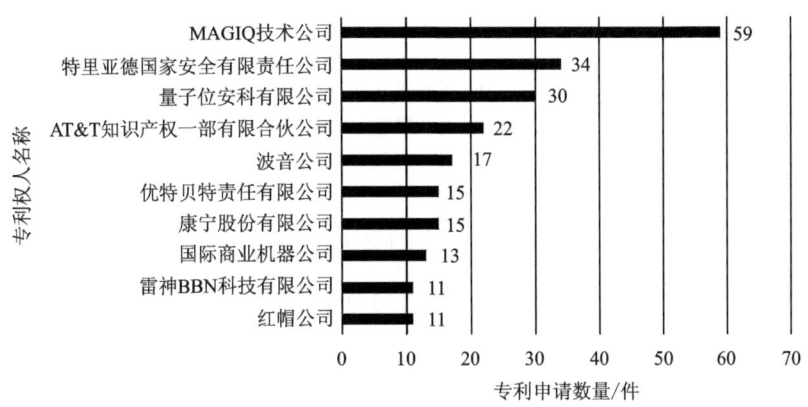

图 3.17　美国量子通信领域主要专利权人排名

3.5.2.5　中美量子通信领域主要专利权人的 IPC 分布

以中国和美国量子通信领域专利申请数量最高的 10 家机构为例。他们专利申请前十类 IPC 技术领域的专利申请情况,分别见图 3.18 和图 3.19(相关注释见表 3.24、表 3.25)。中国量子通信领域主要专利权人的 IPC 分布中,前十所机构均在 H04L09/08、H04B10/70、H04L09/00 三个技术领域申请了专利,说明这些技术是中国量子通信产业的研发重点。有 9 所机构都在 7 类及以上的技术领域进行了专利布局,可以看出中国量子通信机构在积极开发量子通信不同技术领域。但是，几乎每个机构的专利申请都高度集中在 H04L09/08、H04B10/70 这两类。美国量子通信领域主要专利权人的 IPC 分布中，10 所机构均在 H04L09/08 和 H04B10/70 申请了专利，说明这两类技术是美国量子通信领域的重要技术领域。从整体上看，美国量子通信的专利申请机构的技术创新领域与中国具有差异，专利申请集中度不高、各机构的专利申请数量差别较小。

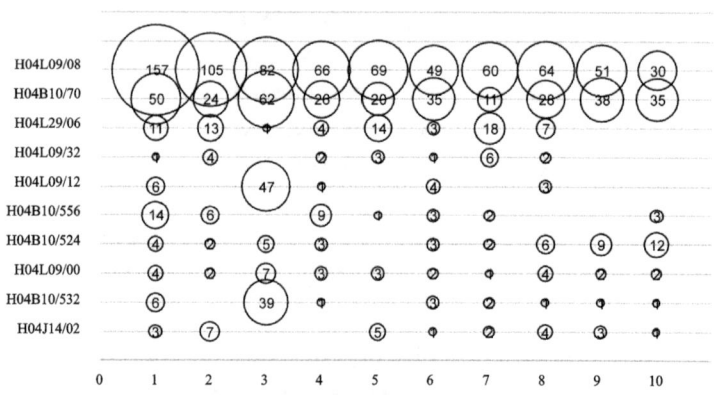

圆圈中数字为专利数量。横轴:1.科大国盾量子技术股份有限公司;2.北京邮电大学;3.中国电子科技集团公司电子科学研究院;4.安徽问天量子科技股份有限公司;5.国家电网公司;6.中国科学技术大学;7.浙江神州量子网络科技有限公司;8.中南大学;9.北京中创为南京量子通信技术有限公司;10.国开启科量子技术(北京)有限公司。

图 3.18　中国量子通信领域主要专利权人的 IPC 分布

表 3.24　中国量子通信领域 IPC 注释(前十位)

序号	IPC 号	IPC 类别
1	H04L09/08	密钥分配
2	H04B10/70	光子量子通信
3	H04L29/06	以协议为特征的通信控制
4	H04L09/32	包括用于检验系统用户的身份或凭据的装置
5	H04B10/556	数字调制,例如差分相移键控(DPSK)或频移键控
6	H04J14/02	波分复用系统
7	H04B10/548	相位或频率调制

续表 3.24

序号	IPC 号	IPC 类别
8	H04B10/85	未经授权访问的保护,例如窃听保护
9	H04B10/524	脉冲调制
10	H04L01/00	检测或防止收到信息中的差错的装置

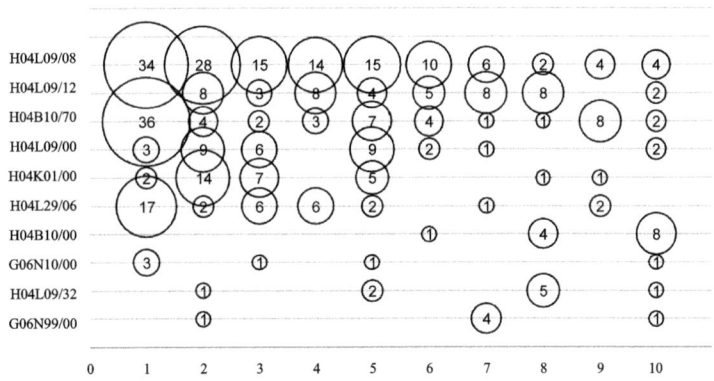

圆圈中数字为专利数量。横轴:1.MAGIQ 技术公司;2.特里亚德国家安全有限责任公司;3.量子位安科有限公司;4.AT&T 知识产权一部有限合伙公司;5.波音公司;6.优特贝特有限责任公司;7.康宁股份有限公司;8.国际商业机器公司;9.雷神 BBN 科技有限公司;10.红帽公司。

图 3.19 美国量子通信领域主要专利权人的 IPC 分布

表 3.25 美国量子通信领域 IPC 注释(前十位)

序号	IPC 号	IPC 类别
1	H04L09/08	密钥分配
2	H04B10/70	光子量子通信
3	H04L09/00	保密或安全通信装置、网络安全协议
4	H04L29/06	以协议为特征的通信控制
5	H04L09/32	包括用于检验系统用户的身份或凭据的装置
6	H04K01/00	保密通信

续表 3.25

序号	IPC 号	IPC 类别
7	G06N10/00	量子计算,即基于量子力学现象的信息处理
8	H04B10/00	利用无线电波以外的电磁波或利用微粒辐射的传输系统
9	G06N99/00	基于特定计算模型的计算安排等
10	H04B10/25	针对光纤传输的装置

3.5.2.6 中美量子通信领域专利引用分析

分别将中国和美国量子通信领域专利申请按照被引用专利数量进行排名,选取被引次数最多的前十件专利进行分析,见表 3.26 和表 3.27。中国量子通信领域被引次数最高的专利是浙江神州量子网络科技有限公司于 2016 年申请的"一种量子通信服务站、量子密钥管理装置以及密钥配置网络和方法",被引次数为 103 次,其余 9 件专利被引次数则均低于 100 次。美国量子通信领域被引次数最高的 10 件专利中有 9 件被引次数超过 100 次,被引次数最高的专利是来自 IBM 于 1993 年申请的"干涉量子密码密钥分配系统(Interferometric Quantum Cryptographic Key Distribution System)",被引次数高达 349 次。对比中美两国量子通信领域被引次数最高的 10 件专利,中国的被引次数都较低,并且与美国差距较大。美国量子通信领域专利被引次数高于中国,说明美国在量子通信领域的技术创新水平、核心技术影响力更高。

表 3.26 中国量子通信领域专利被引次数前十的专利

序号	专利号	被引次数/次	名称	专利权人
1	CN106452740A	103	一种量子通信服务站、量子密钥管理装置以及密钥配置网络和方法	浙江神州量子网络科技有限公司

续表 3.26

序号	专利号	被引次数/次	名称	专利权人
2	CN102196425A	75	基于量子密钥分配网络的移动加密系统及其通信方法	科大国盾量子技术股份有限公司 山东量子科学技术研究院有限公司
3	CN102724036A	72	连续变量量子密钥分发系统及其同步实现方法	上海交通大学
4	CN105024809A	57	基于高斯调制相干态的长距离连续变量量子密钥分发方法	上海交通大学
5	CN102916807A	56	连续变量量子密钥分发系统的偏振补偿实现方法	上海交通大学
6	CN102868520A	47	连续变量量子密钥分发系统及其相位补偿方法	上海交通大学
7	CN102946313A	46	一种用于量子密钥分配网络的用户认证模型和方法	北京邮电大学
8	CN103001875A	42	一种量子密码网络动态路由方法	山东量子科学技术研究院有限公司 科大国盾量子技术股份有限公司 北京国盾量子信息技术有限公司
9	CN103929251A	37	一种低噪声 QKD 与 WDM 经典通信网兼容的方法及装置	华南师范大学

续表 3.26

序号	专利号	被引次数/次	名称	专利权人
10	CN101394269A	37	用量子态注入增强与量子直接安全通信的远距离通信方法	清华大学

表 3.27 美国量子通信领域专利被引次数前十的专利

序号	专利号	被引次数/次	名称	专利权人
1	US5307410A	349	干涉量子密码密钥分配系统	国际商业机器公司
2	US5515438A	232	使用非正交宏观信号的量子密钥分配	国际商业机器公司
3	US20130083926A1	163	量子密钥管理	特里亚德国家安全公司
4	US20120177201A1	130	用于量子密钥分发的方法和装置	量子位安科有限公司
5	US20150222619A1	129	使用量子通信的多因素身份验证	特里亚德国家安全公司
6	US6289104B1	113	自由空间量子密码系统	伊利诺理工学院
7	US5339182A	103	使用正交相位幅度的非经典相关的量子通信的方法和装置	加州理工学院
8	US20130315395A1	101	用于量子密钥分发系统的嵌入式认证协议	约翰霍普金斯大学

续表3.27

序号	专利号	被引次数/次	名称	专利权人
9	US20050135620A1	101	使用纠缠光子保护量子密钥分配	通用动力先进信息系统公司
10	US6424665B1	96	极光纠缠光子的超亮光源	洛斯阿拉莫斯国家安全公司

3.5.3 中美量子通信产业发展现状

新的市场需求或者现有市场需求的变革是新兴产业发展演化的典型特征（Lounsbury & Leblebici,2004）。尽管新兴产业的技术突破通常先于市场启动和技术的大规模商业化,但技术创新需要技术和市场的匹配,要素市场、市场结构等影响新产业的兴起(Bento & Fontes,2019)。一方面,企业能够影响技术的商业化机会,特定产业企业的要素投入及其产出价值,反映产业的总体发展规模及国际市场竞争力。另一方面,产业技术商业化过程中要素禀赋与资源支持条件,产业的市场结构及其要素资源配置可能影响产业技术选择、与科技创新的匹配及其潜在市场价值的实现,导致新兴产业的发展质量和绩效变化。技术与产业市场的匹配、跨市场应用的技术创新管理对新兴产业的企业成功至关重要(Maine & Garnsey,2006)。

量子通信科技的发展,可能推进通信产业的颠覆性变革与重构,相关技术的日趋成熟及其在不同行业的日益广泛应用,将促进量子通信产业规模的扩大。目前,全球量子通信产业的规模逐步增大,据预测2021年的市场规模已达到23亿美元,预计到2025年达到153亿美元。但是,整体上看,全球量子通信的商业化进程还受到相关产品和服务需求的限制,主要是量子通信的硬件和软件还不够成熟、配套。为此,本部分从量子通信产业企业和产业发展环境方面对中美量子通信发展现状进行比较,为了数据收集的便利性,主要讨论两者的新创企业和代表性企业、产业的投融资。

3.5.3.1 中美量子通信产业的新创企业和代表性企业创新发展

新创企业。企业作为中美两国量子通信发展中的重要推力,为两国量子通信产业发展做出了突出贡献。量子通信的商业化发展方面,美国在量子通信领域的初创企业最多,从2015年的5家增长到2021年的19家。中国在量子通信领域的初创企业数量较多。2009年,中国最早的量子通信公司国盾量子、问天量子成立,随后几年,伴随着量子通信技术的进步,九州量子信息技术股份有限公司、神州量子通信技术有限公司、中创为量子科技有限公司等公司相继成立;2016年"墨子号"卫星成功发射后又有大批量子通信公司创立,例如国科量子通信网络有限公司、循态量子技术有限公司等,2021年中国量子通信新创公司数量增长到16家。其中,2021年,中国就成立了多家量子通信公司,包括中电信量子科技有限公司、安徽中科锟铻量子工业互联网有限公司等,逐步拓展了量子+工业互联网/金融/医药等细分行业应用领域。

代表性企业。中美量子通信产业链相对完整,美国量子通信的代表性企业包括 MagiQ、BBN 技术公司和 IBM、Google、Amazon 等(表 3.28);中国量子通信的代表性企业包括国盾量子、问天量子、启科量子等(表 3.29)。美国相关企业的整体实力更为强大,研发基础和市场影响力更大,中国量子通信的部分核心器件,如单光子探测器,仍主要依赖于进口。随着中国越来越多城市、城际干线量子通信网络等的启动,量子通信技术面向国防、金融、政务等行业实际应用的增加,神州信息、阿里巴巴等企业或大型互联网产业企业的加入,中国的量子通信产业的企业数量和结构将发生更为引人注目的变化。

表 3.28 美国量子通信产业代表企业

代表企业	核心业务及影响力
MagiQ	1999年成立,美国第一个以商业化量子信息处理为主要经营项目的公司,全球最早提供商用化量子密钥分发系统器件、终端设备和整体应用解决方案等的企业
BBN	在量子密码通信技术、量子密钥分发应用领域有突出成绩,研制的网络保护量子密码系统,部分成果已在美国军方通信网络中应用
IBM	量子计算领域的领军企业之一,在量子云计算领域的研究具有系统化、成熟化的研发运营模式,在硬件和软件方面形成了相对完善的研发链,已逐渐建立日益成熟的量子云生态。该公司构建了大量科研和商用的量子硬件及平台系统,保证量子体积和量子比特数的不断增加。同时公司大力开发量子电路和软件,为开发人员和企业提供了更多创新型用例

续表 3.28

代表企业	核心业务及影响力
Google	在量子技术领域具有强大的研发能力,主要围绕基础研究、硬件研发和软件开发展开。已经成功研发超导量子处理器,且搭建量子计算框架和开源库,在量子技术生态圈中具有较高地位
Microsoft	首推全新的量子编程语言,建设了一套独立且能够更好适配量子计算的编程模式。公司初期围绕 QDK 开展量子生态建设,引导用户使用;Azure Quantum 云平台推出后联合其他量子企业进一步为全行业用户提供量子硬件服务
Amazon	提供量子计算软件平台服务(Q-PaaS),但公司也与加州理工学院合作共同开设量子研究中心,未来可能会在硬件方面开展研究。Amazon 目前的服务模式为联合量子企业以 Braket 为接入口和客户共同进行实验,指导客户将量子解决方案纳入业务,从而在帮助客户满足高性能计算需求的同时建立以 Braket 为中心的量子云计算生态圈

表 3.29 中国量子通信产业代表企业

代表企业	核心业务及影响力
国盾量子	主要从事量子保密通信产品的研发、生产、销售及技术服务,全球少数具有大规模量子保密通信网络设计、供货和部署全能力的企业。第一家中国量子信息技术产业化创新型企业、中国最大的量子通信设备制造商和量子信息系统服务提供商,全球广域量子通信网络化技术和商用服务的路线公司。拥有中国最多的量子通信领域技术专利,自主研发的系列产品涵盖量子通信网络设备、终端设备、核心器件(含光量子芯片)、科学仪器及系统性的管控和应用软件,可以提供信息安全整体解决方案;国际云安全联盟(CSA)成员、量子安全国际工作组(QSSWG)发起人,参与制定两项国家量子通信相关标准,牵头或参与多项国际、国家及行业标准制定

续表 3.29

代表企业	核心业务及影响力
问天量子	建设有合肥、芜湖两大研发中心和省级量子安全工程技术研究中心等量子信息研发平台,可提供完全可控的量子信息安全系统整体解决方案,拥有量子密码点对点通信方案、量子密码组网技术、量子密码核心器件的多项国际顶级专利,量子密码通信方案世界领先,全球少数同时拥有全部量子密码自主知识产权的公司,建立世界首个多层级试运行量子密码网络"芜湖量子政务网"。参与制定两项国家量子通信相关标准
启科量子	量子通信设备制造与量子计算机全栈式开发,中国首家在量子通信、量子计算、量子传感领域均拥有自主核心技术与产品开发能力的高新技术企业。研发的量子随机数发生器 QRNG－G1 通过中国信通院的权威检测

3.5.3.2 中美量子通信产业的社会投融资

本部分讨论中美量子通信领域初创公司获得的社会融资及其类型。2021 年中美量子通信领域的非政府融资情况见表 3.30。

表 3.30　2021 年中美量子通信领域融资情况

公司	国别	技术领域	披露融资总额	融资轮次
Quantum Xchange	美国	量子密钥分发	13 500 000 美元	A 轮
QuSecure	美国	后量子密码	1 900 000 美元	种子轮
启科量子	中国	量子密钥分发	5000 万元	天使轮
国科量子	中国	量子保密网络建设	15 亿元	股权融资

量子通信领域大部分公司仍处于早期融资阶段。美国的量子安全网络的领导者 Quantum Xchange 完成了 1350 万美元的 A 轮融资,QuSecure 获得 190 万美元的种子轮融资;中国的量子通信研发企业启科量子获得 5000 万元的天使轮

融资,量子网络通信保密建设供应商国科量子获得15亿元的股权融资。

量子通信领域融资占比较低。量子科技的发展主要分为量子通信、量子计算和量子精密测量等领域,2021年上述领域的量子科技公司共融资35.05亿美元,其中的量子计算融资额最大,达到26.91亿美元,远超量子通信领域7.62亿美元的融资,而中国量子通信领域的融资额远大于美国。

3.5.4 中美量子通信触发的绩效特征及国家特点

本书基于中美量子通信领域的SCI论文、专利和产业发展数据,对中美两国量子通信进行分析对比,从整体上看,可以发现两国在量子通信领域存在较为明显的差异,呈现出不同的特点和趋势,大致可以分为以下4个方面。

(1)科技创新领域的区别较大。相对于美国,中国在量子通信领域表现出更为集中的科技创新方向。从基础研究来看,两国量子通信领域不同研究方向的论文占比差别明显,中国在物理方面的研究占比比较突出,美国在物理方面的研究占比相对稍低,但光学、计算机科学等领域的占比较高,这些差异可能在一定程度上影响两国量子通信领域的持续创新发展。从技术创新来看,两国具有类似的技术研发领域,但研发领域的细分技术方向构成、不同技术占比等方面差异较大。中美量子通信领域的研究成果都集中于电通信技术中数字信息的传输(H04L)、电通信技术中的传输(H04B)两个大类,主要技术研发领域均为保密安全通信类的密钥分配(H04L9/080)。但是,中国量子通信领域整体表现出技术研发方向集中性高,特定技术的研发(如密钥分配)占据相当高的比例,处于世界领先地位,而量子通信技术相关领域的创新和学科布局较为薄弱;美国在量子通信相关领域的研发分布占比相对比较均衡。两国量子通信领域专利权人的技术研究侧重点也存在类似的现象。中国量子通信的基础研究和技术创新在部分研究领域集中性较高这一现象,一方面反映出中国量子通信在部分领域具有超强实力,另一方面或许是因为中国在量子通信领域投入的创新资源有限,或者创新资源分配与管理等需要进一步改进。目前,量子通信产业的发展迫切需要多学科的密切交叉和各项关键技术的系统集成(潘建伟,2020),中美量子通信在基础研究和技术创新的上述差异,可能在一定程度上影响中国量子通信领域的持续创新及创新扩散水平。

(2)触发的创新主体及机构的结构差异。中国的研发主体及机构更为集中,主要是科研院校,创新公司的研发基础和能力逐步增强;美国的科研主体及机构较为分散,注重国防安全及应用等相关部门的研发,公司研发基础和创新能力极为强大。中国量子通信论文所属机构多为院校,专利的专利权人多为企业或院校/研究所,单一机构的研究成果数量占比突出,不同机构之间差距较大,申请量子通信专利的企业多为量子通信领域的新创公司,成立时间较短(国内最早从事量子信息技术公司之一的国盾量子成立于 2009 年)。美国量子通信论文所属机构主要为院校/研究所,专利的专利权人多为企业或国家机构,不同机构创新产出的数量差距比中国的相应份额要小,申请量子通信专利的专利权人多为具有世界影响力的一流企业或者国家部门的研究机构,在产业应用和国防安全方面具有重要影响。从基金资助主体目的来看,中国注重鼓励高校积极推进量子通信领域科研活动,美国更关注国防安全领域的量子通信研发应用。

中国和美国触发量子通信领域的创新主体方面的差异,可能源于美国基础研究的国家实力强大,分布相对更为均衡,开展量子通信相关研究的时间较长,已形成立法保障、战略规划和专项优先发展相互衔接配套的治理体系,政府相关机构具有明确的分工和协调机制(邹丽雪等,2022),注重多学科平台建设,促进创新链、产业链融合协调发展(朱庆平等,2021)。与此相反,中国量子通信的触发时间稍晚,主要是政府推动和主导模式(蔡笑天和杨洋,2019)。政府通过自然科学基金、国家重点研发计划等支持量子通信的基础研究等,促进院校及企业创新发展,但尚未制定国家层面的战略规划,科研机构与人才的实力有限、知识和能力积累不足,多样性、体系化的量子通信人才平台、量子产业的生态系统需要进一步发展。

(3)产业触发的创新人才结构差异。中国量子通信领域的科研人员学科背景较为单一,个别学者的科研成果数量较多、影响力比较突出,大多学者来自国内少数院校,地域集中度高,创新方向可能会存在极大的相似性;美国量子通信领域的科研人员学科背景更为广泛,科研人员所属机构较为分散,专利权人、论文作者一般来自不同机构,地域分布较广,量子通信的创新方向更为多样化。研究人才结构的差异,或许是导致两国量子通信领域基础研究、技术创新、产业发展绩效差异的重要原因。中国量子通信的触发人才结构,客观上促进了中国量子通信的蓬勃发展,但从整体和长远看,实现中国量子通信人才结构的多样化是保证产业高质量触发的重要条件。

(4)产业触发的绩效和质量不同。美国量子通信领域的科技创新产出影响力更高、产业公司产品的国际市场竞争力更强,中国则较低。一方面,可能是因为中国量子通信的触发主要依靠自身力量,受制于基础研究的初始水平较低和美国的打压,国际合作的路径和方式相对有限,在一定程度上导致了中国在量子通信领域科技创新成果的知名度和引用率较低(Phill et al.,2018),产业的供应链受到非市场因素干扰。另一方面,也可能是因为中美量子通信领域触发的因素和体系不同。例如,中国的科技创新主要由政府提供资助,一些企业和机构为了获得政策优惠采取"为了创新而创新"的迎合行为,无益于真正从事有价值的研究开发工作,导致大量低水平创新成果产出(杨国超和芮萌,2020);而美国的科技创新支持主要来自政府特定部门或主要企业,科技管理的经验丰富、规范,它们更重视创新产出的前景及市场应用价值。

3.6 中美两国量子通信产业触发过程的政策启示

加快制定国家量子通信产业战略规划,加强政策与组织协调。美国量子通信的战略规划与政策体系较为完善,并从法律和组织方面提供了量子通信相关领域创新发展的资源。中国量子通信虽已被提升到国家战略层面,但相关政策主要体现在综合性规划之中,需要加快制定国家量子通信产业战略规划,鼓励量子通信创新资助的多元化;并在持续资助主要研究机构、大学重点学科、国家重点实验室研发的同时,强化基础研究、技术创新和应用发展合作机构之间的伙伴关系,激励企业的研发投入和高质量产出;设立权威机构负责系统协调工信部、科技部、财政部等相关部门的相关政策和量子通信创新发展各环节的利益,促进产学研政的协同互动,加速量子通信的创新迭代和优化。

鼓励多领域、多学科的交叉融合和多样化人才队伍建设。中国应鼓励相关学科、技术领域的交叉融合,在保证国家安全利益的基础上加强与国际机构的创新合作及团队建设,促进量子通信关键技术的研发突破和新兴领域的探索;进一步改善量子通信领域高端人才的结构和专业领域分布,积极促进国内和国际高校、科研机构、企业等组织之间的研发人员互动交流,更好地把握产业孕育的新机遇。

4 战略性新兴产业企业触发模式、动态能力与绩效关系研究

2010年《国务院关于加快培育和发展战略性新兴产业的决定》发布以来,中国战略性新兴产业持续快速发展,相关企业数量不断增加,产业规模稳定增长;2021年3月《中华人民共和国国民经济和社会发展第十四个五年规划和2035年远景目标纲要》的发布,进一步明确了战略性新兴产业在国家"构筑产业体系新支柱""培育壮大产业发展新动能"等方面的重要地位,以及"扩大战略性新兴产业投资"、2025年"战略性新兴产业增加值占GDP比重超过17%"等关键发展目标。但是,中国战略性新兴产业整体创新质量不高、企业绩效不佳等问题突出(李文军和郭佳,2022)。在此背景下,如何有效触发战略性新兴产业企业?怎样提升战略性新兴产业企业绩效?这些是目前中国大规模驱动和发展战略性新兴产业必须解决的重大问题。

产业创新生态系统中的主体必须依托于企业实现创新活动的承载和实施(代栓平,2018),战略性新兴产业的规模扩展和效益提升,依赖于相关企业的战略决策和经营(韩雪莲等,2011),企业作为培育和发展战略性新兴产业的微观主体,其发展关系到产业规模的扩大与质量提升(熊勇清和刘娟,2013)。新兴产业的不同主体,源自空间及知识学习分离的相对独立性、组织理念和组织使命的异质性,参与产业触发的战略目标、优先活动不同,因而触发、新创的企业表现出研发类型、技术创新程度及覆盖范围的差异(Von Zedtwitz & Gassmann,2002),或者市场拓展、资源配置和产业化过程等方面的独特行为特征和方式,形成多样化的企业模式,可以称为新兴产业企业的触发模式。战略性新兴产业处于产业生命周期的早期阶段,具有高度的不确定性,产业企业的孕育及发展,需要不同主体基于自身功能定位及资源禀赋等差异,以及面对政策激励、技术创新或市场扩张等不同需求的挑战及演化,不断调整及优化自身资源与能力,进行新技术和新

市场的匹配和融合,在孕育和形成相关企业的同时,可能表现出不同的成长绩效和创新绩效。在新兴产业发展的过程中,多种影响因素及其相互作用触发了相关企业。动态能力是企业获取、利用、整合和再创造内外部资源,更好地应对不断变化的外部环境、提升创新能力、更新现有资源存量和升级重构企业能力、促进业务成长的能力,因而能够在企业触发、孕育和成长的过程中对企业绩效产生积极影响(Wang & Ahmed,2007)。企业在参与和嵌入新兴产业体系、寻找创新网络最优位置的过程中,不断嵌入、脱嵌、再嵌入关系的动态演化,反映了企业的动态能力状况,进而对企业绩效和创新行为产生重要作用(Grewal & Lilien,2006)。对此,本书基于动态能力视角,研究战略性新兴产业企业触发模式及绩效关系,探索性地提出动态能力为中介的战略性新兴产业企业触发模式及其成长绩效和创新绩效的假设模型,并采用上市企业数据进行实证检验。

4.1 基本概念与理论基础

4.1.1 基本概念

4.1.1.1 企业触发模式

新兴产业创新生态系统,是由参与创新的企业、科研所、政府、大学和中介服务机构等主体,为实现创新而在生态系统内部互联与协同的产业创新网络(吴航,2014)。在各主体参与协同创新的过程中,企业依靠大学、科研机构、其他企业、政府等主体,提供互补性资源,触发产业生态系统中的创新行为(吴绍波,2013),在新兴技术创新和扩散的过程中触发新兴产业企业。战略性新兴产业处于产业生命周期初期,具有极大的发展前景及潜力,但同时也存在技术研发与市场需求的高风险性。不同触发主体的功能定位及资源禀赋不同,面对政策激励、技术创新或市场扩张等影响,采取行为的战略目标、优先活动具有差异,表现出不同特征。从要素禀赋结构来看,相比于传统企业,战略性新兴产业更需要前沿技术、创新人才、物质资本等的支持(熊勇清等,2014),并通过整合这些资源要素来开展创新活动,资本、劳动力和自然资源决定了战略性新兴产业企业的技术选择与优势提升(林毅夫和苏剑,2007)。战略性新兴产业创新生态系统中的主体有着各自的优势资源和能力,如企业的技术研发能力、学研机构的科研资源、政府部门的政策资源、市场化服务组织的信息资源及金融服务等(Adner,2017)。异质性资源源于不同主体在产业中的功能定位,如企业具有技术创新、市场开发等功能,大学和科研机构具有创新型人才培养、创业孵化、知识资本化等功能,政府部门具有战略方针制定、法律法规颁布、公共服务等功能(周全,2022)。不同主体由于功能定位不同、资源禀赋的差异,在战略性新兴产业企业触发中可以提供的要素支持、进行的关键活动选择也不一样。

战略性新兴产业的触发与演化是技术创新、产业需求、产业环境和资源禀赋等因素共同作用的结果(王少永等,2014);科技创新、产业市场和政策环境共同构成战略性新兴产业自主发展机制的核心维度,不同的因素与条件组合可能产生不同的触发模式(孙理军等,2020b)。结合已有文献基础,可以认为战略性新兴产业企业触发模式就是不同主体基于政策激励、技术创新或市场扩张等不同需求,以及自身资源禀赋及其在战略性新兴产业触发过程中的功能定位不同,孕育和形成相关企业的关键行为等方面的特征和方式。

4.1.1.2 战略性新兴产业企业典型触发模式

新兴产业具有突破性创新、高度不确定性等特征,由相互关联的"触发"因素引起,包括科技创新、市场需求、政策等(Audretsch et al.,2014;Luzzini et al.,2015;白雪洁和孟辉,2018),后发国家新兴产业的发展模式具有多元性(周亚虹等,2015;余明桂等,2016;龚惠群等,2018;孙治宇和王庚,2019)。鉴于新兴产业形成和新兴产业系统构建的分析重点已从系统元素、系统结构扩展到系统核心功能(Hekkert et al.,2007;Bergek et al.,2008),采用功能分析方法讨论战略性新兴产业企业的触发模式,可以更系统地确认产业企业触发过程中主体功能、关键活动及其决定因素的累积效应特点,进而比较战略性新兴产业企业不同触发模式的绩效差异,更好地配置产业创新的资源,课题应用系统功能分析法进行讨论。

新兴产业的企业触发是相关主体参与和嵌入新兴产业生态系统的过程。科技创新、产业市场和政策环境共同孕育战略性新兴产业,不同的因素与条件组合可能产生不同的触发模式。资源基础论认为,内部资源及其协同对企业的创新发展至关重要,企业的异质性资源影响竞争优势(Barney,1991),战略性新兴产业发展以重大技术突破为基础,核心技术创新、市场培育等极为关键(熊勇清等,2014;董明放和韩先锋,2016;姚潇颖等,2017;孙晓华等,2018)。孕育战略性新兴产业企业的主体在技术和市场等方面的初始资源禀赋、功能定位不同,在企业触发过程中的战略目标、关键行为和活动等特征不同,因而可以根据战略性新兴产业企业触发过程中孕育主体的功能类型差异和主要属性(包括触发企业主体的主要活动、战略目标、关键作用,以及价值创造与实现的相关制度支持等属性)差异,对战略性新兴产业企业的触发模式进行总结分类,包括政府相关机构与国企触发型、民营与外资企业衍生触发型、科研机构与大学触发型、自然人创业触发型4种典型类型触发模式。战略性新兴产业企业典型触发模式、功能定位及主要特征见表4.1。

表4.1 战略性新兴产业典型触发模式

企业触发模式类型	资源禀赋特征	功能定位	触发的战略目标、关键活动
政府相关机构与国企触发型	政府创新治理及政策能力、公共资源整合	政府新兴产业基础研究的资源供给、创新激励及指导、信息和知识的交流共享、市场培育/创造、社会不确定性减少等领域	利用公共资源投入和基础设施支持、税费优惠,减少风险;服务于国家战略需求,响应和利用相关资助、政策与激励,通过建中学构建新能力
民营与外资企业衍生触发型	创新资源及其市场配置	创新资源的空间配置与市场整合,科技的应用性开发,产品的标准化,产业市场开拓	基于商业利益预期和市场拉动,利用市场、资本等互补性资产和综合能力、集成创新优势,获得新兴技术创新、新兴产业发展潜在机遇
科研机构与大学触发型	大学及科研机构的科技创新及人才等资源优势利用	科技知识的价值转移及市场的孕育、发展,新兴技术的盈利性应用及发展	适应复杂技术创新开发及其资本等需求,共享研发设施,利用孵化技术、必要的社会互补性资产及技能,获得新技术的商业化、产业化应用及发展

续表 4.1

企业触发模式类型	资源禀赋特征	功能定位	触发的战略目标、关键活动
自然人创业触发型	创意、创新的孵化和产业化能力；独特的社会资源、良好的经营和风险管理能力、技术创新能力	新兴产业的市场嵌入和拓展，新兴科技的应用性开发、创新资源的优化配置与整合	识别新兴技术和市场的潜在价值及商业机会，动员和整合创新资源以创造价值；利用知识产权与专属新技术等创新源的开放式创新、风险资本等新兴互补性资产，获得高风险的投资回报

政府相关机构及国企触发型企业模式。政府及其所属机构在孕育战略性新兴产业企业过程中，主要通过研发治理及创新政策，为新兴产业的科技价值创造和实现提供资助、基础设施和制度支持，在战略性新兴产业企业触发中承担基础研究的必要资源供给、创新创业激励及指导、信息和知识交流的共享促进、市场培育及创造、社会不确定性和变革阻力的减少等功能。国有企业是促进、支持和引导中国经济社会发展的主导力量、国家战略决策部署的重要力量，作为新兴产业的孕育主体，承担供给公共产品、推动新兴技术创新、布局新兴产业、优化产业结构等功能。由政府相关机构及国企孕育、触发的战略性新兴产业企业，可以更充分地利用政府的研发资助、财政税收和金融的优惠、支持性基础设施，更便利地协调相关行动者的创新行为和利益，突破特定制约因素，扩大和提高创新的产出、适应性、市场需求及竞争力，推动国有资本结构的调整和优化配置。

民营及外资企业衍生触发型企业模式。民营与外资企业在新兴产业发展中承担着科技的应用性开发、产品的标准化、产业市场开拓、创新资源的空间配置等功能。由民营与外资企业衍生触发的新创企业，基于新兴产业的商业利益预期和市场拉动，可以利用民营与外资企业母体在市场、技术、资本等方面的互补性资产优势、经验指导，进行新兴技术的研发和利基市场开拓活动；或者直接动员、整合市场资源并将自身优势资源锚定在新兴产业触发过程的某些环节，推进新产品、新工艺、新服务的供给，创造市场需求的应用性开发拓展活动，进而实现新兴科技创新价值的转移应用和技术领域的知识增值。

科研机构与大学触发型企业模式。大学和研究机构主要从事基础研发、创造科学产品及知识等活动,在嵌入和构建战略性新兴产业中承担着基础研究、知识基础工作及其系统化、科技创新及传播、人才培养、成果交流及持续开发等功能。由大学、研究机构衍生的战略性新兴产业企业,可以依托孕育企业的大学或研究机构拥有的新兴科技实验和学习平台、高水平基础研究和创新能力、测试与培训等科技和智力支持,利用相关大学或研究机构提供的新兴科技与前沿知识、专业技能和新科技发展成果、创新人才,并通过技术研究与开发来推动技术创新的商业化和产业化。

自然人创业触发型企业模式。基于新兴产业的创业机会和商业利益预期,创业者利用拥有的社会资源、专有的经营和风险管理能力、良好的技术创新能力,以及创意、创新的孵化和产业化能力,识别新兴技术和市场的潜在价值及商业机会,进行动员和整合创新资源等活动,创造和获取价值。因而,自然人创业触发的企业模式,通过新知识创造及新知识利用进行创新型创业或模仿型创业,开展新技术开发或利用及扩散,获得市场份额,有效利用及提升现有资源的价值,实现高风险投资的高回报,对于战略性新兴产业的市场嵌入和拓展,新兴科技的应用性开发、创新资源的优化配置与整合具有独特功能。

4.1.1.3 动态能力

动态能力的内涵。企业如何创造并保持可持续的竞争优势,是战略管理理论的重点探究内容,企业竞争优势来源的研究从关注企业所处环境,到强调企业专属的资源与能力,再到突出动态能力(罗珉和刘永俊,2009),包括基于能力和基于过程两种视角。基于能力视角的研究,认为动态能力是企业获取、整合、重构资源的能力。其中,Teece 等(1997)提出,动态能力是企业为适应外部环境变化而建构、整合或重构企业内外部资源与能力的能力;江积海和刘敏(2014)将动态能力界定为,能够改变资源和能力基础的开拓性能力,使企业合理地重新配置资源和惯例,有目的地构建、调整或拓展其资源组合,以不断塑造可持续竞争优势的一种高阶能力;Leonard-Barton(1992)认为,动态能力是企业为应对环境变化,对内外部资源进行整合、建立和重构的能力,反映一个组织在给定路径依赖和市场地位下实现新的竞争优势的能力。基于过程视角的研究认为,动态能力是企业利用资源的具体过程。例如,Eisenhardt 和 Martin(2000)强调,动态能力是企业在生产经营中动态性地对资源和能力进行调整及配置的一种过程或惯例;魏江和焦豪(2008)将动态能力界定为能够对资源进行获取、整合和重新配置,以匹配市场变化的一系列特定的、可识别的惯例和流程,企业在感知机会和威胁并做出决策的过程中形成的一种潜在系统,即动态能力是企业具备的整合能力、协调能力和重构能力的一种独特惯例,嵌套于企业独特的组织和管理流程之中。

动态能力的维度。动态能力可以通过机会感知、资源整合和资源重构的协调作用,促进实体资源转变与自身能力提升,促进企业稳定成长、技术创新(刘井建,2011;简兆权等,2015);通过创造新的知识、新的产品、新的流程等来支持企业活动,帮助企业获得和维持竞争优势、提高企业绩效。动态能力可以分为多种维度的能力组合。基于动态能力内涵界定与使用情景的不同,学者们对动态能力维度的划分主要呈现出两种倾向:从抽象的行为与认知维度划分,或者从具体的战略和组织过程划分(冯军政和魏江,2011)。本书通过对文献进行梳理和回顾,将已有研究中动态能力的主要划分方法汇总如表4.2所示。

表4.2 动态能力的划分维度

代表学者	划分纬度
Teece et al (1997)	整合能力、构建能力、重构能力
Eisenhardt & Martin(2000)	整合能力、获取能力、重构能力、释放能力
贺小刚等(2006)	市场潜力、组织柔性、战略隔绝、组织学习、组织变革能力
Wang & Ahmed(2007)	适应能力、吸收能力、创新能力
Døving & Gooderham(2008)	人力资本、内部开发、结盟能力
焦豪等(2008)	环境洞察能力、变革更新能力、技术柔性能力、组织柔性能力
李大元等(2009)	组织意会能力、柔性决策能力、动态执行能力
冯军政和魏江(2011)	机会感知能力、资源整合能力、资源重构能力
董保宝和葛宝山(2012)	资源整合能力、资源再配置能力、学习能力、适应能力、创新能力

续表 4.2

代表学者	划分纬度
Wilhelm et al(2015)	感知能力、学习能力、重构能力
卢启程等(2018)	感知响应能力、整合利用能力、重构转变能力
李梅等(2022)	机会感知能力、环境适应能力、协调整合能力、学习吸收能力

结合以上成果,参考冯军政和魏江(2011)、卢启程等(2018)的研究,课题中的动态能力考虑以下3个维度:感知学习能力、资源整合能力和知识创造能力。感知学习能力是企业对整个产业生态圈中的科技机会、市场变化、客户需求等的把握能力,可以通过先前的积累、有意识的摸索,以及偶然性来学习和获得(Pandza & Thorpe,2010)。感知学习能力帮助企业加速识别外部信息和获取资源,为企业的战略决策提供指导方向,是企业进行内外部资源整合的基础。企业只有不断调整与优化内部资源结构以适应环境变化,才能使企业维持长久优势。企业只有具备很强的资源整合能力才能有效地将资源转化为绩效(朱秀梅等,2010)。资源整合能力能够将已识别的机会转换成可利用的价值,是企业将外部知识转化为内部知识的关键,通过调整企业内部结构以适应不断变化的市场环境。知识创造能力是企业创造新知识、在组织中扩散新知识并将新知识融入产品、服务和系统中去的能力(Nonaka & Takeuchi,1995),是企业有效利用各种资源创造新知识、提高素质与竞争力,应对组织过程复杂化、创新活动多样化挑战的能力(王培林,2010),通过整合、协调和优化技术、产品和流程,促进企业创新模式与市场需求之间的协同,实现对新兴技术的探索、应用和商业化,推进企业实现技术创新,拓展企业的市场份额。

4.1.1.4 企业绩效

企业绩效的内涵。基于战略绩效管理的理念,企业绩效不仅应该关注经营现状的财务指标,还应该关注企业的学习与发展潜力。企业在外部环境中的竞争力和企业在内部组织的经营过程均对企业绩效产生重要影响(Roberts & David,1996;Andy et al.,2000)。已有研究对企业绩效的界定包括3种观点:一是基于行为角度,认为企业绩效是组织内与目标相关的一种行为,并受到系统因素影响;二是基于结果角度,认为企业绩效是与组织目标有紧密关系,但相对独立的结果;三是将两者结合的角度,认为企业绩效是行为和结果的总和,行为是达到结果的条件之一。一般认为,企业绩效是企业在一定时间内经营、成长、发展的成果效益及状况。

企业绩效的测度。基于研究目的与研究问题的不同,企业绩效的评价维度存在较大差别。企业绩效可以从静态结果指标和动态过程进行测度,但基于对数据的可得性、精确性等方面考虑,大多采用企业的财务指标、效率指标等进行衡量。也有研究基于企业当前收益和未来发展进行的测度,例如何明钦(2020)将企业绩效分为短期绩效和长期绩效,短期绩效反映企业当前的收益现状,长期绩效体现企业市场价值和成长性;徐超和池仁勇(2016)认为企业绩效应从财务绩效和创新绩效两个维度进行测量,财务绩效主要反映满足员工、股东和社会的利益的当前绩效,创新绩效主要反映企业通过不断提供新产品和新技术促进发展的未来绩效;王海军等(2021)、李华晶等(2015)则将企业绩效分为财务绩效和成长绩效,综合考虑企业的盈利能力与发展能力。此外,一些学者基于企业发展的不同结果类型进行测度,例如黄芩(2021)将企业绩效分为财务指标和非财务指标,财务指标包括资产运营、财务效益等企业经营活动的相关情况,非财务指标包括市场占有能力、创新能力等;李苗苗等(2022)将企业绩效分为创新绩效和成长绩效两个维度,以综合反映企业的创新性和成长性;王可心和程春梅(2022)从市场、财务、运营3个指标对企业绩效进行划分,分别代表企业的发展能力、盈利能力和经营能力;王瑾(2019)基于企业盈利水平、资产运营效率、创新能力及市场接受度4个维度综合评价企业绩效。

战略性新兴产业的企业绩效测度。战略性新兴产业规模的扩大、产业的升级和效益的提升,依赖于相关领域企业的战略决策和经营水平(韩雪莲等,2011),企业的稳定成长是战略性新兴产业大规模发展的重要保障,企业的技术突破和进步是提升战略性新兴产业创新质量的关键(方炜和刘洁,2022)。一方面,深刻理解产业企业成长的内在机制和本质规律,是科学推进战略性新兴产业有效培育和发展的必要基础;战略性新兴产业特殊的技术经济特性和产业价值需求,必然对支撑产业企业成长的资源投入和需求培育有着特殊要求(胡慧芳,2017),相关企业的成长状况关系到战略性新兴产业的高质量发展水平。另一方面,创新是驱动战略性新兴产业发展的新动能,战略性新兴产业企业的自主创新对产业竞争优势有着关键影响,提高战略性新兴产业企业自主创新能力、突破产业关键核心技术,才能掌握发展主动权和竞争新优势(肖振红等,2023)。因此,课题主要关注战略性新兴产业企业的成长性与创新性,参考李苗苗等(2022)的成果,将企业绩效划分为成长绩效和创新绩效。其中,成长绩效是指企业在成长性方面的表现,能够体现在企业的营业收入增长速率、市场价值等方面,在一定程度上反映企业的长期发展能力和成长潜力(Li & Liu,2014);创新绩效是指企业开展技术研发活动最终带来的价值,多体现在企业的创新产出上,如新专利、新产品、新工艺等(肖振红等,2022)。

4.1.2 相关理论

4.1.2.1 资源基础理论

资源基础理论认为,企业所拥有的具备价值性、稀缺性、不可模仿性和不可替代性的资源是其获取竞争优势的重要基础(Barney,1991),企业资源包括企业所永久性拥有的有形和无形资产,在其核心能力的形成、转化过程中具有重要作用(晋琳琳和孙海法,2007),企业需要对已有资源组合进行协调与升级,实现价值创造,促进企业绩效的提升(William,2013)。其中,基于经验的企业家资源、供应链网络和核心研发团队等企业的战略性资源,有助于企业在激烈的市场竞争中主导市场,获得稳定的超额收益,保持核心竞争优势。企业资源战略的形成关键,在于企业管理者的认知。面对不确定的未来,管理者需要结合企业自身能力与内外部资源,通过模式识别、创造力应用等过程判断企业实现预期结果应采取的资源行为,技术、市场、制度情境等内外部资源情境对企业的资源战略形成、执行及实现具有重要影响(张璐等,2023)。

基于资源基础理论,企业是资源的集合体,企业的成长性将取决于新的业务活动与已有资源之间的匹配度(Grant,1991),企业资源禀赋及资源的利用效率差异决定了企业竞争力的差异。企业资源的异质性越强、越难以被模仿,企业竞争的优势地位就越来越稳固。因此,企业会以所拥有的、控制的资源为基础,开发利用现有资源、发掘资源潜在利用价值,并通过获得更多的资源,进行创新活动,增强资源的专用性,提升企业竞争优势(胥朝阳等,2018)。战略性新兴产业不同触发模式的企业,可能具有不同的异质性资源,通过获得互补性的资金、政策、人力、知识等支持,促进企业形成独特的核心能力,在强化动态能力的同时,塑造有别于其他企业的竞争优势,驱动企业的市场扩张与创新发展。

4.1.2.2 核心能力理论

企业的经营活动不仅取决于其拥有的资源,还受到其自身能力的影响,如获取、配置、利用及保护资源的能力。核心能力理论认为,企业是一个能够体现资源价值的能力体系,核心能力是企业对自有资源、技能和知识的整合能力,企业核心能力的培育、强化及合理运用是企业能否获得并维持持续的竞争优势的根本。企业的核心能力决定了企业能否获取持续性的竞争优势、保持独特的竞争优势(胡查平等,2018)。核心能力才是企业独有并且难以复制的资源,它蕴藏于企业所涉及的各个层次组合形成的能够使企业获得持续竞争优势的知识系统,内部包括技术、产品、经营活动、内外部环境和各子系统等,并保持动态发展(王毅等,2000),动态性是企业核心能力的重要特性,并与企业核心能力带来的竞争优势的持续性具有密切相关的关系(Sanchez,1996)。动态能力作为企业的核心能力,能够对资源进行整合、协调及重构,有助于企业适应外部环境;动态能力嵌套于企业的组织和管理流程之中,与企业所拥有的自身资源、独特的资产位势,以及其采取或沿用的演化发展路径密切相关(焦豪和崔瑜,2008)。因而,核心能力是企业存续的基础,进一步构建及发展的动态能力则是企业全面重塑核心能力,进而应对新形势、获得持续竞争优势的关键;动态能力从专注自身封闭式能力建构、强调秩序的垂直化制度体系、固定化决策管理,逐步转变为开放、互联和动态的战略性管控(尹西明和陈劲,2022)。

战略性新兴产业的发展,需要相关的资源、服务和核心能力(王娟和刘伟,2021),核心能力是构筑战略性新兴产业企业竞争力的基石,特定情景和产业环境下形成的核心能力是新兴产业在国际竞争中取得优势地位的关键,而战略性新兴产业企业的动态能力是战略驱动、动态发展、纵向整合和全面系统的新范式,不同创新主体依托的产业创新网络作为孕育、强化核心能力的重要载体,对企业培育和形成强大的动态能力具有重要作用。各主体围绕系统发展的关键要素,有效地组织和利用系统内外部各类资源培育其持续发展的核心能力,可以实现系统综合优势的最大化(王宏起等,2018)。面临新兴技术的高度不确定性及快速变化的新市场,战略性新兴产业企业需要构建自身动态能力以形成核心竞争优势,使企业的自身资源和能力与组织外部环境及其变化更好地匹配,从而在嵌入和参与新兴产业体系之中获得持续性的竞争优势,以推动企业创新发展。

4.1.2.3 企业成长理论

企业成长是量的成长、质的变化的总和,根本在于技术发展、市场扩张和在生产及分配等领域产生根本性变化。企业成长理论涉及企业行为、企业成长、组织结构和管理等基本问题。从企业成长的驱动力看,企业成长可以分为外生性成长理论和内生性成长理论。外生性成长理论强调企业的边界和生产率等外生变量,如既定技术、成本结构、市场供需等;内生性成长理论认为,企业剩余的、未被利用的资源是企业成长的基本条件,这些资源决定了企业的成长速率、成长方式及成长界限。

企业成长是规模扩展、知识积累与制度建设进行演化互动的过程,是各种因素共同作用的结果(邬爱其和贾生华,2002;杨林岩和赵驰,2010),主要取决于能否更为有效地利用资源,环境基础、资源与能力基础、制度基础和系统基础等,是影响企业成长的关键因素。产业企业应根据自身发展模式、技术水平、资源禀赋等方面的不同,科学制定发展战略,保障企业持续性成长,相关企业的成长取决于自身能力、要素禀赋和技术水平;政府科技项目的合理向导、企业技术战略联盟,以及功能完善的技术市场是促进相关企业成长的重要的影响因素(熊肖雷,2021)。前沿科技领域的重大突破是相关产业企业触发与成长的内在动力(龚惠群等,2011)。处于产业生命周期初期的战略性新兴产业企业,面临新技术、新模式、新市场等带来的极大风险和不确定性,倾向于获取组织支持的合法性,依托或者融合原有产业促进新兴技术的不断成熟,形成独特的动态能力,实现技术发展与市场扩张。

4.2 理论分析与基本假设

已有战略性新兴产业绩效的文献认为,中国战略性新兴产业的发展和创新不能单纯依靠市场,政府需要给予支持,研究主要关注中国战略性新兴产业政策的绩效评价(李胜会和刘金英,2015),讨论政府、产业政策的不同效应特别是政府补贴、税收优惠等政策工具对产业企业经济绩效、创新绩效的抑制、促进作用及影响机制(陈文俊等,2020;颜晓畅和黄桂田,2020;郭晓雨和张微,2023;肖振红等,2023);探讨战略性新兴产业政策对企业股权和实际控制权结构、规模、国有和非国有产权等属性差异的企业绩效影响(韩超等,2017;桂黄宝和李航,2019;赖玲玲和程跃,2022;田露和吴巧生,2023);研究提出内部创新资源可以显著提升战略性新兴产业上市企业创新绩效(张永安和胡佩,2019),企业异质性、公司治理等影响企业绩效(王沛和余丽霞,2019);董明放和韩先锋(2016)发现,研发投入强度与中国战略性新兴产业上市企业绩效之间存在非线性关联;欧阳峰和曾靖(2015)构建企业绩效影响因素评价指标体系,发现技术创新、管理创新和外部创新环境影响中国战略性新兴产业上市公司创新绩效。现有研究注意到政策、技术的作用,虽然涉及企业资源及异质性,但较少说明某一属性、类别的战略性新兴产业企业绩效影响因素及其效应,更少关注企业的异质性来源及其动态作用等因素对绩效的影响。由于战略性新兴产业的发展和创新,是相对独立的不同企业面对科技创新、产业市场和政策环境的选择行为,企业的设立和经营既受到初始资源禀赋、属性的约束,又受到自身功能和应对环境变化能力的影响,因而,融合企业初始资源禀赋、动态能力,讨论战略性新兴产业企业绩效,并通过不同触发模式企业的成长与创新绩效比较,有助于揭示不同触发模式企业绩效状况及其演化的影响因素,阐述战略性新兴产业企业异质性的绩效影响机制,增强产业政策的靶向性。

4.2.1 战略性新兴产业企业触发模式及其成长、创新绩效

源于技术驱动、市场选择、政府培育等作用,新兴产业的企业演化具有不同的作用机制(Caniëls & Romijn,2008;仲伟俊等,2014;龚惠群等,2018),因而,有必要进一步探讨战略性新兴产业企业 4 类典型触发模式及其成长、创新的绩效状况。以重大技术突破为基础的战略性新兴产业发展,市场培育、核心技术创新等极为关键(熊勇清等,2014;董明放和韩先锋,2016;姚潇颖等,2017;孙晓华等,2018)。基于资源及能力等禀赋差异,以及企业成长等理论,前书提出战略性新兴产业企业 4 种典型触发模式,即政府机构及国企触发型企业、民营及外资企业触发型企业、大学和研究机构触发型企业、自然人创业触发型企业,这里可以进一步分析相关企业在成长绩效和创新绩效方面的可能特征及其作用机制。

政府机构及国企触发型企业。新兴产业的兴起需要新的能力、制度支持和组织形式,并不完全由新兴科技发展、新兴技术的进程决定,或者完全由市场驱动,政策支持、制度供给影响新兴发展(Conti et al.,2013;Rasiah et al.,2016;刘志高等,2016;黄凯南和乔元波,2018;Yin et al.,2022),政产关系、产业基础设施等影响新技术的商业化机会和产业演化(Andersson & Klepper,2013;Colombelli et al.,2014;黄凯南和乔元波,2018;Wang et al.,2021)。政府相关机构及国企孕育的战略性新兴产业企业,与政府及其所属机构联系紧密,能够向市场和外部投资者传递积极信号,促进外部机构投资、合作开发新技术,吸引市场对其关键产品的需求(王利政,2011;方刚等,2016)),创造、扩大市场需求;基于政府相关机构及国企的社会经济发展定位,这类触发企业更倾向于响应国家战略,可以更便捷地享受技术研发、市场培育等方面的政策激励,或者利用政府供给的公

共基础设施、创新合作平台、金融资助、土地资源等支持甚至股权投资,在积极推进经营与创新活动的同时,减少经营、研发风险,获得新兴产业技术研发、市场培育和竞争等方面的优势,改善企业的发展和创新绩效(方刚等,2016;Minford & Meenagh,2018;沙德春和胡鑫慧,2022)。

民营及外资企业触发型企业。要素禀赋及其配置、资源支持条件及市场结构,可能影响技术选择及潜在市场价值的实现,导致新兴产业企业发展质量和绩效的变化(蔡莉等,2018)。民营及外资企业衍生触发的战略性新兴产业企业,依托民营及外资企业已有的知识、人才、技术等资源,可以利用孕育主体的资本、市场、机制优势,以及产业组织、流程与惯例等支持,降低触发企业的技术研发成本,更有效地开展新兴技术研发及其商业化、产业化,更快速地响应市场并提高市场份额,为新触发企业的高增长和创新产出提供良好支撑(崔杰,2020)。

大学和科研机构触发型企业。新兴产业的技术突破可能先于市场启动,技术变革与融合的创造性破坏过程,构建和改变产业关联、创造新兴产业(Krafft et al.,2014;黄鲁成等,2017);技术发展和积累提供补充或支持型的要素、创造机会领域(Pisano,2006;孙晓华等,2018),但技术创新本身需要技术和市场的匹配,并受要素市场、市场结构等影响(Bento & Fontes,2019)。大学、科研机构作为创新主体,既可以供给战略性新兴产业的技术创新,也可能孕育、触发战略性新兴产业企业。这类企业与相关大学、科研机构关联学科的创新发展联系密切,可以依托其大学及科研机构在相关领域的知识创新及积累、研发设施和成果、人力资本、合作平台,更好地利用技术知识创新和稀缺资源,并通过技术转移增强自身技术能力,获得更好的自主创新能力,吸引、集聚相关要素,更快、更经济地实现新技术创新,推动新兴技术的商业化与应用,促进相关企业的市场扩张和技术创新(卞庆珍等,2018;马力和陈子薇,2020)。

自然人创业触发型企业。自然人基于机会窗口、有利的创新环境支持,设立战略性新兴产业企业,具有明显的创业导向,企业绩效与企业家的知识、能力、经验等密切相关(Szerb et al.,2019);或者基于信息及知识的传播与共享、自有资源与社会资源的协调与整合等,可能带来新兴技术的创新突破、市场需求的快速响应甚至创造领先技术和垄断市场、新商业模式,从而获得新兴产业企业触发的先发或后发优势和机遇,导致良好的发展及创新绩效。由于创业的本质是资源高度约束下追逐机会并创造价值的过程,资源存量、外部环境可能影响新创企业的选择与培育(Quitzow,2015;汤长安等,2018;许珂和耿成轩,2018)。不过,相比于其他类型触发企业,自然人创业触发型企业一般存在人力资本、社会资本、物质资本等方面的不足,可能导致企业的成长相对较为缓慢(胡望斌,2022);由于创业者拥有的资源较少、决策容错率较低,面对新兴市场的高度不确定性、风险性,更可能导致认知偏差和市场拓展等方面的保守决策(程龙等,2022),更可能倾向于通过学习或利用已有技术进行产品化、商业化,快速提高企业收益,而不是进行探索性的新知识创造及研发,因而具有一定的自身局限性(黄方超和张文松,2007;童欣等,2022)。因此,自然人创业触发型的战略性新兴产业企业,在成长、创新绩效上的表现可能不如其他类型的触发模式企业。

基于上述分析,可以假定:相比于自然人创业触发型企业,政府机构及国企触发型、民营及外资企业触发型、大学和科研机构触发型的战略性新兴产业企业具有更高的成长绩效与创新绩效。

4.2.2 战略性新兴产业企业的动态能力与企业绩效

4.2.2.1 战略性新兴产业企业的动态能力及其维度

战略性新兴产业企业的设立、触发,不仅取决于发起人获得、拥有或控制的资源和能力,而且取决于企业感知、适应和响应技术进步、新兴市场发展和政策激励等外部环境变化的状况。这与开放式创新理论是一致的(Chesbrough,2006)。动态能力是企业为应对环境变化,动态地整合、建立和重构内外部资源、技术和竞争力的能力(Teece et al.,1997)。这种能力包括环境洞察能力、变革更新能力、技术柔性能力与组织性能力(焦豪和崔瑜,2008),或者划分为适应能力、吸收能力和创新能力(Wang et al.,2007)。本书参考冯军政和魏江(2011)、卢启程等(2018)的研究,将企业的动态能力划分为感知响应能力、整合利用能力、知识创造能力3个维度,即企业对环境变化的感知和响应能力、企业整合利用内外知识和其他资源适应变化与把握机会的能力,以及企业重构和创新以改变和提升运营的能力。

4.2.2.2 战略性新兴产业企业的动态能力与其成长、创新绩效

特定产业环境形成的动态能力是新兴产业企业取得良好绩效的关键(王伟光等,2015)。动态能力良好的企业能够更敏锐地感知外部环境变化,并通过获取、整合、重构资源配置,更好地满足顾客和市场需求,形成战略转型和新的商业模式(Teece,2018;邹建辉和陈德智,2020)。

从成长绩效方面看,动态能力有助于企业知识资本结构要素间的互动,提高企业对环境的适应性和持续成长优势(Fainshmidt et al.,2019)。战略性新兴产业企业依赖于知识资本的获取、积累、增值和价值实现,并通过知识资本各结构要素之间的互动形成企业独特的动态能力,使企业能够不断适应外部环境,实现快速成长(沈群红和庄伟钢,1998;薛明慧等,2011)。新兴市场、新兴技术要求企业审视自身能力能否应对新需求,企业通过动态能力不断地整合、再配置、再创造相关资源和核心能力,感知、预测和应对外部环境,打破原有的组织惯例,重新规划内部制度、优化资源等,发现新的市场机遇,创造更大的商业用途,从而获得更多成长机会,扩大市场份额,有助于企业在经济、管理和技术方面获得差异化的成功,持续保持或者改变竞争优势,获得良好的成长绩效(Wang et al.,2007;Helfat & Winter,2011;Stadler et al.,2013;王炳成等,2021)。进一步地,环境响应等是新创企业成长的关键要素(姚翔和徐艳梅,2013),感知学习能力的提高,有助于企业认知新的使命、顾客,多渠道获取关键信息、解析产业结构变化,理解和利用新兴技术、新兴市场的机遇及目标市场变化,及时投资与整合利用相关资源,并通过组织变革、技能学习提升或重构组织运营能力以适应变化,更好地为顾客提供产品和服务,开拓新的市场,从而提高销售收入和市场占有率,有效减少不确定性和规避风险,调整经营策略,响应市场需求,实现生存与发展(李梅等,2022);企业整合能力通过改变现有资源组合,加强资源的协调性与灵活性,提升企业内部资源利用效率,促使企业高效开发和生产新产品、新业务等,占领市场份额,加速企业市场扩张与成长(Cooper & Slagmulder,2004);知识创造能力的提高,将推进企业培育和塑造知识等资源的异质性,增强企业的技术创新及产品创新能力,通过产生新的知识、产品和流程,创造竞争优势,提高企业的竞争力和战略柔性,提升企业成长绩效(Hunt & Morgan,1996;Newbert,2005;戴亦兰和张卫国,2018)。

从创新绩效方面看,动态能力对组织创新具有积极影响(Rothaermel & Hess,2007;Shafia et al.,2016)。一方面,动态能力使企业不断地获取、吸收和利用新知识、技术等,为企业积累创新资源、提高创新效率(Rothaermel & Hess,2007),更好地洞察、感知新市场和客户需求及其变化,在发现和识别创新机会、创新资源的同时,促使企业内部变革,有效配置和优化整合内外知识与其他相关资源及能力,快速有效地研发新工艺与新产品、改进流程、创新商业模式,将创新机会和创新资源转化为创新成果,促进创新绩效的提升(邹建辉和陈德智,2020)。另一方面,动态能力有助于新兴产业企业保持足够的灵活性和适应性,通过扩展、改变和创造运营惯例和创新的合法性,增加创新成功的可能性,并通过重构和建立新产业的营运和创新能力,更成功地实现利基创造和颠覆性创新(Ellonen et al.,2009;张晓军等,2010;董保宝,2011;傅宇等,2018)。从动态能力的3个维度来看,感知学习能力通过吸纳异质性知识,捕捉外部创新机会,促使企业解决技术研发与创新中可能遇到的问题,正向促进企业创新(乔鹏程和张岩松,2023);资源整合能力帮助企业高效吸收整合内外部资源,完成知识积累与内化,并与企业自身发展相匹配,为提高创新绩效打下基础;知识创造能力促使企业克服内生性资源有限的束缚,将积累的知识融合,为组织提供新思想、新理念,从而促进新产品、新技术的开发,实现企业创新绩效提升(周妮娜等,2022)。

因此,可以假定:动态能力对战略性新兴产业企业成长绩效、创新绩效具有显著正向影响。

4.2.3 战略性新兴产业企业动态能力的中介作用

根据资源基础理论,有价值的资源影响企业绩效,企业通过获取、整合与开发资源在变化的动态市场中保持持续的竞争优势(Barney,1991),动态能力有助于新创企业识别、获取、整合和利用资源,开展创新活动、满足市场需求,在为客户提供产品或服务的过程中实现价值创造,实现成长与创新(葛宝山和董保宝,2009;William,2013;刘刚等,2017)。战略性新兴产业的企业触发是新技术的产生、新市场的形成或市场发生重大变革的过程,不同触发模式的战略性新兴产业企业,根据主体功能、资源禀赋等进行新兴科技的研发及其商业化活动,获得新的知识、技术、资源和能力,形成和培育动态能力,进而识别有价值的机遇和资源,获取、整合、协调、改造和重新配置相关资源,对企业的市场绩效和创新绩效产生重要影响(Wu,2007;王钦等,2017)。相关企业应对新兴技术和市场演化,取决于企业对科技进步、市场环境的感知,对内外知识和其他资源的整合,以及资源配置模式、运营流程和惯例的创造性优化,通过产品、商业模式等的创新满足甚至创造市场需求,因而,在功能、资源和关键活动等方面存在异质性的不同类型触发企业,可以建立和提升动态能力,并通过动态能力促进企业的发展和创新,即不同触发模式的企业与合适的动态能力等进行匹配,能够提升企业绩效。动态能力相对较强的相关企业,能够获取更多的新技术和资源、更有效地整合与配置资源,从而更大幅度地提高企业的技术创新频率、发展规模和整体绩效(刘刚等,2017;方勇等,2020)。为此,本书认为动态能力在战略性新兴产业企业触发模式和绩效之间起中介作用,提出如下假设:动态能力在战略性新兴产业企业触发模式和绩效之间具有中介作用。

4.3 模型设定与数据来源

4.3.1 模型与变量

根据前文分析,并考虑企业年龄、企业规模、企业的融资约束影响,建立模型:

$$\text{ROE}_{it} = \beta_0 + \beta_1 \text{Mode}_{it} + \beta_2 \text{Age}_{it} + \beta_3 \text{Scale}_{it} + \beta_4 \text{Lev}_{it} + \xi_{it} \quad (4.1)$$

$$\text{Inno}_{it} = \beta_0 + \beta_1 \text{Mode}_{it} + \beta_2 \text{Age}_{it} + \beta_3 \text{Scale}_{it} + \beta_4 \text{Lev}_{it} + \xi_{it} \quad (4.2)$$

检验战略性新兴产业不同触发模式企业的成长绩效、创新绩效差异

$$\text{ROE}_{it} = \beta_0 + \beta_1 \text{DC}_{it} + \beta_2 \text{Age}_{it} + \beta_3 \text{Scale}_{it} + \beta_4 \text{Lev}_{it} + \xi_{it} \quad (4.3)$$

$$\text{Inno}_{it} = \beta_0 + \beta_1 \text{DC}_{it} + \beta_2 \text{Age}_{it} + \beta_3 \text{Scale}_{it} + \beta_4 \text{Lev}_{it} + \xi_{it} \quad (4.4)$$

检验战略性新兴产业触发企业的动态能力与其成长绩效、创新绩效关系;

$$\text{DC}_{it} = \beta_0 + \beta_1 \text{Mode}_{it} + \beta_2 \text{Age}_{it} + \beta_3 \text{Scale}_{it} + \beta_4 \text{Lev}_{it} + \xi_{it} \quad (4.5)$$

$$\text{ROE}_{it} = \beta_0 + \beta_1 \text{Mode}_{it} + \beta_2 \text{DC}_{it} + \beta_3 \text{Age}_{it} + \beta_4 \text{Scale}_{it} + \beta_5 \text{Lev}_{it} + \xi_{it} \quad (4.6)$$

$$\text{Inno}_{it} = \beta_0 + \beta_1 \text{Mode}_{it} + \beta_2 \text{DC}_{it} + \beta_3 \text{Age}_{it} + \beta_4 \text{Scale}_{it} + \beta_5 \text{Lev}_{it} + \xi_{it} \quad (4.7)$$

分别检验不同触发模式下战略性新兴产业企业的动态能力差异,以及动态能力对企业成长绩效、创新绩效的影响。其中:ROE、Inno 分别表示企业成长绩效、创新绩效;Mode、DC、Age、Scale、Lev 分别表示企业触发模式、动态能力、企业年龄、企业规模、企业资产负债率;下标 i、t 分别表示企业、年份;β_0 为常数项;ξ_{it} 为误差项。根据研究内容的需要和获取数据的特征,课题同时有效地控制个体效应与时间效应,采取双向固定效应模型进行模型设定,并通过聚类稳健标准误聚类于企业层面,以消除异方差造成的偏误。

被解释变量:企业绩效,分为成长绩效(ROE)、创新绩效(Inno)。因为财务数据测度企业绩效比较真实、准确,采用净资产收益率(ROE),即净利润与股东权益余额的比值,能够有效反映企业的成长机会、动态特征,测度企业的成长绩效(贺小刚,2011;李苗苗等,2022);专利数量是衡量企业技术创新的重要指标

(Acs et al.,2002),参考乔森和曾恒芳(2019)的研究,选取专利产出的总数作为创新绩效的代理变量,并借鉴参考李依诺和刘慧(2022)的测度方法,采用专利申请数+1的自然对数来衡量。

解释变量:企业触发模式(Mode)。课题借鉴杨小科等(2021)、宋芳秀等(2010)的成果,根据孕育企业实际控制人或者最主要控股股东的主体属性,对样本企业触发模式类型进行判定及分类,如果设立新企业的实际控制人、最主要控股股东为自然人,则该企业为自然人创业触发型(Civilian);如果设立新企业的实际控制人、最主要控股股东为政府相关机构、国有企业,则该企业为政府机构及国企触发型(Government);同理,分为民营及外资企业触发型(Enterprise)、大学和科研机构触发型(Science)。借鉴肖海莲等(2016)的研究,引入企业触发模式类型的虚拟变量,即当企业为政府相关机构及国企触发时,赋值为1,否则为0,其他3类触发模式以此处理。

中介变量:动态能力(DC)。动态能力的测度综合考虑感知学习能力、资源整合能力和知识创造能力。动态能力的3个维度的具体测度方法如下。

感知学习能力(TP),反映企业学习及对外部机会、资源的吸收能力。战略性新兴产业以重大技术突破为特征,研发人员是企业最重要的知识来源,在一定程度上可以反映企业的学习能力强弱,参考徐宁和徐向艺(2012)的研究,采用研发人员数量的自然对数进行衡量。

资源整合能力(TAT),反映企业对获取的资源进行整合并转化为自身资源的能力。总资产周转率体现企业整合资源状况,总资产周转率越高,企业的整合能力越强(肖鹏等,2019),借鉴盛宇华和蒋后卿(2018)、王成东等(2023)的方法,选取总资产周转率作为资源整合能力的测度指标,即资源整合能力=营业收入/平均资产总额。

知识创造能力(RD),是企业实现资源再创造的重要指标。研发投入一定程度上反映了企业的未来收益期望,是企业开展研发活动形成新技术、新工艺及新发明等,进而提升企业绩效的重要基础;结合罗公利等(2022)的研究,采用研发支出的自然对数衡量企业的知识创造能力。

由于熵权法通过各指标的熵值提供的信息量大小来决定指标权重,是一种较为客观的赋权方法(章穗等,2010)。课题借鉴李梅等(2022)对动态能力的计算方法,采用熵权法对样本企业的感知学习能力、资源整合能力和知识创造能力3个维度赋予客观权重,计算得到动态能力综合指标,具体计算过程如下。

第一步,标准化处理。研究共 286 个样本企业、3 个动态能力维度指标,X_{ij} 表示第 i 个样本的第 j 个指标。其中 $i=1,2,\cdots,286;j=1,2,3$,下同。

$$Y_{ij} = \frac{X_{ij} - \min(X_{ij})}{\max(X_{ij}) - \min(X_{ij})}$$

第二步,计算第 j 个指标中第 i 个样本的比重 P_{ij}:

$$P_{ij} = \frac{Y_{ij}}{\sum_{i=1}^{i=286} Y_{ij}}$$

第三步,计算第 j 个指标的信息熵 E_j:

$$E_j = -\ln(m)^{-1} \sum_{i=1}^{i=286} P_{ij} \ln P_{ij}$$

第四步,计算各指标熵权 W_j:

$$W_j = \frac{1 - E_j}{\sum_{j=1}^{j=3}(1 - E_j)}$$

第五步,计算综合得分 S_i:

$$S_i = \sum_{j=1}^{j=3} W_j P_{ij}$$

控制变量:根据相关研究,课题选取企业年龄、企业规模、资产负债率。

企业年龄(Age)。不同年龄的企业可能面临不同的战略活动优先性及资源限制等,企业年龄越长,所拥有的技术和资源越丰富,但也可能有较差的创新灵活性(郑登攀等,2022)。随着企业年龄的增加,企业成长速度也会逐渐减慢(王保林等,2019)。参考贾佳和刘小元(2020)的研究,采用当年减去成立年份来衡量企业年龄。

企业规模(Scale)。企业创新与企业成长和企业自身特质具有紧密联系,企业规模是影响企业创新的重要因素。参考罗拥华等(2022)的研究,采用企业年末总资产来衡量企业规模,并作取自然对数处理,消除规模效应的影响。

资产负债率(Lev)。资产负债率反映了企业利用债权人提供的资金进行经营活动的能力,可能对企业绩效产生重要影响。参考赵淑芳和王晓通(2022)的研究,选择资产负债率作为控制变量。具体的变量名称和测度方法见表4.3。

表 4.3 变量名称与测度方法

变量	名称	符号	测度方法
企业绩效	成长绩效	ROE	净利润与股东权益余额的比值
	创新绩效	Inno	专利申请数加1的自然对数
企业触发模式	政府相关机构/国企触发	Government	样本企业为政府相关机构/国企触发时,赋值为1,否则为0;其他3类以此类推
	民营/外资企业衍生触发	Enterprise	
	科研机构/大学触发	Science	
	自然人创业触发	Civilian	
动态能力	动态能力综合指标	DC	利用熵权法计算
	感知学习能力	TP	技术人员数量的自然对数
	资源整合能力	TAT	营业收入与平均资产总额的比值
	知识创造能力	RD	研发支出的自然对数
控制变量	企业年龄	Age	当年减去成立年份
	企业规模	Scale	年末总资产的自然对数
	资产负债率	Lev	负债合计与资产总计的比值
	个体	Code	个体虚拟变量
	年份	Year	年份虚拟变量

4.3.2 样本选择与数据来源

2012年7月,国务院出台《"十二五"国家战略性新兴产业发展规划》,将战略性新兴产业进一步细分并分类制定具体发展目标,战略性新兴产业政策开始逐步在全国范围内实施(巫强等,2022);2017年,中证指数有限公司和上海证券交易所正式发布中国战略性新兴产业综合指数,包含1117家战略性新兴产业上市企业;考虑专利自申请到公布一般需要18个月(李晨乐和余靖雯,2015),基于数据的可得性,课题选取中国战略性新兴产业综合指数所列战略性新兴产业上市公司作为初始样本,依据以下标准对初始样本进行筛选:剔除ST和ST*企业,剔除存在数据缺失的企业,剔除数据存在异常值的企业;数据检索范围确定为2013年1月1日至2021年12月31日。为了排除极端值的影响,对样本中的所有连续变量进行了1%和99%的缩尾处理,经过筛选后共有286家企业、2574个样本量。

研究数据主要来源于国泰安数据库(CSMAR)、WIND数据库上市公司年报和国家知识产权局。企业触发模式、资源整合能力、成长绩效、企业年龄、企业规模、资产负债率的数据来自国泰安数据库的上市公司数据,并根据前文对企业触发模式的划分,对样本企业进行逐一手动分类;感知学习能力、知识创造能力的数据来自WIND数据库;创新绩效数据通过国家知识产权局的专利检索及分析数据库进行手工收集,检索条件为"申请人=样本公司中文全称"。

4种触发模式的中国战略性新兴产业企业在有效总样本中所占比例,如表4.4所示。自然人创业触发型企业93家,约占总样本的32.5%;政府机构及国企触发型企业共88家,约占总样本的30.8%;民营及外资企业触发型企业91家,约占总样本的31.8%;大学和科研机构触发型企业14家,约占总样本的4.9%。可以看出,有效样本中,自然人创业触发型、民营及外资企业触发型、政府机构及国企触发型的企业占比较高,整体上说明中国战略性新兴产业的发展和政策激励为自然人创业提供了新的市场与创业机会,促进了自然人创业触发型企业的兴起;民营及外资企业利用战略性新兴产业的政策优惠、市场需求机会,积极拓展,在壮大战略性新兴产业的过程中发挥了重要作用,政府机构及国有企业受创新政策、引导及支持,积极参与战略性新兴产业企业的创建,在战略性新兴产业发展中取得了显著成效。但是,大学和科研机构触发型企业相对较少,可能的原因:一是大学和科研机构孕育的新设企业,主要目的可能是实现科研成果的商业价值,除了创办企业,大学和科研机构还可以通过与其他组织直接交易来实现利益交换(秦佩恒等,2020);二是相比于作为企业的控股或控制性主体,大学和科研机构选择参股投资或者服务引导等方式更为常见,因而大学和科研机构孕育的企业可能主要由其他企业、机构等主体控股或控制而设立、触发(Bjornali & Gulbrandsen,2010;丁雪辰和柳卸林,2021)。

表 4.4 不同触发模式的战略性新兴产业上市企业占比

企业触发模式	企业数量	占总样本比/%
自然人创业触发型	93	32.5
政府机构及国企触发型	88	30.8
民营及外资企业触发型	91	31.8
大学和科研机构触发型	14	4.9

4.4 实证结果与分析

本书运用Stata15.1统计软件对研究变量进行统计分析。

4.4.1 描述性统计分析

描述性统计分析结果见表4.5。战略性新兴产业上市企业以净资产收益率表示的成长绩效的最大值和最小值,分别为0.300、-0.414,平均值为0.061,标准差为0.096,说明战略性新兴产业上市企业的成长绩效总体相对较低且存在一定差距;专利申请数量表示的创新绩效最大值和最小值,分别为7.102、0,平均值为2.841,标准差为1.540,说明战略性新兴产业上市企业的创新绩效波动性较大。

4类典型企业触发模式的平均值分别为0.308、0.318、0.049、0.325,即4类触发企业模式在样本企业中的占比分别为30.8%、31.8%、4.9%、32.5%,说明战略性新兴产业上市企业触发模式的数量存在区别。战略性新兴产业上市企业动态能力的最大值和最小值分别为0.555、0.103,平均值为0.271,标准差为0.084,说明战略性新兴产业上市企业的动态能力具有一定差异。其中,感知学习能力的最大值和最小值分别为9.472、3.932,平均值为6.513,标准差为1.173,说明战略性新兴产业上市企业的感知学习能力具有较大差异;资源整合能力的最大值和最小值分别为1.756、0.129,平均值为0.552,标准差为0.284,说明战略性新兴产业上市企业的资源整合能力差距较小;知识创造能力的最大值和最小值分别为22.130、15.260,平均值为18.730,标准差为1.354,说明战略性新兴产业上市企业的知识创造能力具有一定差异。从控制变量看,企业年龄的最大值和最小值分别为32、6,平均值为17.680,标准差为5.309,说明战略性新兴产业上市企业的触发时间具有较大差异;企业规模的最大值和最小值分别为26.000、20.440,平均值为22.480,标准差为1.151,说明战略性新兴产业上市企业规模总体波动较小;资产负债率的最大值和最小值分别为0.804、0.0638,平均值为0.403,标准差为0.181,说明中国战略性新兴产业上市企业的资产负债率存在差异性。

表4.5 变量的描述性统计分析

Variable(变量)	N(样本数)	mean(平均值)	sd(标准差)	min(最小值)	max(最大值)
ROE	2574	0.061	0.096	−0.414	0.300
Inno	2574	2.841	1.540	0	7.102
Government	2574	0.308	0.462	0	1
Enterprise	2574	0.318	0.466	0	1
Science	2574	0.049	0.216	0	1
Civilian	2574	0.325	0.469	0	1
TP	2574	6.513	1.173	3.932	9.472
TAT	2574	0.552	0.284	0.129	1.756
RD	2574	18.730	1.354	15.260	22.130
DC	2574	0.271	0.084	0.103	0.555
Age	2574	17.680	5.309	6	32
Scale	2574	22.480	1.151	20.440	26.000
Lev	2574	0.403	0.181	0.0638	0.804

4.4.2 相关性分析

为了解模型中主要变量之间的关系,对变量进行 Pearson 相关系数检验,结果如表 4.6 所示。从战略性新兴产业企业触发模式与企业绩效的相关关系来看:仅大学和科研机构触发型的企业模式与企业成长绩效具有显著正相关关系,其他触发模式的企业与其成长绩效无显著相关关系;仅政府机构及国企触发型的企业模式与企业创新绩效具有显著正相关关系,其他触发模式的企业与其创新绩效无显著相关关系。

从动态能力与战略性新兴产业企业绩效的相关关系来看:感知学习能力、资源整合能力、知识创造能力与战略性新兴产业上市企业成长绩效的相关系数分别为 0.225、0.244、0.228,均在 1% 显著性水平上显著,说明动态能力的 3 个维度均能显著提升战略性新兴产业上市企业成长绩效;感知学习能力、资源整合能力、知识创造能力与战略性新兴产业上市企业创新绩效的相关系数分别为 0.591、0.153、0.657,均在 1% 显著性水平上显著,说明动态能力的 3 个维度均能显著提升战略性新兴产业上市企业创新绩效。

从控制变量与战略性新兴产业企业绩效的相关关系来看:企业年龄与战略性新兴产业上市企业成长绩效无显著相关关系;企业规模与战略性新兴产业上市企业成长绩效具有显著正相关关系,且系数在 1% 显著性水平上显著;资产负债率与战略性新兴产业上市企业成长绩效具有显著负相关关系,且系数在 1% 显著性水平上显著。企业年龄、企业规模、资产负债率均与战略性新兴产业上市企业创新绩效具有显著正相关关系,且系数均在 1% 显著性水平上显著。由于 Pearson 相关系数检验仅考虑了两两变量之间的相关性,忽略了其他控制变量等因素的影响,因此需要通过面板回归进一步检验分析。

4.4.3 共线性检验分析

讨论变量间可能存在的多重共线性。进一步对连续变量进行方差膨胀因子(VIF)检验,结果如表 4.7 所示。由表 4.7 可知,各变量的 VIF 值均小于 5,且容差(1/VIF)均大于 0.2,说明变量之间不存在多重共线性,适合做进一步的检验分析。

表 4.6 变量的相关系数分析

变量	ROE	Inno	Government	Enterprise	Science	TP	TAT	RD
ROE	1							
Inno	0.140***	1						
Government	-0.005	0.181***	1					
Enterprise	0.030	-0.011	-0.455***	1				
Science	0.044**	0.031	-0.151***	-0.155***	1			
TP	0.225***	0.591***	0.181***	0.019	0.070***	1		
TAT	0.244***	0.153***	0.153***	0.059***	0.028	0.209***	1	
RD	0.228***	0.657***	0.158***	0.031	0.011	0.810***	0.283***	1
Age	-0.011	0.146***	0.224***	0.041**	0.014	0.158***	0.069***	0.186***
Scale	0.168***	0.574***	0.295***	0.013	-0.013	0.664***	0.107***	0.732***
Lev	-0.133***	0.330***	0.269***	0.017	0.028	0.332***	0.182***	0.333***

变量	Age	Scale	Lev
Age	1		
Scale	0.236***	1	
Lev	0.188***	0.518***	1

注:"*""**""***"分别表示10%、5%、1%的显著性水平。后同。

表 4.7 变量的共线性检验分析

Variable	VIF	1/VIF
Government	1.760	0.569
Enterprise	1.490	0.671
Science	1.150	0.873
TP	3.070	0.326
TAT	1.210	0.829
RD	4.010	0.249
Age	1.120	0.890
Scale	2.990	0.334
Lev	1.460	0.685
MeanVIF	2.030	

4.4.4 平稳性检验与协整性检验

平稳性检验。由于课题的数据库为 N=286、T=9 的面板数据,为防止出现"伪回归"或"伪相关"的问题,在进行面板数据分析之前需要对面板数据的各个变量进行平稳性检验。此外,研究样本属于短面板数据,因此采用 HT 检验对样本序列的平稳性进行检验,结果如表4.8所示,除企业年龄、企业规模之外,其他变量 HT 检验的 P 值都小于 0.05,通过了平稳性检验。

表 4.8 平稳性检验

Variable	阶数	st	Z	P_value	结论
ROE	0	−0.187	−22.275	0.000	平稳
	二阶差分	−0.688	−32.145	0.000	平稳

续表 4.8

Variable	阶数	st	Z	P_value	结论
Inno	0	0.025	−12.922	0.000	平稳
	二阶差分	−0.565	−27.519	0.000	平稳
TP	0	0.254	−2.852	0.002	平稳
	二阶差分	−0.468	−23.865	0.000	平稳
TAT	0	0.223	−4.190	0.000	平稳
	二阶差分	−0.478	−24.238	0.000	平稳
RD	0	0.277	−1.809	0.035	平稳
	二阶差分	−0.470	−23.939	0.000	平稳
DC	0	0.280	−1.686	0.046	平稳
	二阶差分	−0.462	−23.635	0.000	平稳
Age	0	0.479	7.095	1.000	不平稳
	二阶差分	0.002	−6.188	0.000	平稳
Scale	0	0.417	4.343	1.000	不平稳
	二阶差分	−0.430	−22.419	0.000	平稳
Lev	0	0.274	−1.940	0.026	平稳
	二阶差分	−0.493	−24.794	0.000	平稳

协整性检验。由于变量企业年龄、企业规模不平稳,因此需要对变量进行进一步协整检验。在平稳性检验的基础之上,采用 Kao 检验对面板数据的协整性进行分析和检验,结果如表 4.9 所示,统计量的 P 值均小于 0.05,意味着通过了协整性检验,变量间存在长期动态的均衡关系,可以继续使用原序列变量数据进行回归分析。

表 4.9 协整性检验

检验值	Statistic	P_value	结论
Modified Dickey-Fullert(修正的迪基—富勒检验)	−12.422	0.000	协整
Dickey-Fullert(迪基-富勒检验)	−22.270	0.000	协整
Augmented Dickey-Fullert(增强型迪基-富勒检验)	−10.297	0.000	协整
Unadjusted modified Dickey-Fullert(未调整的修正迪基-富勒检验)	−21.643	0.000	协整

4.4.5 面板模型选择及回归分析结果

4.4.5.1 企业触发模式类型对战略性新兴产业上市企业绩效的影响

以自然人创业触发型企业模式作为参照,考察不同类型触发模式的企业绩效差异,企业触发模式对企业绩效影响的回归结果如表 4.10 所示。在战略性新兴产业上市企业中,相比于自然人创业触发型企业,政府机构及国企触发型、民营及外资企业触发型、大学和科研机构触发型的企业模式对企业成长绩效、创新绩效均表现为正向显著影响。

表 4.10 企业触发模式对战略性新兴产业企业绩效的影响

变量\模型	模型 1 Inno	模型 2 ROE
Government	0.080**	1.783***
	(1.99)	(2.78)
Enterprise	0.166***	1.445***
	(4.80)	(4.13)

续表 4.10

模型 变量	模型 1 Inno	模型 2 ROE
Science	0.203 * * *	1.073 *
	(5.86)	(1.90)
Age	0.001	−0.329 * * *
	(0.12)	(−4.30)
Scale	0.043 * * *	0.702 * * *
	(5.70)	(11.68)
Lev	−0.230 * * *	−0.473 * *
	(−7.63)	(−2.37)
Constant	−0.855 * * *	−8.765 * * *
	(−4.93)	(−5.27)
个体	Yes	Yes
年份	Yes	Yes
观测值	2574	2574
Adjusted R^2	0.375	0.760

战略性新兴产业企业触发模式对企业成长绩效的影响。由模型1可知,在战略性新兴产业上市企业中,相比于自然人创业触发型企业,政府机构及国企触发型企业、民营及外资企业触发型企业、大学和科研机构触发型企业对企业成长绩效具有显著正向影响。其中,政府机构及国企触发型企业对其成长绩效的影响系数为0.080,在5%显著性水平上显著,说明相比于自然人创业触发型企业,政府机构及国企触发型企业能显著提高成长绩效;民营及外资企业触发型企业对其成长绩效的影响系数为0.166,在1%显著性水平上显著,说明相比于自然人创业触发型企业,民营及外资企业触发型企业可以显著提高企业的成长绩效;大学和科研机构触发型企业对成长绩效的影响系数为0.203,在1%显著性水平上显著,说明相比于自然人创业触发型企业,大学和科研机构触发型企业能够显

著正向影响企业的成长绩效,其影响系数在4类典型企业触发模式中相对最高。一个可能的原因是大学和科研机构触发型企业依托于大学和科研机构的创新资源和成果,能够快速实现科研成果的商业化,正向促进企业成长。

战略性新兴产业企业触发模式对企业创新绩效的影响。由模型2可知,政府机构及国企触发型企业、民营及外资企业触发型企业、大学和科研机构触发型企业对企业创新绩效的影响系数分别为1.783、1.445、1.073,并分别在1%、1%、10%水平上显著,说明相比于自然人创业触发型企业,政府机构及国企触发型企业、民营及外资企业触发型企业、大学与科研机构触发型企业对企业创新绩效具有显著正向影响,而且政府机构及国企触发型的企业影响系数相对于其他触发型企业更高。其中,政府机构及国企触发型企业对其创新绩效的影响系数为1.783,在1%显著性水平上显著,说明相比于自然人创业触发型企业,政府机构及国企触发型企业可以显著正向影响相关企业的创新绩效,其影响系数相对于其他触发型企业也较高。一个可能的原因是,战略性新兴产业的创新不确定性大、投入多,政府机构及国企触发型企业更容易获得政府创新政策激励和创新资源的支持,促进企业创新绩效提升。民营及外资企业触发型企业对其创新绩效的影响系数为1.445,在1%显著性水平上显著,说明相比于自然人创业触发型企业,民营及外资企业触发型企业可以显著提高创新绩效,可能的原因是这类战略性新兴产业企业能够与母体企业合作、共享创新资源,进行创新活动,形成协同创新效应,节省研发成本和创新投入,有助于改进企业创新绩效。大学和科研机构触发型企业对其创新绩效的影响系数为1.073,在10%显著性水平上显著,说明相比于自然人创业触发型企业,大学和科研机构触发型战略性新兴产业企业可以显著正向影响其创新绩效,原因可能是相关企业依托于学术组织及大学的优势学科与科技实力,能够获得和分享知识、技术、人才等创新要素,促进企业的活动。

4.4.5.2 动态能力对战略性新兴产业上市企业绩效的影响

动态能力对战略性新兴产业企业绩效影响的回归分析结果,如表4.11所示。由模型3可知,动态能力对战略性新兴产业企业成长绩效的影响系数为0.643,在1%显著性水平上显著,说明动态能力对战略性新兴产业企业的成长绩效具有显著正向影响;由模型4可知,动态能力对战略性新兴产业上市企业创新绩效的影响系数为0.851,在10%显著性水平上显著,说明动态能力能够显著提升战略性新兴产业企业的创新绩效。

4 战略性新兴产业企业触发模式、动态能力与绩效关系研究

表 4.11 变量的相关系数分析

模型 变量	模型 3 Inno	模型 4 ROE
DC	0.643***	0.851*
	(11.89)	(1.70)
Age	0.002	−0.328***
	(0.37)	(−4.24)
Scale	0.033***	0.689***
	(4.53)	(11.45)
Lev	−0.255***	−0.506**
	(−8.77)	(−2.51)
Constant	−0.765***	−6.968***
	(−4.36)	(−3.43)
个体	Yes	Yes
年份	Yes	Yes
观测值	2574	2574
Adjusted R^2	0.423	0.761

进一步检验动态能力不同维度对战略性新兴产业上市企业不同绩效的具体影响,回归结果如表 4.12 所示。

由模型 3(1)、模型 4(1)可知,感知学习能力对战略性新兴产业上市企业成长绩效、创新绩效的影响系数分别为 0.010、0.120,分别在 10%、5% 显著性水平上显著,说明感知学习能力对战略性新兴产业上市企业成长绩效、创新绩效均具有显著正向影响。

由模型 3(2)、模型 4(2)可知,资源整合能力对战略性新兴产业上市企业成长绩效的影响系数为 0.178 且在 1% 水平上显著,资源整合能力对战略性新兴产

业上市企业创新绩效的影响系数为0.063但不显著,说明资源整合能力对战略性新兴产业上市企业成长绩效具有显著正向影响,对战略性新兴产业上市企业创新绩效具有正向影响但不显著。可能的原因是,企业资源整合能力使用的指标是营业收入与平均资产总额的比值,即总资产利用率,这一指标的提高表明相关企业全部资产的经营效率改善,说明企业可能通过优化资源利用和流程等,提高了市场竞争力,从而对企业的股东权益收益产生了积极影响,有助于提高企业成长绩效。但是,企业资源整合能力的提高并不一定意味着创新资源投入的增加、创新产出的提高,并且创新活动具有一定周期性,因而资源整合能力可能对企业创新绩效具有正向影响但不显著。

由模型3(3)、模型4(3)可知,知识创造能力对战略性新兴产业上市企业成长绩效的影响系数为0.007但不显著,知识创造能力对战略性新兴产业上市企业创新绩效的影响系数为0.275且在1%显著性水平上显著,说明知识创造能力对战略性新兴产业上市企业成长绩效具有正向影响但不显著,对战略性新兴产业上市企业创新绩效具有显著正向影响。

表4.12 动态能力不同维度对企业绩效的影响

变量\模型	模型3(1)	模型3(2)	模型3(3)	模型4(1)	模型4(2)	模型4(3)
	Inno	ROE	ROE	ROE	Inno	Inno
TP	0.010*			0.120**		
	(1.69)			(2.04)		
TAT		0.178***		0.063		
		(12.26)		(0.51)		
RD			0.007			0.275***
			(1.26)			(5.68)
Age	0.001	0.002	0.001	−0.328***	−0.329***	−0.329***
	(0.13)	(0.43)	(0.12)	(−4.27)	(−4.29)	(−4.11)

续表 4.12

模型 变量	模型 3(1) Inno	模型 3(2) ROE	模型 3(3) ROE	模型 4(1) ROE	模型 4(2) Inno	模型 4(3) Inno
Scale	0.036 * * *	0.052 * * *	0.037 * * *	0.617 * * *	0.705 * * *	0.473 * * *
	(4.13)	(7.38)	(3.98)	(8.75)	(11.67)	(6.57)
Lev	−0.232 * * *	−0.256 * * *	−0.229 * * *	−0.502 * * *	−0.483 * * *	−0.420 * * *
	(−7.72)	(−8.90)	(−7.56)	(−2.51)	(−2.40)	(−2.12)
Constant	−0.680 * * *	−1.155 * * *	−0.771 * * *	−5.789 * * *	−7.117 * * *	−6.811 * * *
	(−3.44)	(−6.57)	(−4.14)	(−2.78)	(−3.48)	(−3.31)
个体	Yes	Yes	Yes	Yes	Yes	Yes
年份	Yes	Yes	Yes	Yes	Yes	Yes
观测值	2574	2574	2574	2574	2574	2574
Adjusted R^2	0.376	0.432	0.376	0.761	0.760	0.764

综上所述，动态能力对战略性新兴产业上市企业成长绩效、创新绩效均具有显著正向影响。其中，感知学习能力能够显著提升战略性新兴产业上市企业成长绩效、创新绩效；资源整合能力能够显著提升战略性新兴产业上市企业成长绩效，正向影响但不能显著提升战略性新兴产业上市企业创新绩效；知识创造能力能够显著提升战略性新兴产业上市企业创新绩效，正向影响但不能显著提升战略性新兴产业上市企业成长绩效。

4.4.5.3 动态能力的中介效应检验

为进一步检验动态能力在战略性新兴产业上市企业触发模式与企业绩效之间的作用机制，根据温忠麟和叶宝娟(2014)的中介效应检验流程，课题采用逐步回归法与Bootstrap法相结合，检验动态能力的中介效应，并借鉴该研究的观点，不对中介作用进行部分中介和完全中介的区分，仅报告相关系数是否显著，以及间接效应和直接效应是否显著，即仅需判断动态能力的中介作用是否存在。方杰等(2017)提出,自变量为多类别变量、中介变量和因变量为连续变量的中介分析中需设置参照组,并基于参照水平进行中介分析结果报告。因此,本书将自然人创业触发型企业设置为参照组,检验动态能力在政府机构及国企触发型、民营及外资企业触发型、大学和科研机构触发型的企业模式与战略性新兴产业上市企业成长绩效、创新绩效之间的中介作用。表 4.13 为动态能力的中介效应逐步回归检验结果。

由模型 5 可知,相比于自然人创业触发型企业,政府机构及国企触发型、民营及外资企业触发型、大学和科研机构触发型的企业模式对动态能力的影响系数分别为 0.151、0.144、0.270,均在 1% 显著性水平上显著。结合模型 1 和模型 2 的回归结果,在企业触发模式对战略性新兴产业上市企业绩效的总效应显著的前提下,进行动态能力的中介效应分析。

由模型 6 可知,相比于自然人创业触发型企业,动态能力对战略性新兴产业上市企业成长绩效的影响系数为 0.643,在 1% 显著性水平上显著;政府机构及国企触发型、民营及外资企业触发型、大学和科研机构触发型的企业模式对战略性新兴产业上市企业成长绩效的影响系数分别为 -0.018、0.073、0.029,分别为未通过显著性检验、在 1% 显著性水平上显著、未通过显著性检验。结合模型 1 可知,在加入动态能力后,政府机构及国企触发型、民营及外资企业触发型、大学和科研机构触发型的企业对战略性新兴产业上市企业成长绩效的影响系数变小或显著度降低。说明相比于自然人创业触发企业,动态能力在政府机构及国企触发型、民营及外资企业触发型、大学和科研机构触发型的战略性新兴产业上市企业及其成长绩效之间均发挥了中介作用。

由模型 7 可知,相比于自然人创业触发型企业,动态能力对战略性新兴产业上市企业创新绩效的影响系数为 0.851,在 10% 显著性水平上显著;政府机构及国企触发型、民营及外资企业触发型、大学和科研机构触发型的战略性新兴产业上市企业对其创新绩效的影响系数分别为 1.655、1.323、0.843,分别为在 5% 显著性水平上显著、在 1% 显著性水平上显著、未通过显著性检验。结合模型 2 可知,在加入动态能力后,政府机构及国企触发型、民营及外资企业触发型、大学和科研机构触发型的战略性新兴产业上市企业对其创新绩效的影响系数变小或显著度降低。说明相比于自然人创业触发型企业,动态能力在政府机构及国企触发型、民营及外资企业触发型、大学和科研机构触发型企业与其创新绩效之间发挥了中介作用。

4 战略性新兴产业企业触发模式、动态能力与绩效关系研究

表 4.13 动态能力的中介效应逐步回归

变量 \ 模型	模型 5 Inno	模型 1 DC	模型 6 ROE	模型 2 ROE	模型 7 Inno
Government	0.151***	0.080**	−0.018	1.783***	1.655**
	(6.08)	(1.99)	(−0.42)	(2.78)	(2.55)
Enterprise	0.144***	0.166***	0.073***	1.445***	1.323***
	(6.19)	(4.80)	(2.74)	(4.13)	(3.68)
Science	0.270***	0.203***	0.029	1.073*	0.843
	(13.66)	(5.86)	(0.86)	(1.90)	(1.45)
DC			0.643***		0.851*
			(11.89)		(1.70)
Age	−0.002	0.001	0.002	−0.329***	−0.328***
	(−0.71)	(0.12)	(0.37)	(−4.30)	(−4.24)
Scale	0.015***	0.043***	0.033***	0.702***	0.689***
	(5.53)	(5.70)	(4.53)	(11.68)	(11.45)
Lev	0.038***	−0.230***	−0.255***	−0.473**	−0.506**
	(3.71)	(−7.63)	(−8.77)	(−2.37)	(−2.51)
Constant	−0.167**	−0.855***	−0.747***	−8.765***	−8.623***
	(−2.43)	(−4.93)	(−4.57)	(−5.27)	(−5.17)
个体	Yes	Yes	Yes	Yes	Yes
年份	Yes	Yes	Yes	Yes	Yes
观测值	2574	2574	2574	2574	2574
Adjusted R^2	0.849	0.375	0.423	0.760	0.761

为克服逐步回归法的缺陷,对动态能力的中介作用进行 Bootstrap 检验,结果如表 4.14 所示。显然,当动态能力为中介时,相比于自然人创业触发型企业,政府机构及国企触发型企业对其成长绩效的间接效应 95% 置信区间为[0.006 4,0.012 5],其中不包含 0,说明间接效应显著;政府机构及国企触发型企业对其成长绩效的直接效应 95% 置信区间为[−0.023 5,−0.005 7],其中不包含 0,说明直接效应显著。因此,相比于自然人创业触发型企业,动态能力在政府机构及国企触发型的战略性新兴产业上市企业与其成长绩效之间发挥了中介作用。

民营及外资企业触发型的战略性新兴产业上市企业对其成长绩效的间接效应 95% 置信区间为[0.005 5,0.010 7],其中不包含 0,说明间接效应显著;民营及外资企业触发型的战略性新兴产业上市企业对其成长绩效的直接效应 95% 置信区间为[−0.011 6,0.005 9],其中包含 0,说明直接效应不显著。因此,相比于自然人创业触发型企业,动态能力在民营及外资企业触发型的战略性新兴产业上市企业与其成长绩效之间发挥了中介作用。

大学和科研机构触发型的战略性新兴产业上市企业对其成长绩效的间接效应 95% 置信区间为[0.008 2,0.018 1],其中不包含 0,说明间接效应显著;大学和科研机构触发型的战略性新兴产业上市企业对其成长绩效的直接效应 95% 置信区间为[−0.002 6,0.027 3],其中包含 0,说明直接效应不显著。因此,相比于自然人创业触发型企业,动态能力在大学和科研机构触发型的战略性新兴产业上市企业与其成长绩效之间发挥了中介作用。

当动态能力为中介时,相比于自然人创业触发型企业,政府机构及国企触发型的战略性新兴产业上市企业对其创新绩效的间接效应 95% 置信区间为[0.070 6,0.159 7],其中不包含 0,说明间接效应显著;政府机构及国企触发型的战略性新兴产业上市企业对其创新绩效的直接效应 95% 置信区间为[−0.245 5,0.048 1],其中包含 0,说明直接效应不显著。因此,相比于自然人创业触发型企业,动态能力在政府机构及国企触发型的战略性新兴产业上市企业与其创新绩效之间发挥了中介作用。

民营及外资企业触发型的战略性新兴产业上市企业对其创新绩效的间接效应 95% 置信区间为[0.061 7,0.135 9],其中不包含 0,说明间接效应显著;民营及外资企业触发型的战略性新兴产业上市企业对其创新绩效的直接效应 95% 置信区间为[−0.255 7,−0.020 4],其中不包含 0,说明直接效应显著。因此,相比于自然人创业触发型企业,动态能力在民营及外资企业触发型的战略性新兴产业上市企业对其创新绩效之间发挥了中介作用。

大学和科研机构触发型的战略性新兴产业上市企业对其创新绩效的间接效应95%置信区间为[0.101 8,0.217 7],其中不包含0,说明间接效应显著;大学和科研机构触发型的战略性新兴产业上市企业对其创新绩效的直接效应95%置信区间为[-0.134 0,0.329 3],其中包含0,说明直接效应不显著。因此,相比于自然人创业触发型企业,动态能力在大学和科研机构触发型的战略性新兴产业上市企业与其创新绩效之间发挥了中介作用。

中介效应Bootstrap的检验结果表明,相比于自然人创业触发型企业,动态能力在政府机构及国企触发型、民营及外资企业触发型、大学和科研机构触发型企业和战略性新兴产业上市企业成长绩效、创新绩效之间均发挥了中介作用。进一步支持了前文的检验结果。

表4.14 Bootstrap检验结果

路径	模型	St	z	P>|z|	95% Conf.	Interval
Government→ROE	直接效应	0.005	-3.220	0.001	-0.024	-0.006
	间接效应	0.002	6.080	0.000	0.006	0.013
Enterprise→ROE	直接效应	0.005	-0.650	0.519	-0.012	0.006
	间接效应	0.001	6.070	0.000	0.006	0.011
Science→ROE	直接效应	0.008	1.620	0.106	-0.003	0.027
	间接效应	0.003	5.190	0.000	0.008	0.018
Government→Inno	直接效应	0.075	-1.320	0.188	-0.246	0.048
	间接效应	0.023	5.060	0.000	0.071	0.160
Enterprise→Inno	直接效应	0.060	-2.300	0.021	-0.256	-0.020
	间接效应	0.019	5.220	0.000	0.062	0.136
Science→Inno	直接效应	0.118	0.830	0.409	-0.134	0.329
	间接效应	0.030	5.400	0.000	0.102	0.218

综上所述,逐步回归中介检验与Bootstrap中介检验的回归结果,均有效验证了动态能力的中介作用存在,即相比于自然人创业触发型企业,动态能力在政

府机构及国企触发型、民营及外资企业触发型、大学和科研机构触发型的企业模式和战略性新兴产业上市企业成长绩效、创新绩效之间均发挥了中介作用,进一步支持了前文的检验结果。

4.5 研究结论与讨论

4.5.1 主要结论与创新

第一,总结、提出了4类典型战略性新兴产业企业触发模式,发现不同类型触发模式企业的绩效影响及其差异。新兴产业的企业触发是相关主体参与和嵌入新兴产业生态系统的过程,本部分基于孕育企业的最主要法人主体的功能定位及其在技术和市场等资源方面的禀赋、触发和设立企业过程的战略目标及优先活动等特征,将中国战略性新兴产业企业的触发模式划分为自然人创业触发型企业、政府机构及国企触发型企业、民营及外资企业触发型企业、大学和科研机构触发型企业4类典型模式。基于2013—2021年中国战略性新兴产业上市企业样本数据,检验了战略性新兴产业企业触发模式、动态能力对企业绩效的影响,有如下发现。首先,中国战略性新兴产业上市企业中,自然人创业触发型企业在4类典型企业触发模式中占据最大比重(占比为32.5%),但相对于自然人创业触发型企业,其他类型的触发模式更能显著正向影响企业的成长绩效、创新绩效,其中,大学和科研机构触发型企业的成长绩效相对最高、政府机构及国企触发型企业的创新绩效相对最高。其次,动态能力对战略性新兴产业上市企业成长绩效、创新绩效均具有显著正向影响,但动态能力的不同维度对企业成长绩效和创新绩效的影响的贡献存在差异,表现为感知学习能力能够显著提升企业成长绩效、创新绩效,资源整合能力仅显著提升企业成长绩效,知识创造能力仅显著提升企业创新绩效。企业触发模式变量的提出,突破了已有研究局限于政策、技术等变量的研究;基于功能分析和动态能力结合的框架视角,较为系统地考察了影响战略性新兴产业上市企业触发绩效的初始资源禀赋和演化因素,实现了产业演化理论与创新系统理论的融合,揭示了战略性新兴产业企业触发初始条件及其关键活动对企业成长和创新的影响机制;探索了"不同类型触发企业的成长和创新绩效异质性"的可能影响因素,有助于促进战略性新兴产业企业分类触发的实践,并为相关政策的靶向性提供了微观支持和实践的切入点,有助于推动新兴产业创新政策的完善。因而,有理由认为本书研究有助于丰富、深化战略性新兴产业企业触发过程机理的认识。

第二,提出企业触发模式、动态能力与中国战略性新兴产业上市企业成长绩效和创新绩效关系的理论假设,即具有特定功能的主体为企业提供了技术、人力、资金、设备、信息等各种异质性资源,触发了特定类型的企业,并促进企业构建及强化动态能力;具有强大动态能力的企业能够通过感知学习、资源整合和知识创造高效转化内外部资源,促使企业更好地响应市场需求、开发新技术,取得良好的成长绩效与创新绩效,并通过实证检验发现:动态能力在企业触发模式类型和企业成长绩效、创新绩效之间发挥了中介作用,揭示了企业触发模式类型及其成长和创新关系中动态能力中介效应发生的机制,表明战略性新兴产业企业的复杂触发过程不仅需要关注企业初始触发的资源禀赋和功能定位,即企业触发模式类型,而且需要关注触发主体感知、获取到整合资源等动态能力的不同作用,进一步阐述了战略性新兴产业典型企业触发模式影响企业绩效的内在作用机理,深化了影响战略性新兴产业企业绩效的微观基础和变化机理的认识,为战略性新兴产业企业触发绩效的研究提供了一个系统的研究视角和分析框架,对于中国战略性新兴产业企业的有效触发,以及企业触发绩效的改善具有一定参考价值。

4.5.2 对实证结果的进一步讨论

第一,4类典型企业触发模式中,政府机构及国企触发型战略性新兴产业上市企业的创新绩效相对最高,这一结果与学者们关于非国有企业的创新绩效显著高于国有企业这一结论不一致(吴延兵,2012;张秀峰等,2015;黄海燕等,2021)。可能的原因:一是政府机构及国企触发型的战略性新兴产业企业,执行国家战略目标与相关政策的责任和措施更为明确,也更容易获得政府的创新资源资助和支持,从而可以有效地降低前沿技术的高风险性、新兴市场的不确定性,提升创新绩效,而且一旦相关企业获得产业发展的先发优势,就可能具有一定垄断地位,可以引领、集聚、整合更多创新资源及社会资本来促进企业创新,进一步促进自身创新的优势地位。

第二,中国战略性新兴产业4类典型企业触发模式上市企业中,自然人创业触发型企业数量占比最高(占比为32.5%),但其成长绩效、创新绩效相对最低。一个可能的原因是,国家高度重视战略性新兴产业的发展,政府充分发挥了"有为政府"和"产业政策"工具的因势利导作用(赖玲玲和程跃,2022),由于扶持和补偿的激励,自然人创业触发型企业积极参与,但由于资源禀赋或者动态能力的不足,影响了该类企业在新兴产业中进行技术创新和市场拓展的努力。

第三,动态能力不同维度对战略性新兴产业上市企业成长绩效和创新绩效的影响具有差异的结果,其中,感知学习能力对战略性新兴产业上市企业成长绩效和创新绩效均具有显著正向影响的结论与已有研究成果论一致(蔡莉和尹苗苗,2009;孙慧和张双兰,2018),即感知学习能力越强,战略性新兴产业上市企业成长绩效和创新绩效会明显提升,感知学习能力企业捕捉市场机遇和有效规避风险,有利于企业实现技术创新、市场拓展,提高企业成长绩效和创新绩效。

资源整合能力显著正向影响战略性新兴产业上市企业的成长绩效,这一结果与张欣瑞和贺欢(2014)的结论一致;资源整合能力正向影响战略性新兴产业上市企业的创新绩效但不显著,这一发现与吴松强等(2022)的资源整合能力可以显著提高企业创新绩效的结论不一致。资源整合能力可以显著提高战略性新兴产业上市企业成长绩效,无法显著提高战略性新兴产业上市企业创新绩效。企业的资源整合能力,有利于企业实现更高的资源利用效率,优化业务、产品等流程,从而提升成长绩效;但由于资源整合是否与技术开发的需求匹配、资源投入是否带来创新产出存在不确定性、滞后性,因此可能对创新绩效的作用有限。

知识创造能力对战略性新兴产业上市企业创新绩效具有显著正向影响,与已有研究关于知识创造能力可以显著提高企业创新绩效的结论一致(李柏洲,2016);知识创造能力对战略性新兴产业上市企业成长绩效具有正向影响但不显著,与曾蔚等(2017)的知识创造能力可以显著提高企业成长绩效的结论不一致,即知识创造能力可以显著提高战略性新兴产业上市企业成长绩效,能正向影响但不能显著提高战略性新兴产业上市企业创新绩效。战略性新兴产业企业具有较高的技术与知识密集度,增强企业知识创造能力是培育发展战略性新兴产业的关键(邵云飞等,2020),提高知识创造能力,能够积极影响企业创新成果产出,但由于"达尔文之海"、商业化与产业化的不确定性,创新产出不一定能够直接带来企业市场利润的提升,可能不能显著提升企业成长绩效。

当然,本部分的实证研究可能尚存在以下一些不足。一是,基于数据的可得性及可操作性,本部分采用的样本源于战略性新兴产业上市企业的数据,具有一定的科学性及可靠性,但也可能存在部分局限,如存在数据缺失而被剔除的战略性新兴产业上市企业,以及战略性新兴产业未上市企业均未被纳入研究之中等。未来可以通过大面积普查或发放问卷的方式进行更全面的战略性新兴产业企业数据收集,完善战略性新兴产业企业触发模式及企业绩效等方面的研究。二是,本部分从企业获取、整合、重构资源的能力视角来对动态能力进行界定及划分,并依据上市公司的数据从定量角度来衡量企业动态能力的3个维度。未来可以从企业具体利用资源的过程视角来对动态能力进行界定和划分,采取调研、访谈等形式用定性的方法来衡量动态能力,研究过程视角下动态能力对战略性新兴产业企业绩效的影响机制。

5 战略性新兴产业高质量发展路径

高质量发展是指以创新、协调、绿色、开放、共享的新发展理念为指导,推动经济、社会、环境等各方面协调发展,提升发展质量和效益的发展模式。党的二十大报告提出高质量发展是全面建设社会主义现代化国家的首要任务。科学发现、技术发明和产业创新是实现高质量发展的关键动因,只有创新驱动的经济才能实现持续的高质量发展(金碚,2018)。战略性新兴产业是以重大技术突破和重大发展需求为基础,对经济社会全局和长远发展具有重大引领带动作用,知识技术密集、物质资源消耗少、成长潜力大、综合效益好的产业。战略性新兴产业是全球新一轮科技和产业变革的方向,是国家和区域培育发展新动能、构建新竞争新优势的关键领域,也是形成新质生产力的"战略力量"(李铎和郝健棋,2023)。习近平总书记一直高度重视战略性新兴产业的培育,2023年9月6日至8日在主持召开新时代推动东北全面振兴座谈会时强调,"积极培育新能源、新材料、先进制造、电子信息等战略性新兴产业,积极培育未来产业,加快形成新质生产力,增强发展新动能"。2023年7月24日召开的中共中央政治局会议提出,要大力推动现代化产业体系建设,加快培育壮大战略性新兴产业、打造更多支柱产业。7月31日召开的国务院常务会议指出,要加快培育壮大战略性新兴产业,打造新的支柱产业,增强我国在全球产业链供应链中的竞争力、影响力。战略性新兴产业对推动经济增长方式转变、优化产业结构、促进就业结构转型、增强国际竞争力、促进可持续发展等方面具有重要的作用。战略性新兴产业通常具有高技术含量、高附加值,能够推动经济增长方式从传统的要素驱动和投资驱动向创新驱动转变,从而实现经济的高质量发展;战略性新兴产业的发展能够促进传统产业的改造升级和新产业的孵化,通过产业链的延伸和补链强链,实现产业结构的优化和升级;战略性新兴产业的发展,会使高技能、高知识含量的就业岗位逐渐增多,能促进劳动力市场的结构性转型,提高就业质量;战略性新兴产业往往处于全球产业链的中高端,通过打造核心竞争力,可以增强一个国家或地区在全球经济中的地位和影响力;战略性新兴产业如新能源、环保和生物技术等,其发展不仅能促进经济增长,还能解决能源、环境等问题,推动社会可持续发展。所以,战略性新兴产业发展的内在要求就是高质量发展。

2012年以来,中国战略性新兴产业投资稳定增长,战略性新兴产业增长速度、所占比重持续保持较快增长趋势,战略性新兴企业年均增长率为5.42%;中国战略性新兴产业增加值占GDP比重从2010年的4%左右快速提高到2021年的13.4%,其中,规模以上工业战略性新兴产业增加值在2021年比上年增长16.8%,中国战略性新兴产业已经成为推动中国经济增长、转型升级和高质量发展的新引擎和重要载体,但中国战略性新兴产业的部分行业处于产业价值链中低端的加工制造、装配环节和应用环节,要素投入质量不高,关键技术、材料、装备等严重依赖于进口,部分行业的重复建设和产能过剩现象严重,政策滞后。整体来看,创新供给不足、与国际先进水平的差距较大、产业发展质量不高,战略性新兴产业的发展要由规模的扩张转向质量的提升(刘传明和刘笑萍,2019;汪文祥,2019;王海南等,2024)。《中华人民共和国国民经济和社会发展第十四个五年规划和2035年远景目标纲要》对"十四五"期间中国战略性新兴产业发展做出了具体部署,明确提出继续推动战略性新兴产业的较快发展、"战略性新兴产业增加值占GDP比重超过17%"等目标;党的二十大报告要求构建新能源、新一代信息技术、新材料、生物技术、高端装备等一批新的增长引擎;2023年9月,习近平总书记强调:"发展战略性新兴产业和未来产业,加快形成新质生产力",因而,推动战略性新兴产业的高质量发展,是中国经济发展进入新阶段背景下的必然要求。

战略性新兴产业往往诞生于标准产业分类边缘或交界处,影响变量多,是技术创新、新市场发展、制度及环境变革的多主体参与及其互动的复杂过程,不同产业、不同阶段的技术、市场组织和环境方面具有明显的异质性,而不同的背景、技术-非技术因素组合,以及触发决策、规划等影响,导致不同的发展路径、触发模式,从而不同的新兴产业发展路径、质量也就不尽相同。

战略性新兴产业发展影响因素众多且实现路径复杂。一般的回归分析主要针对大样本,只能处理几个变量间的交互效应,且要求自变量间不具备多重共线性(杜运周等,2022)。定性比较分析(QCA)是Ragin(1987)提出的一种集合论组态分析方法,具备定性分析和定量分析两种方法的综合优势,旨在分析案例条件组态与结果变量间的因果复杂性与因果不对称性,能够处理多个因素之间交互作用对结果变量的影响。模糊定性方法(fsQCA)是QCA方法的子集,将各个变量的隶属程度界定在0和1之间,从组态视角探索多维前因条件影响战略性新兴产业发展高绩效和低绩效的复杂因果机制,对样本量要求不高,本书样本数据均为连续变量且样本量相对较小,适合采用 fsQCA 方法研究处理,旨在回答以下问题:第一,影响战略性新兴产业发展质量的核心必要条件是否存在?第二,战略性新兴产业实现高质量发展的组态路径是什么?第三,战略性新兴产业高质量发展的不同组态路径条件是否存在替代或补充关系?

5.1 发展要素、路径与发展质量

产业高质量发展标志着产业内企业综合绩效的提高,具有较强的盈利能力、自主创新能力、产业全要素生产率(黄速建等,2018)。战略性新兴产业高质量发展,充分体现为战略性新兴产业在突破关键核心技术、推动产业融合、加快形成现代产业体系等领域的引领作用(胡怀国,2021)。已有文献关注战略性新兴产业对经济高质量发展的影响(罗静,2019;方炜和刘洁,2022;王海南等,2024),讨论战略性新兴产业发展的影响因素,包括金融、技术、人才、研发投入等要素,以及产业需求与产业结构、政府及政策工具、创新环境、创新生态体系的重要作用;测度中国城市战略性新兴产业的发展质量(王卉彤等,2019;陈文晖等,2020;周茜等,2020;王珏和秦文晋,2023)。

战略性新兴产业高质量发展的本质要求和关键,是提升战略性新兴产业的创新能力、国际竞争力,学者们提出了产业培育、技术创新、金融支持等支撑体系、系统性提升、融合式创新、市场化推动、引领性发展的发展策略(杨艳军,2020;王海南等,2024)。近年来,一些文献开始探索战略性新兴产业高质量发展测度,其中,余仙梅和谭晓丽(2022)从技术创新、产业市场、政策环境支持 3 个维度,构建指标体系,运用熵值法测度粤港澳大湾区战略性新兴产业高质量发展水平;申俊喜和徐晓凡(2021)采用出口复杂度指数测度中国战略性新兴产业全球价值链地位,说明战略性新兴产业发展质量状况。

由于不同要素影响产业发展的方式、绩效不同,已有研究主要阐释了某一个或几个要素的影响效应,缺乏对多要素组态效应的研究,基于战略性新兴产业发展技术创新、产业市场发展、产业生态体系创建与嵌入的过程,本部分采用组态视角,应用 TOE 理论框架,分析不同前因条件组合对战略性新兴产业发展水平差异与实现路径多样性的作用。

5.1.1 技术维度因素与战略性新兴产业高质量发展

技术创新是战略性新兴产业发展的关键推动力,技术创新能力越高,企业市场竞争力越强,但战略性新兴产业的技术创新必须考虑产业环境和产业结构等问题。新兴产业的技术创新主要包括自主创新、技术引进和技术改造(何向武等,2020)。梁宗正等(2023)认为自主创新比技术引进对推动 IT 行业技术进步、高质量发展作用更大;李小平(2007)提出新兴产业发展初期,技术引进、技术改造的渐进性创新可以推进产业的较大发展,但长期的渐进性创新、过度依赖已有技术路径,可能导致产业陷入技术锁定,限制新兴产业的发展(刘凤芹和苏美丽,2022)。突破性创新可以通过建立竞争壁垒、先发优势和产业发展的技术基础(邵云飞等,2017)促进产业深度发展。因此,本书结合战略性新兴产业特征,将技术创新维度纳入组态研究模型,探讨渐进性创新、突破性创新两类不同程度的技术创新影响产业发展水平的组态路径。

5.1.2 产业组织维度因素和战略性新兴产业高质量发展

依据资源基础理论,资源是推动产业进行创新发展的重要动因,产业可投入资源量影响产业绩效。合理的要素结构可以促进产业的高质量发展(任转转和邓峰,2022)。人力资本是产业发展的重要支撑(周申和任思蓉,2023),已有研究认为人力资本可以优化产业结构、促进产业发展(黄燕萍等,2013;李敏等,2020);薪酬水平可以反映产业人力资本成本,平均薪酬的提高可以促进产业发展(杜庆华,2010)。持续稳定的资本投入有助于产业发展和产业结构优化(张红霞和王丹阳,2016);固定资产在一定程度上能够替代低技能劳动力,提升人力资本水平(李建强和赵西亮,2021),固定资产投资有利于战略性新兴产业发展,更高的固定资产有助于降低生产成本、提高利润(陈宇翔,2023);增加固定资产投入可以提高战略性新兴产业创新效率(李红锦和郑司寰,2023)。本书将产业要素投入维度纳入组态研究模型,探讨劳动力、资本两类要素投入影响产业发展水平的组态路径。

5.1.3 产业环境维度因素和战略性新兴产业高质量发展

产业环境是指影响一个产业存在和发展的情况和条件(刘红琴和陆佳勤,2024)。政府的积极干预包括政府补助、研发投入扶持、政府投资公司市场化、国有资本的投入等措施,可降低研发边际成本,向市场发出积极信号,正向激励产业的销售和市场预期,促进产业发展。市场开放,特别是外商直接投资(FDI)的进入,有助于创新知识、技术、管理经验等的学习和扩散,活跃市场,优化资源配置和产业结构,从而推动产业的创新进程和竞争力提升(褚婷婷等,2020;韩博然,2022),但市场资源与产业规模有限时,市场开放也可能导致竞争加剧,影响产业的发展。市场结构影响产业的生产效率和利润,并通过市场竞争程度影响新兴产业的生产经营决策(李巧华,2019),提高市场集中度可能会强化产业的技术创新能力、抗风险能力(王斌和谭清美,2016),有助于产业发展。本书将产业环境维度因素纳入组态研究模型,探讨政府支持、外商直接投资、市场集中度影响产业发展水平的组态路径。

本部分研究框架如图 5.1 所示。从产业技术、产业组织和产业环境 3 个维度,选取突破性创新、渐进性创新、资本要素、劳动力要素、外商直接投资、政府支持、市场集中度 7 个要素作为条件变量,应用 fsQCA 方法检验前因条件是否是提高战略性新兴产业高质量发展或低质量发展的必要条件;再从组态视角,探究产业前因条件影响战略性新兴产业高质量发展或低质量发展的复杂因果机制及其差异化驱动路径。

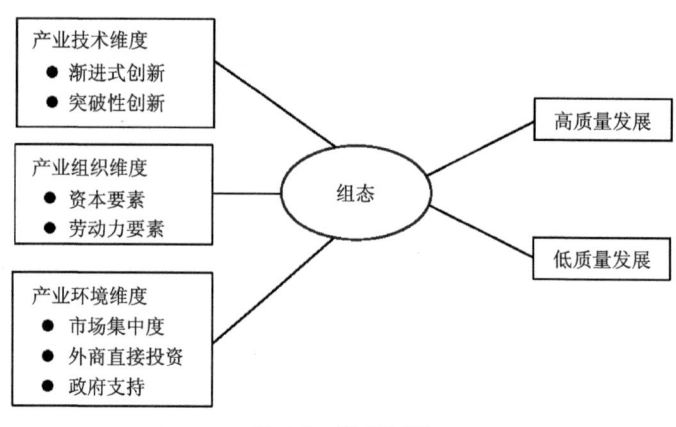

图 5.1 研究框架

5.2 研究设计

5.2.1 变量设计及度量

5.2.1.1 条件变量

基于全书分析,共选取 7 个前因条件,探讨不同组合整体对战略性新兴产业高质量发展的影响,从而揭示提高战略性新兴产业高质量的路径机制。

产业技术维度,根据创新程度选取渐进性创新(Absorb)和突破性创新(IP)。渐进性创新主要指对产品或生产流程改进的创新,可以通过降低成本和研发不确定性风险,促进产业高质量发展水平;突破性创新通过创造独特的具备竞争优势的产品或技术,提高产业高质量发展水平。使用发明专利数量衡量突破性创新,使用技术吸收费用衡量渐进性创新,并对数据进行对数化处理(胡山和余泳泽,2022)。

产业组织维度,考虑资本和劳动力要素投入。资本要素投入,参考陈世来和李青原(2023),用固定资产投资额(Fixed Assets Investment,FAI)来衡量,并对数据进行对数化处理;劳动力要素投入,参考学者徐杰(2024),用从业人员平均薪酬(Wage)来衡量,并对数据进行对数化处理。

产业环境维度,外商直接投资(Foreign Direct Investment,FDI)用外商直接投资额与实收资本比值衡量(王敏,2022);市场集中度(Ind)用行业总资产与行业企业数的比值衡量,考虑到市场集中度存在偏态分布情况,对市场集中度指标进行对数标准化处理;政府支持(Gov),采用国有资本资金投入与实收资本比值衡量。

5.2.1.2 结果变量

基于战略性新兴产业高质量发展的本质要求和关键是提升战略性新兴产业的创新能力、国际竞争力,考虑到本部分是对战略性新兴产业分行业样本进行研究和数据可得性,参考相关研究的思路,用利润总额来反映产业高质量发展的经济效益(司增绰和刘世泉,2023);用出口额反映产业高质量发展中的开放程度和国际竞争力(申俊喜和徐晓凡,2021;方梓旭和戴志敏,2024),并使用熵权法将二者合成一个综合指标(HD)。

5.2.2 样本选择和数据来源

基于数据的完整性和可得性,本书借鉴吕岩威和孙慧(2013)、王珏和秦文晋(2023)的成果,主要选取计算机、通信和其他电子设备制造业,通用设备制造业,专用设备制造业,电气器械和器材制造业,交通运输设备制造业,化学原料和化学制品制造业,非金属矿物制品业,有色金属冶炼及压延加工业,化学纤维制造业,医药制造业,燃气生产和供应业,电力、热力生产和供应业,水的生产和供应业,废弃资源综合利用业 14 个大类行业作为研究对象。本书数据来源于中国统计年鉴、中国科技统计年鉴、eps 数据库和国研网数据库。另外,为减少极端值对实证结果造成影响,对所有连续变量进行 1% 和 99% 分位的缩尾处理,最终获得 2010 年到 2021 年 12 年,14 个大类行业,共 168 个观测值。

5.3 数据处理及结果分析

5.3.1 变量的描述性统计与变量校准

变量的描述性统计结果如表 5.1 所示。根据结果可知,战略性新兴产业高质量发展最大值为 4.05,最小值为 0.58,均值为 2.30,说明战略性新兴产业不同行业高质量发展水平存在显著差异;固定资产投资水平最大值为 10.09,最小值为 5.82,均值为 8.67,说明战略性新兴产业固定资产投资水平存在显著差异,可能会影响产业发展质量;从业人员平均薪酬最大值为 11.76,最小值为 10.10,差异不显著;市场集中度最大值为 1.27,最小值为 −0.16,存在一定差异,可能对战略性新兴产业发展质量造成一定影响。外商直接投资最大值为 0.53,最小值为 0.01,有一定差异,说明外商直接投资在不同行业中的投资水平存在一定差异,可能对产业发展质量产生影响;渐进性创新水平最大值为 15.35,最小值为 10.07,存在显著差异,可能会对战略性新兴产业发展质量产生一定影响;突破性创新最大值为 11.71,最小值为 2.20,方差为 4.73,说明战略性新兴产业突破性创新水平存在显著差异;政府支持最大值为 0.74,最小值为 0.02,也存在一定差异,可能对产业高质量发展造成不同影响。

QCA 校准方式分为直接校准和间接校准。校准是将数据从变量概念转换为集合概念,使用理论和实际知识作为校准锚点,从而将研究精确程度从某一条件"是否"存在提升到某一条件存在/不存在的"程度"对结果变量的影响(Ragin,1987),鉴于已有研究大多采用直接校准,本书采用直接校准法将变量进行校准。通过对非完全隶属或非完全不隶属的模糊集合概念,将变量校准为 0~1 之间连续的"成员归属度"数值。采用 fsQCA3.0 软件,参考 Fiss(2007)的研究,分别用 95%、50%、5% 作为完全隶属点、交叉点、完全不隶属点。由于 50% 的交叉点可能会被系统筛选掉而影响研究结果,在样本数据初步校准后,采用人工校准的方法,把交叉点从 0.50 手动修改为 0.501 后进行分析,因为改动较小,不会影响组态分析结果。各变量校准锚点见表5.2。

表5.1 变量的描述性统计

条件	FAI	Wage	Ind	FDI	Absorb	IP	Gov	HD
均值	8.67***	11.00***	0.52***	0.11***	13.52***	8.29***	0.20***	2.30***
方差	0.96	0.12	0.10	0.01	1.77	4.73	0.04	0.50
最小值	5.82	10.10	−0.16	0.01	10.07	2.20	0.02	0.58
最大值	10.09	11.76	1.27	0.53	15.35	11.71	0.74	4.05

注：*、**、***表示对指标值的行业差异作One-way ANOVA分析，***：$P<0.001$，**：$P<0.01$，*：$P<0.05$

表5.2 各变量校准锚点

条件	变量	锚点		
	—	完全隶属点	交叉点	完全不隶属点
前因条件	FAI	9.920	8.800	6.970
	Wage	11.520	11.020	10.400
	Ind	1.230	0.530	0.090
	FDI	0.250	0.090	0.020
	Absorb	15.080	13.930	10.800
	IP	10.990	9.090	4.310
	Gov	0.600	0.110	0.040
结果变量	HD	3.370	2.390	1.060

5.3.2 单变量必要性分析

基于面板数据的QCA分析中单个条件的一致性水平大于0.9时，判断该条件是结果的必要条件(杜健等,2020)。如表 5.3 所示,当结果变量指向高质量发展时,7 个条件及其"非集"的汇总一致性水平均小于设定的阈值 0.9,因此,本书中不存在战略性新兴产业高质量发展形成和缺失的必要条件,高质量发展不一定通过某个条件实现;当结果指向低质量发展的时候,单个条件的一致性水平也低于 0.9,因而也不存在导致低质量发展形成和缺失的必要条件。进一步分析这些条件的组合,找出影响战略性新兴产业高质量发展的组合路径。

表 5.3 前因条件必要性分析

前因条件	HD		前因条件	HD	
	Consistency	Coverage		Consistency	Coverage
FAI	0.882	0.824	~FDI	0.607	0.584
~FAI	0.445	0.463	Absorb	0.883	0.840
Wage	0.735	0.735	~Absorb	0.503	0.512
wage	0.574	0.569	IP	0.885	0.889
Ind	0.627	0.692	~IP	0.889	0.491
~Ind	0.693	0.614	Gov	0.491	0.644
FDI	0.699	0.703	~Gov	0.720	0.660

注:~表示条件缺失。

5.3.3 真值表构建

真值表显示了条件变量组合对结果变量的不同组态分布情况,每一行代表一种高质量发展的因果可能性,7 个前因条件共有 128 种组合。构建真值表需要设定合适的案例频数和一致性阈值,筛选出符合条件的组合,筛选后的案例数至少为原始样本数量的 75%(乔晗等,2023),将 PRI 一致性阈值设为最低水平 0.75;参考已有研究,将原始一致性水平阈值设为 0.8,依据 QCA 中小样本研究可考虑最小案例频数为 1 或 2 的原则,本书的案例数为 168,因此案例阈值设为 2,对满足一致性门槛值和案例频数门槛值要求的前因条件组合做进一步分析。最终结果如表 5.4 所示,每一行代表一种组态,共有 35 种,产生高质量发展的组态共有 15 个,其中高资本要素投入、高外商投资水平、高渐进性创新能力、高突破性创新能力、低劳动力要素投入、低市场集中度和低政府支持程度包含案例最多,表明该组态具有较强的代表性。

表 5.4 战略性新兴产业高质量发展的真值表

组态	FAI	Wage	Ind	FDI	Absorb	IP	Gov	Number	HD	一致性		
										原始一致性	PRI一致性	SYM一致性
1	1	0	0	1	1	1	1	5	1	0.997	0.984	0.984
2	1	0	1	1	1	1	0	2	1	0.996	0.979	0.979
3	1	1	1	1	1	1	1	3	1	0.995	0.975	0.975
4	1	1	1	0	1	1	1	8	1	0.993	0.975	0.975
5	1	1	1	1	1	1	0	7	1	0.992	0.977	0.977
6	1	0	0	1	0	1	0	2	1	0.991	0.920	0.920
7	1	1	0	1	1	1	1	3	1	0.988	0.935	0.935
8	1	0	0	0	1	1	0	11	1	0.987	0.947	0.984
9	1	1	0	1	0	1	1	3	1	0.984	0.821	0.821
10	1	1	1	0	0	1	0	2	1	0.981	0.810	0.810
11	1	1	0	1	1	1	0	8	1	0.980	0.931	0.931
12	1	1	1	0	1	0	1	2	1	0.979	0.898	0.898
13	1	1	0	1	0	1	0	5	1	0.976	0.870	0.870
14	1	1	0	0	0	1	0	2	1	0.974	0.775	0.775
15	1	1	0	0	0	1	1	2	0	0.979	0.718	0.718
16	1	0	1	0	1	0	1	2	0	0.969	0.715	0.733
17	1	0	0	1	0	0	0	3	0	0.949	0.076	0.076

续表 5.4

组态	FAI	Wage	Ind	FDI	Absorb	IP	Gov	Number	HD	原始一致性	PRI一致性	SYM一致性
18	1	0	0	0	0	0	0	4	0	0.923	0.101	0.109
19	1	1	1	0	0	0	1	3	0	0.867	0.304	0.304
20	0	0	1	1	1	1	0	2	1	0.976	0.845	0.845
21	0	1	1	0	1	1	1	2	0	0.975	0.538	0.538
22	0	1	1	0	0	1	0	2	0	0.967	0.585	0.585
23	0	1	1	0	0	1	1	4	0	0.964	0.434	0.460
24	0	0	0	1	1	1	0	4	0	0.956	0.736	0.737
25	0	1	1	0	1	0	1	5	0	0.952	0.413	0.431
26	0	0	1	1	1	0	1	2	0	0.936	0.168	0.168
27	0	0	1	0	1	0	1	5	0	0.904	0.051	0.055
28	0	1	0	1	1	0	0	3	0	0.892	0.128	0.131
29	0	1	1	0	0	0	0	2	0	0.844	0.118	0.118
30	0	1	0	0	0	0	0	4	0	0.755	0.048	0.048
31	0	0	1	1	0	0	1	4	0	0.725	0.013	0.013
32	0	0	1	0	0	0	1	5	0	0.706	0.010	0.010
33	0	1	1	0	0	0	1	12	0	0.699	0.036	0.036
34	0	0	0	0	0	0	0	5	0	0.671	0.006	0.006
35	0	0	0	1	0	0	0	10	0	0.671	0.008	0.008

5.3.4 条件组态分析

不同于单个条件的必要性分析,条件组态的充分性分析旨在揭示由不同条件构成的组态对结果产生的充分性。由于没有充分的证据和理论证明某个影响因素一定导致战略性新兴产业高质量发展或者低质量发展,因此遵从谨慎性原则,在反事实分析时,假设单个影响因素的存在与缺失均可贡献战略性新兴产业高质量或低质量发展(Fiss,2007),得到中间解和复杂解一致,进行分析时仅考虑中间解与简单解,将同时出现在中间解和简单解中的前因条件作为核心条件,并将仅出现在中间解但没有出现在简单解中的其余条件作为边缘条件(杜运周等,2020),表5.5为"产业技术-产业组织-产业环境"3个维度7个前因条件对战略性新兴产业高质量发展的组态分析结果,表5.6为7个前因条件对战略性新兴产业低质量发展的组态分析结果。

表5.5 战略性新兴产业高质量发展组态分析

类别	条件组态	原始覆盖度	唯一覆盖度	一致性	组态解 覆盖度	组态解 一致性
简约解	FAI * IP * ~Gov	0.645	0.035	0.958	0.849	0.935
	FAI * Wage * Absorb	0.608	0.116	0.969		
	FAI * FDI * IP	0.600	0.024	0.945		
	Ind * FDI * IP	0.395	0.035	0.970		
中间解	FAI * ~Ind * FDI * IP * ~Gov	0.501	0.004	0.966	0.764	0.950
	FAI * Wage * ~Ind * FDI * IP	0.398	0.006	0.961		
	FAI * ~Ind * FDI * Absorb * IP	0.505	0.010	0.972		
	FAI * Wage * FDI * Absorb * IP	0.428	0.049	0.975		

注:~表示条件缺失;* 表示中文逻辑中的和。

表 5.6 战略性新兴产业低质量发展组态分析

类别	条件组态	原始覆盖度	唯一覆盖度	一致性	组态解 覆盖度	组态解 一致性
简约解	～FAI * ～Absorb * ～IP	0.680	0.101	0.989	0.848	0.961
	～FAI * ～Wage * ～IP	0.588	0.024	0.984		
	～Ind * ～IP	0.646	0.081	0.960		
中间解	～Wage * ～Ind * ～Absorb * ～IP * ～Gov	0.424	0.090	0.991	0.848	0.961
	～FAI * ～Wage * Ind * ～IP * Gov	0.326	0.068	0.985		
	～FAI * Wage * ～FDI * ～Absorb * ～IP * ～Gov	0.285	0.014	0.982		
	～FAI * ～Wage * ～Ind * FDI * ～IP * ～Gov	0.344	0.033	0.986		
	～FAI * Wage * Ind * ～FDI * ～Absorb * ～IP	0.356	0.066	0.983		

注：～表示条件缺失；* 表示中文逻辑中的和。

为了增强运行结果的可读性，将表 5.5 和表 5.6 分别转换成表 5.7 和表 5.8 的形式，按照 Fiss 的做法，"●"表示核心条件存在，"⊗"表示核心条件缺失；"·"表示边缘条件存在，"⊗"表示边缘条件缺失；空白表示该条件存在或缺失均可。解的一致性是指具有相同前因条件的案例在产生结果方面的一致程度，解的覆盖度捕捉与结果相关的组态的经验相关性（张明和杜运周，2019）。表中，H1、H2、H3、H4 显示 7 个前因条件变量形成的战略性新兴产业高质量发展的 4 种组态构型,结合表可见,高质量发展的 4 种组态的单个解和总体解的一致性水平均大于 0.9,符合可接受的最低标准,具有较高的解释力和可信度,解释了大半的样本案例,因此这 4 种组态路径可以被认为是战略性新兴产业高质量发展的充分条件组合。

表 5.7 战略性新兴产业高质量发展的组态构型

前因条件	高质量发展						
	H1		H2		H3		H4
	1a	1b	2a	2b	3a	3b	4
资本要素	●	●	●	●	●	●	
劳动力要素		•	●	●	•		⊗
市场集中度	⊗		•	●	⊗	⊗	●
外商投资水平	•	⊗	•	⊗	●	●	●
渐进性创新		⊗	●	●		•	•
突破性创新	●	●	•		●	●	●
政府支持	⊗	⊗		•			⊗
原始覆盖度	0.501	0.277	0.428	0.325	0.398	0.505	0.269
唯一覆盖度	0.004	0.024	0.049	0.109	0.006	0.010	0.021
一致性	0.966	0.973	0.975	0.981	0.961	0.972	0.980
总体覆盖率				0.764			
总体一致性				0.950			

表 5.8 战略性新兴产业低质量发展的组态构型

前因条件	低质量发展				
	L1		L2		L3
	L1a	L1b	L2a	L2b	L3a
资本要素	⊗	⊗	⊗	⊗	⊗

续表 5.8

前因条件	低质量发展				
	L1		L2		L3
	L1a	L1b	L2a	L2b	L3a
劳动力要素	●	●	⊗	⊗	⊗
市场集中度	⊗	●	●	⊗	
外商投资水平		⊗		●	
渐进性创新		⊗	⬤	⬤	
突破性创新	⊗	⊗			⊗
政府支持	⊗		●	⊗	⊗
原始覆盖度	0.285	0.356	0.326	0.344	0.424
唯一覆盖度	0.014	0.066	0.068	0.033	0.090
一致性	0.982	0.983	0.985	0.986	0.991
总体覆盖率			0.713		
总体一致性			0.978		

5.3.5 路径对比

5.3.5.1 战略性新兴产业高质量发展路径

为了使结果更简洁并具有代表性,根据 7 个解的相关性和共同点,将其划分为 4 种组态构型,同时根据核心条件的差异及其蕴含的理论逻辑,分别命名为 H1 自主研发驱动型、H2 资源禀赋型、H3 外资借鉴型、H4 市场集中型。

H1 自主研发驱动型(FAI * ~Ind * FDI * Absorb * IP 和 FAI * Wage * ~FDI * ~Absorb * IP * ~Gov)。此组态表示,核心条件为高资本要素投入、高突破性创新能力和低政府支持,有利于战略性新兴产业高质量发展,无论有没有外商直接投资都不会对产业高质量发展产生影响。发展路径为高资本投入,强自主研发,积极开展前沿技术研究,产生突破性创新,开发具有高技术含量和高附加值的新产品,提升产品的市场竞争力,形成高质量发展。低政府支持表明,企业在相对自由的市场环境中进行技术创新和市场拓展,充分发挥市场机制的作用,提高资源配置效率和创新动力。突破性创新是产业高质量发展的关键,这种创新不仅能够提升产品的技术含量和附加值,还能够引领行业技术发展方向,增强企业的核心竞争力。这条路径的典型代表是专用设备制造业。在中国,专用设备制造业面临国际环境的制约,必须依靠自主研发能力和技术创新实现高质量发展。企业通过大量资本投入和持续的技术创新,提升产品技术含量和附加值,增强国际竞争力。低政府支持为企业提供了灵活的市场环境,使其能够更有效地进行创新活动。这种路径有效地提升了行业的技术水平和国际竞争力,促进了战略性新兴产业的高质量发展。

H2 资源禀赋型(FAI * Wage * FDI * Absorb * IP 和 FAI * Wage * Ind * ~FDI * Absorb * Gov)。资源禀赋型高质量发展路径在战略性新兴产业中的应用主要依赖于资本要素投入、劳动力要素投入和渐进性创新能力,辅以市场集中度、突破性创新能力和政府支持。这种路径在中国的计算机通信及其他电子设备制造业中得到了显著体现。中国的计算机通信产业在早期发展中基础相对薄弱,缺乏自主核心技术,主要依赖于进口设备和技术。此外,国际制约也对中国计算机通信产业的发展产生了深远影响。例如,美国对华技术封锁和限制,迫使中国企业在关键技术上实现自主研发和创新。这种背景下,依赖资源禀赋型路径尤为重要。资本要素投入是推动计算机通信产业高质量发展的重要因素。大量的资金投入用于购置先进设备、建设研发设施和培养高素质人才。这种投入为企业提供了坚实的物质基础,使其能够在激烈的市场竞争中保持技术领先地位。一项研究发现,资本投入显著提高了中国高科技产业的技术创新效率(Wang & Li,2021)。计算机通信产业的发展还依赖于高素质劳动力的投入。企业通过招聘高学历、高技能的人才,组建强大的研发团队,进行技术攻关和产品创新。高素质劳动力不仅提升了企业的研发能力,还增强了企业的创新活力(Guo et al.,2022)。渐进性创新能力是计算机通信产业高质量发展的核心条件之一。在技术积累和市场需求的推动下,企业通过不断改进现有技术、优化产品性能和降低生产成本,实现技术的逐步提升。这种渐进性创新不仅满足了市场的需求,还增强了企业的竞争力(Chen et al.,2021)。市场集中度作为边缘条件对计算机通信产业的高质量发展起到辅助作用。高市场集中度使得行业内龙头企业具备更强的资源整合能力和市场控制力,从而引领行业技术发展方向和标准制定(Chen,2021)。

尽管渐进性创新是主要路径,但突破性创新能力仍然是计算机通信产业高质量发展的重要因素。通过持续的研发投入和技术攻关,企业在某些关键技术上实现突破,从而大幅提升产品的技术含量和市场竞争力。政府在促进计算机通信产业高质量发展方面发挥了重要作用。政府通过政策支持、资金投入和研发补贴等方式,鼓励企业进行技术创新和产业升级。例如,中国政府在"十四五"规划中强调加强自主创新能力,支持关键核心技术攻关,推动计算机通信产业高质量发展。

H3 外资借鉴型(FAI * Wage * ~Ind * FDI * IP 和 FAI * ~Ind * FDI * Absorb * IP)。外资借鉴型发展路径中,外商直接投资水平、资本要素投入和突破性创新能力为核心条件,劳动力要素投入、渐进性创新能力为边缘条件,低市场集中度,能形成战略性新兴产业的高质量发展,代表案例为电器器械和器材制造业。外资将其先进的设备、技术和管理经验引入中国,提升了国内产品的技术水平和质量,促进了产业链的发展,推动了国内电器器械和器材制造业的技术升级和产业转型。外资借鉴型发展路径的特点是通过引进外资、先进设备技术和管理经验,提升国内产业的竞争力和创新能力促进产业的高质量发展。

H4 市场集中型(~Wage * Ind * FDI * Absorb * IP * ~Gov)。市场集中型发展路径中,市场集中度、外商直接投资和突破性创新能力为核心条件,辅以渐进性创新能力为边缘条件,即使劳动力要素和政府支持边缘条件缺失,也可以形成产业的高质量发展,代表产业是医药制造业。较高的市场集中度使产业企业能够在研发、生产和销售方面实现规模经济;外资企业的投入可以带来先进技术和管理经验,提高产品的技术含量和品质;自主创新能力的提高推动了医药制造业的技术进步和产业升级,促进了产业的高质量发展。

5.3.5.2 战略性新兴产业低质量发展的路径

以战略性新兴产业低质量发展作为结果变量时,存在形成低质量发展的3条路径。同高质量发展路径划分,本书将其命名为 L1 技术抑制型、L2 资源-技术匮乏型和资源-技术-环境抑制型,见表5-8。

L1 技术抑制型(~FAI * Wage * ~FDI * ~Absorb * ~IP * ~Gov 和 ~FAI * Wage * Ind * ~FDI * ~Absorb * ~IP),核心条件为低资本要素投入、低渐进性创新能力、低突破性创新能力,辅以较好的劳动力要素投入,无论市场集中度的高低、是否有外商直接投资和政府的支持,都难以形成战略性新兴产业高质量发展,具有低质量发展特征。代表产业为化学纤维制造业,较低的固定资产资本要素投入和较低的创新能力,阻碍了产业的高质量发展。

L2 资源-技术匮乏型(～FAI＊～Wage＊Ind＊～IP＊Gov 和～FAI＊～Wage＊～Ind＊FDI＊～IP＊～Gov),核心条件为低资本要素投入、低劳动力要素投入和低突破性创新能力,市场集中度的高或者低、政府是否支持不会对低质量发展结果产生影响。代表产业有废弃资源综合利用业,由于资金和规模的限制,产业企业缺乏足够的研发能力和技术投入进行技术创新,往往缺乏先进的设备和技术,难以提高产品的附加值。

L3 资源-技术-环境抑制型(～Wage＊～Ind＊～Absorb＊～IP＊～Gov)。核心条件为低劳动力要素投入、低突破性创新能力,辅以较低的资本要素投入、渐进性创新能力和政府支持。代表产业是非金属矿物制造业,由于固定资产资本投入不足,生产设备和技术相对落后,无法满足产业高质量发展的需求;政府的积极促进不足,产业企业可能缺乏足够的动力和资源来改善其绩效。

5.3.6 稳健性检验

为提高本书结果可靠性,本书进行了稳健性检验。参考杜运周等(2022)的研究,采用 3 种方法对结果进行检验。首先,通过调整案例最小频数阈值,将频数阈值从 2 提高至 3,产生的 4 个中间解与现有组态中的 4 个解基本一致,总体一致性由原来的 0.954 提高到 0.964,总体覆盖率由原来的 0.748 下降到 0.682。其次,通过调整一致性阈值,将 0.8 提高到 0.85,产生的组态未发生实质性变化,总体一致性与覆盖率也没有产生明显的变动;最后,将 PRI 一致性由 0.75 下降至 0.70,产生的 8 个组态包括了本书得出的组态,与现有结果一致,说明本书产生的组态具有较高的稳健性。

5.4 研究结论与讨论

本书以 2010 年到 2021 年战略性新兴产业 6 大产业 14 个行业为样本构建基于产业技术、产业组织和产业环境的战略性新兴产业高质量发展前因框架,采用 fsQCA 方法分析前因组态及路径演进,得出以下结论。

(1)产业技术创新能力、产业组织投入和产业发展环境对战略性新兴产业高质量发展均有重要影响。产业组织投入为产业高质量发展提供必要的资源基础,产业技术创新能力与产业核心竞争力的形成密切相关,产业环境为产业高质量发展创造必要条件。战略性新兴产业高质量并不是由单一因素驱动的,而是多个因素相互影响、相互促进、共同作用的结果。

(2)战略性新兴产业高质量发展有自主研发驱动型、资源禀赋型、外资借鉴型和市场集中型4条路径。自主研发驱动型路径的核心是高资本投入和强大的自主研发能力。企业通过大量的资本投入和持续的技术创新,产生突破性创新,开发高技术含量和高附加值的新产品,在相对自由的市场环境中提升竞争力,最终实现高质量发展。资源禀赋驱动型路径主要依赖于资本和劳动力要素投入,以及渐进性创新能力,同时市场集中度、突破性创新和政府支持起辅助作用。面对技术基础薄弱和国际制约,企业通过大量资金投入购置先进设备、建设研发设施,招聘高素质人才组建强大研发团队,逐步提升技术水平。龙头企业在政府支持下发挥引领作用,实现关键技术突破和产业升级。外资借鉴型路径的核心条件是外商直接投资、资本投入和突破性创新能力,劳动力投入和渐进性创新是重要的辅助条件。通过引进外资,学习和吸收先进技术、管理经验,提升了国内产业的竞争力和创新能力,推动了高质量发展。外资带来的先进设备和技术,提高了产品的技术水平和质量,促进了产业链的发展。市场集中型路径的关键是较高的市场集中度、外资参与度和突破性创新能力,渐进性创新作为有益补充,即使缺乏劳动力投入和政府支持,也能实现高质量发展。龙头企业依托规模优势和外资带来的先进技术,通过自主创新推动技术进步和产业升级,促进了产业的高质量发展。

(3)资源不足、技术创新能力低、环境支持不够,会抑制高质量发展。资本投入不足,创新能力低下,即使有较好的劳动力供给,在缺乏外资和政府支持的情况下,也难以实现高质量发展,形成技术抑制型低质量发展。

综上所述,资本要素投入、自主创新能力、外资参与度和市场化程度是影响战略性新兴产业能否实现高质量发展的关键因素。政府应加大对创新活动的支持力度,营造公平竞争的市场环境,鼓励外商投资,引导产业加大研发投入,提升自主创新能力,推动战略性新兴产业向高质量发展阶段迈进。对于因资源、技术、环境等多重因素而陷入低质量发展困境的产业,不能从单一的因素视角考虑,要综合产业技术创新能力、产业组织投入和产业发展环境多个方面,注重充分利用外资、增加固定资产投资和突破性创新能力的提升,针对战略性新兴产业不同行业的特点制定策略,推动产业高质量发展。

6 中国战略性新兴产业触发的治理策略及政策建议

发展新兴技术、触发新产业是现代市场经济成功地实现经济增长、就业、竞争和可持续性的核心(Hung & Chu,2006),新兴产业的兴起就是创建与嵌入新的产业生态体系,需要不断突破技术领域的瓶颈及市场等方面的关键问题,识别和利用新兴产业触发的机遇,实现主体功能与技术、市场、管理及国际化治理策略的动态匹配。中国战略性新兴产业的触发,需要完善相关主体的触发功能和系统结构;同时,要促进新兴产业触发过程中的协调,实现新兴产业生态系统的资源与触发活动过程的匹配。对此,本部分结合战略性新兴产业触发的理论框架、中美量子通信产业触发过程及其绩效比较的研究结果,以及企业触发模式、动态能力与企业绩效间的作用机制,提出中国战略性新兴产业触发的治理策略选择框架及创新政策建议。

6.1 中国战略性新兴产业触发的基础条件评估

6.1.1 中国战略性新兴产业触发的差异化资源禀赋

丰富的人力资源、良好的产业研发基础条件和不断提高的研发强度,以及不断完善的金融市场和创新创业政策,为大规模战略性新兴产业企业的触发提供了前提条件。改革开放以来,尤其是加入世界贸易组织(World Trade Organization,WTO)以后,中国的高等教育规模不断扩大,2022年全国大学生毕业人数突破1020万人;理工科高水平人才培养质量持续提升,越来越多的学科逐步占据世界一流地位,在全球的人才、学科、学术影响力优势日益突出;国家重大科技基础设施逐步完善,国家工程技术研究中心、国家重点实验室及国家部委重点实验室、产业技术研究院、大型企业技术中心数量及学术创新水平不断提升,为新兴产业的触发提供了必要的智力支持条件;中国的研发投入保持高速增长,2021年的研发经费总额仅次于美国,为战略性新兴产业的触发提供了财力和物质保障;金融市场主体的不断增加,金融市场结构持续优化,尤其是与创新创业密切相关的筹融资渠道和平台日趋完善,创新创业政策体系的不断成熟,提供了战略性新兴产业企业的大规模触发要素条件、市场和政策保障。

6.1.2 战略性新兴产业发展的战略目标明确,主要领域初具实力

《中华人民共和国国民经济和社会发展第十四个五年规划和2035年远景目标纲要》《国家创新驱动发展战略纲要》《国务院关于全面加强基础科学研究的若干意见》等,提出战略性新兴产业发展国家战略和重要目标,各行政区结合国内外战略性新兴产业的技术发展趋势、本省新兴产业的基础和自主创新能力实际,制定和发布的区域性系列文件,如《中共湖北省委湖北省人民政府关于加快培育战略性新兴产业的若干意见》《湖北省战略性新兴产业发展"十二五"规划》《湖北省国民经济和社会发展第十四个五年规划纲要和二〇三五远景目标》等,提出要把培育和发展战略性新兴产业作为提高经济发展质量、效益和竞争力,加快经济发展方式转变和产业结构升级的战略选择。中国已经明确了量子通信等新一代通信技术、航空航天、新材料等战略性新兴产业,围绕量子通信网络、量子芯片设计、新材料等重大技术领域,形成了一批具有自主知识产权和广泛应用前景的重大原始创新成果,在基础研究、工程技术研发、应用场景探索、人才教育和产业链构建等方面已经初具规模。

6.2 中国战略性新兴产业触发的重大机遇

6.2.1 国家发展战略的系统调整

中国确立了加快构建以国内大循环为主体、国内国际双循环相互促进的新发展格局,这是面对外部环境发生重大变化、国内发展进入高质量新阶段的国家重大战略抉择。这一战略将更加注重重大基础科技和国家战略利益,突

出战略性新兴产业自主发展中的科技创新作用;同时,依据中共中央、国务院《关于新时代加快完善社会主义市场经济体制的意见》,国家将推动由商品和要素流动型开放向规则等制度型开放转变,加快国内制度规则与国际接轨,进一步完善国内法规和治理体系。相应地,近年来国家知识产权的保护及其资本化、科研人员科技成果转化收益分配、科技教育管理体制改革深化等相关政策的发布和政策体系完善,为中国战略性新兴产业的触发创造了更好机遇,有利于量子通信等细分战略性新兴产业触发更加便利地获得急需的资本、技术、人才、数据等创新要素。

6.2.2 国际环境的重大变革

2020年末、2021年初,《区域全面经济伙伴关系协定》(RCEP)、《中欧全面投资协定》(中欧CAI)先后正式签署,标志着全球发展潜力最大的自贸区形成及中欧世界两大经济体双边稳定投资制度的构建,为中国建立更高水平的开放型经济新体制带来了新的战略发展机遇,有助于中国同相关国家与地区开展环保、新能源、航空航天、生物制药、新材料等战略性新兴产业领域的国际投资和高质量合作,为中国战略性新兴产业触发提供了独特机遇。同时,中美、中国同其他国家在一些战略性新产业领域的竞争开始进入新的阶段,如何保持、加强与相关国家、地区的研究机构及大学的良好联系和合作基础,共享战略性新兴产业触发的窗口机会和利益是新时代国家治理面对的重要历史选择。

6.2.3 中国战略性新兴产业发展战略方案的实施,开启了战略性新兴产业触发的重大实践

自2010年《国务院关于加快培育和发展战略性新兴产业的决定》提出战略性新兴产业这一概念,2012年国务院制定战略性新兴产业发展规划以来,中国各行政区域纷纷制定本区域战略性新兴产业推进实施方案,提出将战略性新兴产业培育成经济发展的主动力,使本区域成为战略性新兴产业发展某一领域的核心区、国家战略性新兴产业发展高地,战略性新兴产业增加值占GDP比重不断提高,新一代信息技术、生物、高端装备、新材料、绿色低碳、数字创意等产业领域的主营业务收入总和创新高。明确的发展战略目标和行动方案,为中国战略性新兴产业的触发确立了定位和方向,有利于整合产业研发资源,

提高触发绩效。

6.3 中国战略性新兴产业触发的主要挑战

一是产业启动规模大，但创新要素集聚程度较低，研发投入和市场拓展等体现为企业动态能力的水平有限。由于全国各地大多将培育和发展战略性新兴产业作为规划的重要目标，在行政强有力的推动下战略性新兴产业的规模迅速扩展，但新技术的突破有限，有限的市场和创新资源的分散投入及过度竞争，直接影响了战略性新兴产业的触发效益和技术水平，也导致战略性新兴产业企业创新投入的预期回报下降。例如，全国各省区几乎都有发展节能环保、生物医药和新材料、新一代信息技术等战略性新兴产业的远景规划，湖北省除神农架林区外的全省 16 个市州均有节能环保、生物医药和新材料产业，15 个市州有新一代信息技术产业；相关产业中的中小型企业较多，大中型知名企业、国际型企业较少，这些企业难以获得银行贷款和上市融资，能够得到的政府财力支持有限，开展研发活动的比例较低，导致新兴产业触发的成长和创新绩效较差。

二是大学和研发机构很多，但在战略性新兴产业触发过程的功能定位不够清晰，研发投入-产出系统的自我弱循环特征明显。中国拥有大量的科研院所和高等院校，各类研究机构众多，国家重点实验室数量近年来快速增加，国际知名的专业高科技人才和国内外领先的技术逐渐增加，但是整体上相关大学、重点研发机构、校企共建研发中心等主体相对封闭，如何在战略性新兴产业触发过程中发挥更为积极的引领、驱动作用，缺乏相对明确的角色定位、任务导向，以及与其他主体之间的必要交互作用。如何有效地配置新兴产业的科技研发力量并与新兴产业触发的市场需求匹配，转化为促进战略性新兴产业高质量触发的关键力量是当前中国战略性新兴产业触发的一个关键问题。

三是战略性新兴产业触发的知识创造能力等动态能力较低，科技研发资源投入和能力配置的碎片化、短期化，导致在新兴产业的新技术、新产品方面的突破性创新程度不高，专利影响力较低，新兴产业生态系统构建的治理能力有待提高。例如，湖北武汉的国家生物产业基地，建立了生物创新园、生物医药园、生物农业园、医疗器械园、医学健康园和智慧健康园，聚集各类生物企业 3000 余家，其中世界 500 强 8 家，主板上市 28 家、新三板上市 27 家，但世界 500 强企业较少,相关研发项目投入的期限短、绝对数额较低,创新性企业的颠覆性技术相对较少;集聚了31位中外院士项目、34位国家级高层次人才、92位省级高层次人才,但区域生物产业创新发展的研发体系、新兴产业生态系统尚未形成,创新资源急需整合,产业关键技术、前沿技术的研发能力有待提升,具有重大影响力的产出成果不多。

四是政府创新政策的灵活性和适应性有待进一步加强,对战略性新兴产业触发的引导和支持水平有待改进。目前政府机构及国企触发的战略性新兴产业企业在所有触发类型中的占比较高,政府机构及国企触发战略性新兴产业企业的成长绩效、创新绩效都较高。说明政府机构及国企触发的战略性新兴产业企业更适应中国国情下的发展,从某种程度间接说明,中国战略性新兴产业的创新资源配置有待进一步优化,需要适当转向能够促进企业自主创新与成长的主体和领域,能够为不同类型的触发企业提供公平的政策资源与平台。中国制定了战略性新兴产业的发展规划、创新计划及激励政策,但相关政策、计划的约束性、规范性、指导性、配套性不足,与各地战略性新兴产业触发实践过程的需求结合有待加强,针对性、操作性有待提高,以便进一步激励高校、科研院所和创业企业主动参与产业的触发,并在研发活动及经营业务上进一步突出符合新兴产业发展与国家战略需求的同时,通过动态能力的提升不断促进所有类型触发企业的技术研发与市场拓展。

6.4 中国战略性新兴产业触发策略与政策改进的核心思想

一是围绕中国战略性新兴产业的触发战略,完善相关主体的触发功能,建立高水平产业触发的系统结构。进一步结合产业技术发展趋势、国家战略需求和重大部署,制定规划,明确大学及科研机构、政府及其相关部门、产业企业在产业研发过程中的关键活动及其功能。大学及科研机构是研发系统的基础,研发的关键活动是知识的探索性开发、积累、传播和人力资本开发;企业研发是研发系统的关键,但研发的关键活动服务于知识产权及技术控制权的开发等战略目的,集中于利用公司能力及市场中来自技术、竞争、客户的未来机会并避免或最小化威胁,满足公司利益相关者需求的目标;政府及其相关部门是战略性新兴产业研发系统运行的必要条件,是技术变革合法性、产业市场发展、资源调动和配置功能作用机制的支撑力量,国家战略规划、研发政策及市场策略影响研发系统结构其他子系统的功能实施。要围绕战略性新兴产业发展的关键核心技术和前沿技术,通过建立有限、稳定、开放的产业科研平台与研发中心,创新产业技术战略联盟和研发合作机制,构建产业研发体制的基本知识源泉框架;各省政府及其所属部门要适当调整产业研发投入模式,鼓励支持具有核心竞争能力的大企业、科研机构和高校共同参与产业科技计划,有效引导和协调高校、国家高新技术开发区、国家级工程(技术)研究中心、工程实验室、重点实验室,企业技术中心、产业技术创新基地,合理集聚研发资源,形成在国内外具有重大影响和引领作用的产业科技研发中心,减少重复、低水平研究,争取重点产业技术领域的重大突破。

二是促进触发过程中的协调,实现新兴产业生态系统资源与触发活动的匹配和高质量产业触发绩效的循环。新兴产业触发过程中不同主体、子系统的功能与资源具有较大差异,但不同主体、子系统相互作用。产业触发必须成为中国总体经济转型的一个组成部分,要使高质量的新兴产业触发成为中国战略性新兴产业健康发展、新阶段经济结构调整和增长方式转变的基础和关键组成部分。通过加快传统的产业研发体制转型并基于国家长期发展和复杂国际背景进行重大变革,改变对政府所有、所属研究机构的潜在研究能力的评估,进一步深化产业研发机构特别是国家重点实验室的改革,并与研发机构的分类建设相结合,强化高质量产业触发要求的创新活动目标,整合产业研发资源,建立新兴产业生态系统协同创新所需的研发机构并促进产业触发绩效与创新主体功能的良性循环。充分发挥技术领军人物的作用,加快战略性新兴产业创新人才聚集,形成一批专业性强、结构合理的研发团队;充分认识到政府及其所属政府部门对产业触发的直接支持是有限的、刚性的,尽可能减少对产业触发过程和研发资源的过度控制;发挥区域性政府在新阶段产业触发中的治理功能和创新环境建设角色,尽快消除部分大学及科研机构名义研发活动和实际研发活动之间的严重失衡,彻底改变产业创新资源的碎片化及过度分散状况,适当强化在产业触发活动中具有较大影响力和贡献的科研机构、大学的核心、关键作用,优化创新资源配置,强化相对独立或者隶属于各部委的科研机构、大学服务于特定战略性新兴产业触发需要的意识与机制约束。对于缺乏研究、知识积累和创造能力、进行非研发活动的科研机构和大学进行强制转型,逐步推进产业人力资本、技术资产的积累及其结构升级。

6.5 中国战略性新兴产业触发的策略选择及政策建议

6.5.1 动态系统优化策略及政策建议

一是积极完善战略性新兴产业触发的支持系统与环境,推进产业企业触发生态系统的动态优化。中国战略性新兴产业触发的支持系统与环境受国家创新体系、产业创新系统和技术创新系统等影响,并构成相关系统及其竞争力的一部分,对中国战略性新兴产业触发主体及其互动网络的形成和发展,产业特定知识生产、积累及传播的要素资源投入、创新产出、市场及满足未来发展需求具有至关重要的价值。由于战略性新兴产业触发的互补性技术和新的基础设施、框架条件等的变革,战略性新兴产业的触发需要适应新兴科技创新及新兴产业关键要素流动的国际新趋势。为此,中国要进一步深化对外开放、创新研发预算模式,加快创新创业的社会文化和资本市场体系建设,提升社会对战略性新兴产业触发作用及其类型的认知,完善触发过程中不同触发类型、资源、产出及评估利用的管理制度;创造有竞争力、吸引力的触发激励机制,进一步改善新兴产业触发人才群体的年龄结构、专业领域分布;加强知识产权保护,规范研发主体产出和新的解决方案流程的专利化;加快重点新兴产业研究设备和方法的更新及其国产化,进一步提高中国在科学研究和相关产业创新体系、国际重点研究领域的学术地位和国际影响力,促进产学研政的互动和模式创新,持续加大对主要科研机构、大学重点学科、国家重点实验室的研究资助,强化中国战略性新兴产业科技创新和应用发展合作的伙伴关系,加速新兴产业触发系统结构的迭代和优化。

二是推进产业和区域各层次的创新政策转型,提高战略性新兴产业触发的治理能力。现代政府普遍承担着支持知识创造和利用的创新体系、塑造和影响产业的竞争优势、促进产业触发支持的制度化等功能,并且政府的上述相关功能被认为有助于增长和解决新知识私人供给的市场失灵、增强全球化世界的竞争力(Schot & Steinmueller,2018)。社会技术系统变革理论认为,不能从投入-产出关系看待技术变革,而要基于系统管理与协调视角,并强调技术根本性或系统性变革的重要动力及驱动力(Nill & Kemp,2009)。中国战略性新兴产业创新政策要服务于国家战略和科技发展需求,能够作为政府引导、推进战略性新兴产业触发和发展进程的重要杠杆工具,可以体现党和政府触发战略性新兴产业的治理能力和水平。触发战略性新兴产业的创新政策具有以下特征。

基于演化视角的创新政策设计和实施。不同于传统产业发展政策的目标构建、设计和工具选择主要基于帕累托效率标准,战略性新兴产业以不确定性高、路径依赖和路径突破并存、技术与非技术系统共同演化为特征,需要考虑相关领域的技术研发动态、垄断竞争地位,以及政府承担的研发职能、创新支持和创造利基市场的功能,要求政策的设计和实施评估标准需要增加新的演化要素,包括克服锁定、促进国家战略性新兴产业的生态系统发展、促进技术多样性与独特性,突出政策实施过程中对新兴技术研发的支持、竞争性技术间的平衡和伴随科技进步的区域性经验借鉴,及时应对新兴技术的创造性破坏对某些经济主体产生的负面影响,采用"动态效率"的政策标准,允许和鼓励区域政府刺激多样性和交互性产业创新的探索性政策试验。

注意产业研发政策目标的本质变化。研发在战略性新兴产业触发过程中具有极其重要的作用,通过研发引领、驱动相关战略性新兴产业的发展成为中国战略性新兴产业研发政策制定过程中必须解决的理论和实践难题。中国当前的新兴产业研发政策源于服务成熟产业、生产效率最大化的产品生产,主要基于追赶情境下的支持出口导向目标。在国家实行双循环战略、增强产业自主创新、提高国民生活水平的背景及约束条件的新阶段,如何提高战略性新兴产业的触发质量和主导地位是测度战略性新兴产业触发绩效的重要标准。由于中国战略性新兴产业研发的实力、能力基础,以及新兴产业研发产出自身的巨大不确定性,中国战略性新兴产业的研发政策不能以获得某一技术结果为既定目标,而是要通过利基管理创造受保护的产业空间,支持、评估、推进有潜力的新兴技术研发过程并积累相关知识,传播经验教训,实现重要新兴产业技术学习和市场变革的良性循环;政策评价范围也应该超越经济效益目标,需要考虑研发过程中更多利益相关者、技术整合的社会政治等多目标需求。国家及相关部门要明确制定、实施新兴产业研发战略及规划的政策责任,设立权威机构负责战略性新兴产业研发过程的各环节及工信部、科技部、财政部等相关部门的系统协调,规范新兴产业研发投资、技术市场交易行为;地方政府及相关部门的主要创新政策要突出新兴产业新技术的创新扩散,激励企业的研发投入和高质量产出,促进新兴产业的专业知识学习和分享。

推进新兴产业创新政策内容由决策导向转向过程匹配导向。传统的产业及创新政策干预模型,突出规范性,决策者根据产业发展的期望状态确定目标,力图通过政策工具将产业知识外部性内在化,利用已有的知识和能力静态描述决策问题,并应用解释性的经济理论选择理想条件的相应手段构建解决方案。战略性新兴产业的触发过程,处于动态变化的不确定状态,会不断产生新的"外部性",政府部门、地方政府面临多方面需要干预的相关问题,需要将相关问题与政策的制定、选择与产业触发过程的演化特征相关联,因而超越传统的政策目标和手段维度,这将导致战略性新兴产业的触发难以采用规范的政策干预模型,而需要使用一个"问题+目标+手段+约束"的政策分析架构。根据新兴产业触发过程新出现的问题或者触发动态活动中问题的逐步明晰和解决状况,通过分析性的政策方法探索,解决不满足现有条件的问题,建立与要分析问题匹配的独特政策目标,赋予应对信息约束、政策工具限制的政策利基,特别是要关注而不是排除现行法律、政策没有充分遏制的新的非市场互动,或者被已有政策忽略的新技术收益及其成本,处理突破性创新及系统创新的政策约束,设计适合于探索学习和干中学、做中学及基于活动等经验性的政策并在适宜时机取消设计实验,关注不同主体采取触发行动的机会,保持区域性政策的适应性,强调政策目标与动态问题分析的一致性和匹配性,以引导相关新兴产业触发及其战略目标潜力的实现。

6.5.2 自主发展和开放创新相融合的策略及建议

新兴产业的自主发展强调产业的国家安全和治理的相对独立性,战略性新兴产业自主发展的实质是通过创新投入及创新过程中的创新资源利用机制,更好地把握新兴产业机遇、应对挑战。基于新兴产业生态系统演化的内在特征和中国战略性新兴产业触发实践,自主发展和开放创新融合统一的策略,是中国在相关新兴产业触发过程中积极、灵活地利用国内资源、国内市场的同时,通过有效配置国际资源和国际市场,以推动本国战略性新兴产业的触发进程和主导权提升,即保持和提高新兴产业价值增值网络活动的控制能力和自主知识产权。基于战略性新兴产业生态系统演化的内在特征和中国现实,可以认为中国战略性新兴产业自主发展和开放创新的关键在于核心技术创新、市场机会利用和探索,通过开放创新,促进原始创新、集成创新和引进消化再创新等方式的自主创新。

一是秉承国家"双循环"战略,抢先抓住《中欧全面投资协定》(中欧 CAI)、《区域全面经济伙伴关系协定》(RCEP)签署的战略机遇,探索建立国际研发协作的新路径、新模式,率先在战略性新兴产业领域构建中欧和中国在 RCEP 框架下同日本、韩国、新西兰等国科技创新方面的合作机制,坚定不移地"引进来,走出去",提升中国战略性新兴产业的创新能力和研发质量,促进中国战略性新兴产业及其价值链的国际融合。

二是完善中国战略性新兴产业重点领域的知识产权、投资、法律、创新资源等制度,降低创新成本,鼓励大型跨国公司、国内知名公司与国内重点科研机构共同设立新兴产业的研发中心、具有国际影响力和面向国际开放的重要产业创新中心,充分利用国内外研发资源、市场潜力和高质量人才的创新服务;尽最大可能支持和激励中国战略性新兴产业企业建立研发机构、协同创新联盟,提高国家重点实验室、工程(技术)研究中心、科技基础条件平台、重点科研院校和相关学科等面向战略性新兴产业相关企业的开放程度、服务于重大技术创新和长远发展战略需求的意识与能力。

三是提升中国战略性新兴产业的人才和信息工作质量,推进新兴产业触发过程中核心要素的流动和聚集。通过新兴产业信息资源的共享和对接,完善情报监测体系,加强中国战略性新兴产业重点领域及其关键技术创新过程的全球监测和趋势评估,及时提供新兴产业相关领域新兴技术与新兴市场的国际最新进展、重大变化和发展趋势,动态优化中国战略性新兴产业触发的战略目标实施路径和策略,引导创新资源的优化配置。由于战略性新兴产业触发对新知识具有高度的敏感性和强烈的人才资本依赖性,而高水平人才具有很强的流动性并能带动相关领域的资源集聚,中国要进一步加大引智工作强度,完善相关领域人才的评估、选拔、使用和激励的机制,高度重视引进国际领军人才;不断完善"国家高层次人才特殊支持计划"等重大人才工程,引进一批与战略性新兴产业触发需求密切的高层次人才。同时,加大战略性新兴产业人才储备、培养和培训力度,充分支持高等院校科学合理地设置一些交叉学科、新兴学科专业,培育战略性新兴产业急需的后备人才,鼓励高校、科研机构和战略性新兴产业核心企业建设新兴产业人才教育基地,改善战略性新兴产业的人才质量和结构。

四是促进企业动态能力发展,有效改善战略性新兴产业企业触发绩效。战略性新兴产业企业动态能力的提升,可以使其更好地获得、利用不同触发主体发展战略性新兴产业的异质性资源禀赋,并对技术创新、市场拓展等关键活动与行为产生重要影响,在提高技术创新效率的同时,形成新兴产业生态系统的独特竞争优势。

主要参考文献

白让让,2016.竞争驱动、政策干预与产能扩张——兼论"潮涌现象"的微观机制[J].经济研究(11):56-69.

白雪洁,孟辉,2018.新兴产业、政策支持与激励约束缺失——以新能源汽车产业为例[J].经济学家(1):50-60.

卞庆珍,任浩,叶江峰,等.2018.大学衍生性资源对衍生企业的创业导向和创业绩效的影响——基于中国卓越联盟大学衍生企业的样本调研[J].科学学与科学技术管理(11):113-129.

蔡莉,鲁喜凤,单标安,等,2018.发现型机会和创造型机会能够相互转化吗?——基于多主体视角的研究[J].管理世界,34(12):81-94.

蔡莉,尹苗苗,柳青,2009.创业网络对新创企业动态能力的影响研究:组织学习的中介作用[C].第四届(2009)中国管理学年会——创业与中小企业管理分会场论文集.

蔡笑天,杨洋,2019.我国量子通信产业化的发展趋势及实践思考[J].全球科技经济瞭望(4):26-32.

曹萍,张剑,熊焰,2017.高技术产业安全影响因素的实证研究[J].管理评论,29(12):50-61.

曹原,赵永利,2019.量子通信网络研究进展[J].激光杂志(9):1-7.

曾蔚,吴雪晴,吴厚平,等,2017.基于创新价值链的创新资本对中小企业成长性的影响研究[J].科技管理研究(8):9-19.

陈世来,李青原,2023.IPO与企业固定资产投资[J].经济评论(1):90-107.

陈文锋,2021.研发投入、创新网络与战略性新兴产业赶超发展[J].吉首大学学报(社会科学版)(5):87-96.

陈文晖,李虹林,王婧倩,2020.促进战略性新兴产业发展的需求侧政策研究[J].价格理论与实践(7):36-39.

陈文俊,彭有为,胡心怡,2020.战略性新兴产业政策是否提升了创新绩效

[J].科研管理(1):22-34.

陈宇翔.2023.制造业行业收入影响因素实证分析[J].统计与决策(6):66-70.

陈悦,陈超美,2014.引文空间分析原理与应用[M].北京:科学出版社.

程龙,李商,陈毅文,2022.创业者自我效能和绩效的关系:韧性和乐观的调节作用[J].武汉理工大学学报(信息与管理工程版)(5):806-814.

程鹏,柳卸林,朱益文,2019.后发企业如何从嵌入到重构新兴产业的创新生态系统——基于光伏产业的证据判断[J].科学学与科学技术管理(10):54-69.

褚婷婷,郎丽华,李雪亚,2020.FDI对我国高技术产业技术溢出效应的异质性考察——基于高技术产业21个细分行业的面板数据[J].经济问题探索(2):123-131.

崔杰,2020.母体知识资源分布对衍生企业创业机会影响研究:创业拼凑的调节作用[J].南开管理评论(4):178-189.

戴魁早,刘友金,2016.要素市场扭曲与创新效率——对中国高技术产业发展的经验分析[J].经济研究(7):72-86.

戴亦兰,张卫国,2018.动态能力、商业模式创新与初创企业的成长绩效[J].系统工程(4):40-50.

邓衢文,李纪珍,招富刚,2012.战略性新兴产业培育的政策路线图:以广东省LED产业为例[J].科技管理研究(24):51-56.

丁雪辰,柳卸林,2021.创新生态系统战略对创业绩效的促进——基于中科院技术衍生企业的实证研究[J].管理评论(1):120-132.

董保宝,葛宝山,王侃,2011.资源整合过程动态能力与竞争优势:机理与路径[J].管理世界(3):92-101.

董铠军,2019.战略性新兴产业培育——从"范式价值链"角度[J].科技管理研究(2):129-139.

董明放,韩先锋,2016.研发投入强度与战略性新兴产业绩效[J].统计研究(1):45-53.

杜健,郑秋霞,郭斌,2020.坚持独立或寻求依赖?"蛇吞象"式跨国并购的整合策略研究[J].南开管理评论(6):16-26.

杜庆华,2010.产业集聚与国际竞争力的实证分析——基于中国制造业的面板数据研究[J].国际贸易问题(6):87-93.

樊矾,魏世海,杨杰,等,2018.量子保密通信技术综述[J].中国电子科学研究院学报(3):356-362.

方刚,周青,杨伟,2016.产学研合作到协同创新的研究脉络与进展——基于文献计量分析[J].技术经济(10):26-33.

方杰,温忠麟,张敏强,2017.类别变量的中介效应分析[J].心理科学(2):471-477.

方炜,刘洁,2022.战略性新兴产业与高质量发展耦合协调的时空特征——基于2010—2019年省际面板数据的分析[J].科技管理研究(23):189-198.

方勇,吴素珍,刘忠华,2020.研发模式、企业基础研究与产业发展[J].科技管理研究(20):1-7.

方梓旭,戴志敏,2024.中国制造业高质量发展水平测度及时空特征研究[J].软科学(2):27-34.

冯骥,冯江源,2012.21世纪量子通信技术研发热潮及其多行业推广——量子信息技术发明与专利战略背景研究[J].中国基础科学(6):18-22.

冯军政,魏江,2011.国外动态能力维度划分及测量研究综述与展望[J].外国经济与管理(7):26-33.

傅宇,崔维军,韩硕,2018.合作研发与企业创新绩效——基于世界银行中国企业调查数据的实证分析[J].科学学与科学技术管理(1):98-106.

葛宝山,董保宝,2009.基于动态能力中介作用的资源开发过程与新创企业绩效关系研究[J].管理学报(4):520-526.

龚惠群,黄超,梅姝娥,等,2018.基于原始培育能力的原创性新兴产业培育研究[J].科研管理(2):28-37.

龚惠群,黄超,王永顺,2011.战略性新兴产业的成长规律、培育经验及启示[J].科技进步与对策(23):78-81.

桂黄宝,李航,2019.政府补贴、产权性质与战略性新兴产业创新绩效——来自上市挂牌公司微观数据的分析[J].科技进步与对策(14):69-75.

郭文斌,方俊明,陈秋珠,2012.基于关键词共词分析的我国自闭症热点研究[J].西北师大学报(社会科学版)(1):128-132.

郭晓雨,张微,2023.政策工具、产业异质性与企业绩效——基于战略性新兴产业的微观考察[J].哈尔滨商业大学学报(社会科学版)(6):61-72.

韩博然,2022.FDI与高技术产业效率——技术创新和市场竞争的中介效应[J].社会科学家(2):88-97.

韩超,肖兴志,李姝,2017.产业政策如何影响企业绩效:不同政策与作用路径是否存在影响差异？[J].财经研究(1):122-133,144.

韩雪莲,谢理,赵文霞,2011.战略性新兴产业中的企业进入、时机与绩效——基于180家上市公司的实证分析[J].财经问题研究(4):45-52.

何明钦,2020.高管团队职能背景、创新投资与企业绩效[J].工业技术经济(8):3-12.

何向武,周文泳,李明珠,2020.自主研发、技术改造与技术引进生态关系研究——以中国高技术产业为例[J].科技进步与对策(8):59-67.

贺小刚,燕琼琼,梅林,等,2011.创始人离任中的权力交接模式与企业成长——基于我国上市公司的实证研究[J].中国工业经济(10):98-108.

胡查平,汪涛,朱丽娅,2018.制造业服务化绩效的生成逻辑——基于企业能力理论视角[J].科研管理(5):129-137.

胡登峰,黄紫微,冯楠,等,2022.关键核心技术突破与国产替代路径及机制——科大讯飞智能语音技术纵向案例研究[J].管理世界(5):188-209.

胡怀国,2021.全方位推进战略性新兴产业高质量发展[J].中国党政干部论坛(4):77-78.

胡慧芳,2017.供需交互响应下的战略性新兴产业成长机制——基于系统动力学的建模与仿真[J].厦门大学学报(哲学社会科学版)(5):123-134.

胡山,余泳泽,2022.数字经济与企业创新:突破性创新还是渐进性创新？[J].财经问题研究(1):42-51.

胡望斌,焦康乐,张亚会,等,2022.创业者人力资本与企业绩效关系及多层次边界条件研究——基于经验视角的元分析[J].管理评论(7):81-94.

淮孟姣,潘云涛,袁军鹏,2016.量子通信技术领域的研究现状——基于科学计量学视角[J].物理与工程(5):46-56.

黄方超,张文松,2007.基于企业家的中小企业知识传播共享机制研究[J].技术经济(8):68-72.

黄海燕,李诗辰,付强,等,2021.企业异质性、政府补助与创新绩效[J].湖北经济学院学报(人文社会科学版)(11):43-47.

黄凯南,乔元波,2018.产业技术与制度的共同演化分析——基于多主体的学习过程[J].经济研究(12):161-176.

黄鲁成,石媛嫄,吴菲菲,等,2017.基于技术视角的新兴产业关联研究——以3D打印相关产业为例[J].管理评论(2):47-58.

黄芩,2021.试论企业绩效评价重点指标及其方法应用[J].财会学习(5):

158-159.

黄速建,肖红军,王欣,2018.论国有企业高质量发展[J].中国工业经济(10):21-43.

黄先海,张胜利,2019.中国战略性新兴产业的发展路径选择:大国市场诱致[J].中国工业经济(11):60-78.

黄燕萍,刘榆,吴一群,等,2013.中国地区经济增长差异:基于分级教育的效应[J].经济研究(4):94-105.

黄永春,王祖丽,肖亚鹏,2017.新兴大国企业技术赶超的时机选择与追赶绩效——基于战略性新兴产业的理论与实证分析[J].科研管理(7):81-90.

黄紫微,刘伟,杜晶晶,2018.新兴产业创新与孵化器市场化的互动演化[J].科研管理(7):17-25.

贾佳,刘小元,2020.政治关联,异地投资经验与异地子公司进入模式——来自中国上市公司的经验证据[J].宏观经济研究(1):42-53.

简兆权,王晨,陈键宏,2015.战略导向、动态能力与技术创新:环境不确定性的调节作用[J].研究与发展管理(2):65-76.

金碚,2018.关于"高质量发展"的经济学研究[J].中国工业经济(4):5-18.

江积海,刘敏,2014.动态能力重构及其与竞争优势关系实证研究[J].科研管理(8):75-82.

江小涓,2018.大数据时代的政府管理与服务:提升能力及应对挑战[J].中国行政管理(9):6-11.

焦豪,崔瑜,2008.企业动态能力理论整合研究框架与重新定位[J].清华大学学报(哲学社会科学版)(S2):46-53.

晋琳琳,孙海法,2007.高校科研创新团队的组织资源管理研究[J].中国管理科学(10):641-645.

赖俊森,吴冰冰,汤瑞,等,2016.量子通信应用现状及发展分析[J].电信科学,32(3):123-129.

赖玲玲,程跃,2022.战略性新兴产业政策对企业创新绩效的影响研究——基于双重差分法的准自然实验[J].现代管理科学(5):98-108.

李柏洲,齐鑫,徐广玉,2016.开放式创新、知识创造和企业创新绩效关系[J].哈尔滨工程大学学报(12):1748-1755.

李晨乐,余靖雯,2015.专利制度设计与专利申请提前公开决策研究[J].中央财经大学学报(1):71-76.

李红锦,郑司寰,2023.战略性新兴产业研发创新效率研究——基于两阶段DEA效率评估模型[J].华南理工大学学报(社会科学版)(6):56-71.

李华晶,李永慧,贾莉,等,2015.企业社会创业导向的绩效转化路径研究[J].广州大学学报(社会科学版)(9):53-60.

李建强,赵西亮,2021.固定资产加速折旧政策与企业资本劳动比[J].财贸经济,42(4):67-82.

李琳璐,2021.国内外大学生学习性投入研究综述——基于CiteSpace的文献计量可视化分析[J].中国人民大学教育学刊(2):136-159.

李梅,朱韵,赵乔,等,2022.研发国际化、动态能力与企业创新绩效[J].中国软科学(6):169-180.

李苗苗,曹桂坤,郝兆兴,等,2022.企业获取政府补贴存在创新和成长双重激励吗?——基于A股上市企业的实证分析[J].科学管理研究(4):126-133.

李敏,孙佳佳,张婷婷,2020.人力资本结构高级化对产业结构升级的影响研究——基于中国省级面板数据[J].工业技术经济(8):72-77.

李巧华,2019.新时代制造业企业高质量发展的动力机制与实现路径[J].财经科学(6):57-69.

李胜会,刘金英,2015.中国战略性新兴产业政策分析与绩效评价——"非政策失败理论"及实证研究[J].宏观经济研究(10):3-13,23.

李苏秀,刘颖琦,张力,等,2018.战略性新兴产业商业模式创新的系统理论框架[J].科学学研究(6):1110-1118.

李文军,郭佳,2022.我国战略性新兴产业发展:成效挑战与应对[J].经济纵横(8):65-75.

李小平,2007.自主RD、技术引进和生产率增长——对中国分行业大中型工业企业的实证研究[J].数量经济技术经济研究(7):15-24.

李依诺,刘慧,2022.股权激励、研发投入与创新绩效——基于A股上市公司的经验证据[J].生产力研究(9):156-160.

梁涵,2018.量子通信技术的发展现状与应用前景分析[J].黑龙江科学(10):32-33.

梁宗正,闫金定,张月,2022.中国基础研究发展现状与对策分析——基于2005—2019年中国科学十大进展[J].河南大学学报(社会科学版)(4):15-20.

梁宗正,张煜,史冬梅,2023.校企战略科技合作、产业双元创新和行业高质量发展——基于我国信息技术行业的分析[J].河南大学学报(社会科学版)(5):

40-48,153.

林毅夫,苏剑,2007.论我国经济增长方式的转换[J].管理世界(11):5-13.

林毅夫,2010."中国奇迹"的经济学解释[J].理论导报(3):4.

刘彬,邓秀新,2015.基于文献计量的园艺学基础研究发展状况分析[J].中国农业科学(17):3504-3514.

刘冰,周绍东,2014.基于技术和市场内生互动的中国产业升级路径研究[J].管理世界(2):180-181.

刘丹,何理,2021.量子通信技术专利布局及发展趋势研究[J].信息通信技术与政策(7):46-52.

刘凤芹,苏美丽,2022.战略性新兴产业突破性创新路径:技术并购还是自主研发[J].科学学与科学技术管理(8):117-136.

刘刚,李超,吴彦俊,2017.创业团队异质性与新企业绩效关系的路径:基于动态能力的视角[J].系统管理学报(4):655-662.

刘红琴,陆佳勤,2024.中国光伏产业环境成熟度区域异质性研究[J].生态经济(4):46-54.

刘洪民,刘炜炜,2019.战略性新兴产业政策培育及政策窗口的触发机制研究[J].科技促进发展(9):982-987.

刘华军,王耀辉,雷名雨,2019.中国战略性新兴产业的空间集聚及其演变[J].数量经济技术经济研究(7):99-116.

刘晖,刘轶芳,乔晗,等,2014.我国战略性新兴产业创新驱动发展路径研究——基于北京市生物医药行业的经验总结[J].管理评论(12):20-28.

刘井建,2011.创业学习、动态能力与新创企业成长支持模式研究[J].科学学与科学技术管理(2):127-132.

刘可文,车前进,王纯彬,等,2021.新兴产业创新网络的联系、尺度与形成机理[J].科学学研究,39(4):622-631.

刘小花,高山行,2013.原始性创新触发机制研究——基于实践团体及其嵌入网络的视角[J].科学学研究(3):430-436.

刘芸,朱瑞博,2018.架构创新与战略性新兴产业全球价值网络的自主建构及其治理挑战[J].中国地质大学学报(社会科学版)(4):111-125.

刘志高,张薇,2016.演化经济地理学视角下的产业结构演替与分叉研究评述[J].经济地理(12):218-223.

龙桂鲁,盛宇波,殷柳国,2018.量子通信研究进展与应用[J].物理(7):

413-417.

卢启程,梁琳琳,贾非,2018.战略学习如何影响组织创新——基于动态能力的视角[J].管理世界(9):109-129.

陆国庆,王舟,张春宇,2014.中国战略性新兴产业政府创新补贴的绩效研究[J].经济研究(7):44-55.

罗公利,杨青,边伟军,2022.商业模式创新、动态能力与化工企业高质量发展[J].山东社会科学(12):126-133.

罗静,2019.战略性新兴产业对经济高质量发展影响的实证研究——基于资源配置视角[D].广州:广东外语外贸大学.

罗珉,刘永俊,2009.企业动态能力的理论架构与构成要素[J].中国工业经济(1):75-86.

罗拥华,尚雨薇,马永军,2022.机构投资者持股、企业规模与创新投入[J].吉林工商学院学报(2):49-54.

吕凤先,刘小平,贾夏利,2022.近二十年美国量子信息科学战略中基础研究的政策部署和重要进展[J].世界科技研究与发展(1):12-24.

吕岩威,孙慧,2014.中国战略性新兴产业技术效率及其影响因素研究[J].数量经济技术经济研究,31(1):128-143.

马力,陈子薇,2020.科技型衍生企业:衍生动机、资源继承与竞和关系[J].管理现代化(5):56-59.

欧阳峰,曾靖,2015.基于主成分——粗糙集方法的战略性新兴产业创新驱动绩效评价——以战略性新兴产业上市公司为样本[J].工业技术经济(12):30-39.

潘建伟,2020.更好推进我国量子科技发展[J].红旗文稿(23):9-12.

彭小宝,张宇,2018.全球量子通信领域专利大数据竞争战略分析[J].科技与法律(5):62-67.

乔晗,李卓伦,黄朝椿,2023.数据要素市场化建设的影响因素与提升路径[J].外国经济与管理,45(1):38-54.

乔鹏程,张岩松,2023.企业数字化转型、动态能力与创新绩效[J].财会月刊(5):145-152.

乔森,曾恒芳,2019.政府补助、研发投入与创新绩效关系研究——基于中国新能源上市企业的经验数据[J].创新科技(7):20-28.

秦佩恒,赵兰香,万劲波,2020.学术成果商业化过程中的性别差异及其影响因素[J].科学学研究(3):401-408.

秦晓楠,卢小丽,武春友,2014.国内生态安全研究知识图谱——基于Citespace的计量分析[J].生态学报(13):3693-3703.

任转转,邓峰,2023.数字技术要素结构转型与经济高质量发展[J].软科学(1):9-14,22.

沙德春,胡鑫慧,2022.政策驱动型创业生态系统:概念内涵与理论特质[J].创新科技(2):11-19.

沙锐,刘龑龙,王东洋,2021.基于专利分析的中美量子信息科学发展态势研究[J].全球科技经济瞭望(10):68-76.

邵云飞,穆荣平,李刚磊,2020.我国战略性新兴产业创新能力评价及政策研究[J].科技进步与对策(2):66-73.

邵云飞,詹坤,吴言波,2017.突破性技术创新:理论综述与研究展望[J].技术经济(4):30-37.

申俊喜,徐晓凡,2021.消费升级引领战略性新兴产业高质量发展——基于全球价值链攀升的视角[J].南京工业大学学报(社会科学版)(5):49-64.

申小曼,刘雪立,2022.量子通信研究热点及演进趋势[J].科学观察,17(4):13-28.

沈群红,庄伟钢.1998.从知识资本理论看中国高技术企业经营优势的培养[J].科学学与科学技术管理(9):7-10.

盛宇华,蒋后卿,2018.高科技企业技术多元化与企业绩效的关系研究——动态能力的调节作用[J].工业技术经济(2):13-21.

石京民,李健,2019.基于CiteSpace的国内外企业社会责任研究比较分析[J].北京理工大学学报(社会科学版)(1):65-73.

司增绰,刘世泉,2023.数字经济推动制造业高质量发展的路径及其实证检验[J].科学管理研究(6):80-89.

宋芳秀,王一江,任颋,2010.利率、实际控制人类型和房地产业上市公司的投资行为[J].管理世界(4):24-31.

孙慧,张双兰,2018.国际化背景下动态能力与企业创新绩效的关系研究——来自中国高技术企业的经验证据[J].工业技术经济(11):35-43.

孙理军,吕雪,周国华,等,2020a.战略性新兴产业自主发展水平的测度研究[J].宏观经济研究(1):81-94.

孙理军,张蔓,王开明,等,2020b.战略性新兴产业的触发模式及自主发展机制:研究进展及展望[J].科技管理研究(14):20-27.

孙蕊,吴金希,2015.我国战略性新兴产业政策文本量化研究[J].科学学与科学技术管理(2):3-9.

孙晓华,孙瑞,涂安娜,2018.网络效应、新兴产业演化与生态位培育——来自电动汽车行业的ABM仿真研究[J].管理科学学报(11):1-17.

孙治宇,王庚,2019.国内需求培育抑或国外市场拓展:我国战略性新兴产业发展的市场驱动力研究[J].企业经济(1):144-152.

谭海波,范梓腾,杜运周,2019.技术管理能力,注意力分配与地方政府网站建设——一项基于TOE框架的组态分析[J].管理世界(9):81-94.

汤长安,张丽家,殷强,2018.中国战略性新兴产业空间格局演变与优化[J].经济地理(5):101-107.

田露,吴巧生,2023.战略性新兴产业政策影响企业绩效的机制:基于PSM-DID模型的实证分析[J].贵州社会科学(10):117-126.

童欣,易朝辉,管琳,2022.创业拼凑对家庭农场创业绩效的影响机制研究——基于层级回归与fsQCA的分析[J].世界农业(12):107-119.

涂冬波,史静寰,郭芳芳,2013.中国大学生学习性投入调查问卷的测量学研究[J].复旦教育论坛(1):55-62.

汪文祥,2019.积极推动战略性新兴产业高质量发展[J].全球化(2):84-93,136.

王保林,蒋建勋,管璐,2019.高技术企业创新投入对企业成长的研究——基于企业年龄的调节作用[J].技术与创新管理(4):416-424.

王斌,谭清美,2016.市场因素与高技术产业创新成果转化:促进还是抑制?[J].科学学研究(6):850-859.

王炳成,傅晓晖,崔巍,2021.商业模式创意如何才能得到顺利应用?——企业创新文化调节下动态能力的中介作用[J].济南大学学报(社会科学版),31(5):134-144,175-176.

王炳成,郝兴霖,刘露,2020.战略性新兴产业商业模式创新研究——环境不确定性与组织学习匹配视角[J].软科学(10):50-55.

王昶,卢锋华,左绿水,等,2020.地方政府发展战略性新兴产业的政策组合研究[J].科学学研究(6):1001-1008.

王成东,孟浩,蔡渊渊,2023.服务化水平、动态能力与服务化绩效——基于中国高端装备制造企业的实证研究[J].科技与管理(1):24-33.

王海军,张悦,张文耕,等,2021.组织模块化对研究型大学技术转移绩效的影响[J].科技进步与对策(24):28-37.

王海南,王礼恒,周志成,等,2024."四链"深度融合下战略性新兴产业高质量发展战略研究[J].中国工程科学(1):1-12.

王宏起,夏凡,王珊珊,2020.新兴产业技术融合方向预测:方法及实证[J].科学学研究(6):1009-1017.

王宏起,杨仲基,武建龙,等,2018.战略性新兴产业核心能力形成机理研究[J].科研管理(2):143-151.

王卉彤,刘传明,刘笑萍,2019.中国城市战略性新兴产业发展质量测度及时空特征分析[J].城市发展研究(12):130-136.

王卉彤,刘靖,雷丹,2014.新旧两类产业耦合发展过程中的科技金融功能定位研究[J].管理世界(2):178-179.

王瑾,2019.创新型企业绩效评价指标分析[J].现代经济信息(9):99.

王娟,陈世超,王林丽,等,2016.基于 CiteSpace 的教育大数据研究热点与趋势分析[J].现代教育技术(2):5-13.

王娟,刘伟,2021.基于能力模型的战略性新兴产业高质量发展路径研究[J].物流工程与管理(1):135-139.

王珏,秦文晋,2023.中国战略性新兴产业绿色全要素生产率增长的要素源泉及动态演化[J].产业经济评论(4):48-66.

王可心,程春梅,2022.供应链柔性视角下供应链协同与企业绩效关系研究[J].辽宁工业大学学报(社会科学版)(1):39-42.

王利政,2011.我国战略性新兴产业发展模式分析[J].中国科技论坛(1):12-15.

王敏,范佳缘,王丽洁,等,2022.高质量发展下对外贸易效率评价及影响因素——基于长江经济带11省市的实证分析[J].华东经济管理(4):45-51.

王培林,2010.企业知识创造能力评价及其实证研究[J].科技进步与对策(23):128-133.

王沛,余丽霞,2019.高管过度自信、企业异质性与企业创新绩效——基于战略性新兴产业上市公司的实证研究[J].科学与管理(2):1-11.

王钦,邓洲,张晶,2017."十三五"战略性新兴产业发展的政策选择——能力导向与机制创新[J].北京师范大学学报(社会科学版)(2):140-148.

王少永,霍国庆,孙皓,等,2014.战略性新兴产业的生命周期及其演化规律研究——基于英美主导产业回溯的案例研究[J].科学学研究(11):1630-1638.

王伟,2008.文献计量法在技术预见中的应用[D].大连:大连理工大学.

王伟光,冯荣凯,尹博,2015.产业创新网络中核心企业控制力能够促进知识溢出吗?[J].管理世界(6):99-109.

王毅,陈劲,许庆瑞,2000.企业核心能力:理论溯源与逻辑结构剖析[J].管理科学学报(3):24-32.

王宇,刘志彪,2013.补贴方式与均衡发展:战略性新兴产业成长与传统产业调整[J].中国工业经济(8):57-69.

王壮,朱丽莉,2022.我国深度学习的研究主题、研究热点及未来发展趋势——基于国内核心数据库的文献计量分析[J].温州大学学报(社会科学版)(4):106-116.

魏江,焦豪,2008.创业导向、组织学习与动态能力关系研究[J].外国经济与管理(2):36-41.

温忠麟,叶宝娟,2014.中介效应分析:方法和模型发展[J].心理科学进展(5):731.

邬爱其,贾生华,2002.国外企业成长理论研究框架探析[J].外国经济与管理(12):2-5.

巫强,仲志源,陈博宇,2022.战略性新兴产业政策、地方政府回应与企业生产率[J].中国经济问题(2):151-165.

吴航,2014.中国战略性新兴产业发展思路:打造产业创新生态系统[J].现代管理科学(12):61-63.

吴华,王向斌,潘建伟,2014.量子通信现状与展望[J].中国科学:信息科学(3):296-311.

吴绍波,2013.战略性新兴产业创新生态系统协同创新的知识投入激励研究[J].科学学与科学技术管理(9):71-76.

吴松强,张朔,黄盼盼,2022.政治关联对集成电路企业创新绩效提升的影响研究——基于知识整合的中介作用[J].科学管理研究(6):92-99.

吴延兵,2012.中国哪种所有制类型企业最具创新性?[J].世界经济(6):3-29.

伍健,田志龙,龙晓枫,等,2018.战略性新兴产业中政府补贴对企业创新的影响[J].科学学研究(1):158-166.

伍先福,黄骁,钟鹏,2021.新型基础设施建设与战略性新兴产业耦合协调发展测度及其耦合机制[J].地理科学(11):1969-1979.

武光,欧阳桃花,姚唐,2015.战略性新兴产业情境下的企业商业模式动态转换:基于太阳能光伏企业案例[J].管理评论(11):217-230.

肖海莲,巫岑,唐清泉,2016.多元化战略类型、R&D投资与企业绩效[J].当代经济管理(6):14-22.

肖玲玲,金成城,2015.基于专利分析的量子通信技术发展研究[J].全球科技经济瞭望(5):60-65.

肖鹏,王爱梅,刘金培,2019.企业国际化与竞争优势:动态能力的中介效应[J].科技进步与对策(11):85-91.

肖兴志,何文韬,郭晓丹,2014.能力积累、扩张行为与企业持续生存时间——基于我国战略性新兴产业的企业生存研究[J].管理世界(2):77-89.

肖振红,赫博文,李炎,2023.战略性新兴产业政策与企业创新绩效——基于债务融资成本的中介作用和营商环境的调节作用[J].系统管理学报(2):355-366.

肖振红,谭睿,史建帮,等,2022.环境规制对区域绿色创新效率的影响研究——基于"碳排放权"试点的准自然实验[J].工程管理科技前沿(2):63-69.

熊肖雷,2021.科技型企业成长梯队高质量发展的影响因素探析——基于企业成长理论和有序logistic模型的实证研究[J].中国商论(11):33-37.

熊勇清,白云,陈晓红,2014.战略性新兴产业共性技术开发的合作企业评价——双维两阶段筛选模型的构建与应用[J].科研管理(8):68-74.

熊勇清,柯静,2017.新兴产业培育中供需双侧政策敏感度的差异性分析——基于新兴产业不同成长阶段视角[J].南京财经大学学报(5):9-18.

熊勇清,刘娟,2013.战略性新兴产业高管团队的特征及与企业成长关系[J].求索(3):13-15.

胥朝阳,赵晓阳,王晨晨,2018.研发投入、融资约束与企业绩效——基于战略性新兴产业A股上市公司的经验证据[J].哈尔滨商业大学学报(社会科学版)(6):89-100.

徐超,池仁勇,2016.多维企业家社会资本、企业吸收能力与企业绩效研究[J].科技进步与对策(10):82-88.

徐杰,李钰垚,肖远飞,2024.R&D资本化改革、创新驱动与中国制造业高质量增长[J].经济问题探索(2):129-141.

徐宁,徐鹏,吴创,2014.技术创新动态能力建构及其价值创造效应——来自中小上市公司的经验证据[J].科学学与科学技术管理(8):125-134.

徐启建,金鑫,徐晓帆,2009.量子通信技术发展现状及应用前景分析[J].中国电子科学研究院学报(5):491-497.

许冠南,周源,吴晓波,2020.构筑多层联动的新兴产业创新生态系统:理论框架与实证研究[J].科学学与科学技术管理(7):98-115.

许珂,耿成轩,2018.制度环境与战略性新兴产业创新能力发展研究[J].技术经济与管理研究(10):106-111.

薛澜,赵静,2019.走向敏捷治理:新兴产业发展与监管模式探究[J].中国行政管理(8):28-34.

薛明慧,樊一阳,张星,2011.基于知识资本的技术创业企业成长机理研究[J].科技进步与对策(24):81-83.

闫俊周,童超,秦建军,2019.企业进入战略性新兴产业的影响因素——基于Probit选择模型的实证分析[J].经济经纬(2):95-101.

颜晓畅,黄桂田,2020.政府财政补贴、企业经济及创新绩效与产能过剩——基于战略性新兴产业的实证研究[J].南开经济研究(1):176-198.

杨国超,芮萌,2020.高新技术企业税收减免政策的激励效应与迎合效应[J].经济研究(9):174-191.

杨林岩,赵驰,2010.企业成长理论综述——基于成长动因的观点[J].软科学(7):106-110.

杨涛,王婷婷,欧阳昭连,等,2021.基于文献计量学的中国典型城市生物医学工程基础研究实力分析[J].北京生物医学工程(3):252-256.

杨小科,刘静,唐寅,2021.CEO类型、战略选择与家族企业经营绩效——基于中国家族上市公司的实证研究[J].经济管理(11):89-103.

杨秀丽,赵今明,2018.量子通信领域专利分析及对我国发展的启示[J].中国科技资源导刊(6):63-72.

杨艳军,2020.科技金融助力战略性新兴产业高质量发展研究——基于A股上市公司财务数据的实证分析[J].安徽行政学院学报(3):66-70.

杨燕,蔡新蕾,2016.原始性创新的触发机制研究——基于动机性信息处理理论和利益相关者视角[J].科研管理(9):1-10.

杨早立,蔡萌,黄鲁成,等,2021."距离"与"速度"视角下的新兴产业风险评估及其预警——以航天器制造产业为例[J].管理评论(7):43-53.

姚翔,徐艳梅,2013.企业家社会资本、企业动态能力和企业绩效的关系研究

[J].数学的实践与认识,43(9):66-79.

姚潇颖,卫平,李健,2017.产学研合作模式及其影响因素的异质性研究——基于中国战略新兴产业的微观调查数据[J].科研管理(8):1-10.

叶珍珍,范琼,汤书昆,2021.欧美量子科技政策及其背后相关科学家分析[J].世界科技研究与发展(1):77-88.

尹西明,陈劲,2022.产业数字化动态能力:源起、内涵与理论框架[J].社会科学辑刊(2):114-123.

于杰平,王丽,2022.中美量子计算研发现状对比分析及启示[J].世界科技研究与发展(1):35-45.

余东华,吕逸楠,2015.政府不当干预与战略性新兴产业产能过剩——以中国光伏产业为例[J].中国工业经济(10):53-68.

余明桂,范蕊,钟慧洁,2016.中国产业政策与企业技术创新[J].中国工业经济(12):5-22.

余仙梅,谭晓丽,2023.粤港澳大湾区战略性新兴产业高质量发展水平测度[J].技术与创新管理(3):255-261.

张灿,2019.量子通信技术现状与应用前景分析[C]//中国教育发展战略学会教育教学创新专业委员会.2019全国教育教学创新与发展高端论坛论文集(卷三).中国教育发展战略学会教育教学创新专业委员会:264-265.

张红霞,王丹阳,2016.要素投入、产业结构合理化与产业结构高级化——基于山东省面板数据的动态GMM检验[J].华东经济管理(3):57-62.

张敬文,王丹,于深,2020.联盟组合开放度、非正式独占性机制与开放式创新绩效——基于战略性新兴产业数据的实证分析[J].宏观经济研究(1):69-80.

张玲玲,张宇娥,杜丽,等,2021.基础研究与技术创新协同方向及特征研究——以新型电子元器件领域为例[J].图书情报工作(13):55-65.

张路蓬,薛澜,周源,等,2019.社会资本引导下的新兴产业技术扩散网络形成机理与实证研究[J].中国软科学(3):34-45.

张璐,薛慧耀,常雅荔,等,2023.不法常可:如何突破组织惯例的路径依赖——基于资源能力视角的案例研究[J].科学学与科学技术管理(2):56-74.

张明,杜运周,2019.组织与管理研究中QCA方法的应用:定位、策略和方向[J].管理学报(9):1312-1323.

张晓军,席酉民,谢言,等,2010.基于和谐管理理论的企业动态能力研究[J].管理科学学报(4):1-11.

张欣瑞,贺欢,2014.整合能力,新产品开发与企业成长绩效——基于高技术企业的实证研究[J].工业技术经济(3):146-151.

张秀峰,陈光华,杨国梁,等,2015.企业所有权性质影响产学研合作创新绩效了吗?[J].科学学研究(6):934-942.

张永安,胡佩,2019.交互效应视角下政府补助、内部资源与创新绩效关系研究——以战略性新兴产业上市企业为例[J].科技进步与对策(18):68-77.

张志强,陈云伟,陶诚,等,2018.基于文献计量的量子信息研究国际竞争态势分析[J].世界科技研究与发展(1):37-49.

章穗,张梅,迟国泰,2010.基于熵权法的科学技术评价模型及其实证研究[J].管理学报(1):34-42.

赵建吉,王艳华,苗长虹,2019.区域新兴产业形成机理:演化经济地理学的视角[J].经济地理(6):36-45.

赵黎明,宋瑶,殷建立,2017.战略性新兴产业、传统产业与政府合作策略研究[J].系统工程理论与实践(3):642-663.

赵淑芳,王晓通,2022.科技型企业专利对企业外部融资的影响效应:基于异质性视角的实证分析[J].科技管理研究(24):150-157.

郑博熙,杜英,2016.浅谈量子通信技术发展现状及应用前景分析[J].电子世界(8):192.

郑登攀,周青,杨伟,2022.技术创新能力与"一带一路"出口贸易:市场拓展能力和企业年龄的影响[J].管理评论(2):154-165.

郑祥,孔亚东,谭送琴,等,2020.中美膜领域科研实力比较——基于文献计量学的视角[J].膜科学与技术(3):136-144.

仲伟俊,徐示波,梅姝娥,2014.不同需求促进战略性新兴产业发展的比较研究[J].科技与经济(6):101-105.

周鸣昕,董超,郑永和,2018.量子科技领域研究影响力及资助状况国际对比分析[J].中国科学基金(2):224-230.

周妮娜,张林,李培祥,2022.企业动态能力影响创新绩效的路径——基于能力层次论的分析[J].企业经济(7):13-22.

周全,程梦婷,吴绍波,2022.战略性新兴产业创新生态圈的五螺旋创新机制与实施路径[J].科学管理研究(2):73-79.

周申,任思蓉,2023.人力资本结构高级化、产业结构优化与高质量发展——基于中介效应模型[J].云南财经大学学报(11):32-50.

周亚虹,蒲余路,陈诗一,等,2015. 政府扶持与新型产业发展——以新能源为例[J]. 经济研究(1):147-161.

朱庆平,吴根,车子璠,等,2021. 美国国家量子计划实施的特点及启示[J]. 科技导报(18):9-14.

朱秀梅,陈琛,蔡莉,2010. 网络能力、资源获取与新企业绩效关系实证研究[J]. 管理科学学报(4):44-56.

邹建辉,陈德智,2020. 动态能力与企业绩效关系的元分析研究[J]. 管理现代化(4):66-69.

邹丽雪,刘艳丽,董瑜,等,2022. 量子科技创新战略研究[J]. 世界科技研究与发展(2):145-156.

Acs Z J, Anselin L, Varga A, 2002. Patents and innovation counts as measures of regional production of new knowledge[J]. Research Policy, 31(7):1069-1085.

Adner R, 2017. Ecosystem as structure: an actionable construct for strategy[J]. Journal of Management, 43(1):39-58.

Aldrich H E, Fiol M, 1994. Fools rush in? The institutional context of industry creation[J]. Academy of Management Review, 19(4):645-670.

Alic J A, Branscomb L M, Brooks H, 1992. Beyond spinoff: Military and commercial technologies in a changing world[M]. Boston:Harvard Business Press.

Andersson M, Klepper S, 2013. Characteristics and performance of new firms and spinoffs in Sweden[J]. Industrial and Corporate Change, 22 (1):245-280.

Andy N, John M, Ken P, et al., 2000. Performance measurement system design: developing and testing a process-Based approach[J]. International Journal of Operations & Production Management, 20(10):1119-1145.

Arbuthnott A, Eriksson J, Wincent J, 2010. When a new industry meets traditional and declining ones: An integrative approach towards dialectics and social movement theory in a model of regional industry emergence processes[J]. Scandinavian Journal of Management, 26(3):290-308.

Audretsch D B, Coad A, Segarra A, 2014. Firm growth and innovation[J]. Small Business Economics, 43:743-749.

Barney J, 1991. Firm resources and sustained competitive advantage[J]. Journal of Management, 17(1): 99-120.

Bennett C L, Boggess N W, Cheng E S, et al., 1993. Scientific results from COBE[J]. Advances in Space Research, 13(12): 409-423.

Bento N, Fontes M, 2019. Emergence of floating offshore wind energy: Technology and industry[J]. Renewable and Sustainable Energy Reviews, 99: 66-82.

Berchicci L, 2013. Towards an open R & D system: Internal R & D investment, external knowledge acquisition and innovative performance[J]. Research Policy, 42: 117-127.

Bergek A, Jacobsson S, Bo C, et al., 2008. Analyzing the functional dynamics of technological innovation systems: A scheme of analysis[J]. Research Policy, 37(3): 407-429.

Bergh J, Van den Leeuwen E, Oosterhuis F H, et al., 2007. Social learning by doing in sustainable transport innovations: ex-post analysis of common factors behind successes and failures[J]. Research Policy, 36(2): 247-259.

Bhattacharya S, Kretschmer H, Meyer M, 2003. Characterizing intellectual spaces between science and technology[J]. Scientometrics, 58(2): 369-390.

Bjørnåli E S, Gulbrandsen M, 2010. Exploring board formation and evolution of board composition in academic spin-offs[J]. The Journal of Technology Transfer, 35: 92-112.

Boyle A, 2018. Trump signs legislation to boost quantum computing research with $1.2 billion [EB/OL]. (2018-12-21) [2022-06-05].

Breznitz D, 2007. Industrial R & D as a national policy: Horizontal technology policies and industry-state co-evolution in the growth of the Israeli software industry[J]. Research Policy, 36: 1465-1482.

Caniëls M J, Romijn H A, 2008. Actor networks in Strategic Niche Management: Insights from social network theory[J]. Futures, 40(7): 613-629.

Cao X, Zabe-Brechtel C, 2011. Institutional perspective on emerging industry development: Foreign experiences and policy implications for China[J]. Journal of science and technology policy in China, 2(3): 255-276.

Chen W, Zhang Y, Zhu D, 2021. Digital transformation, technological innovation, and green development: Evidence from China's industrial sector[J]. Journal of Cleaner Production, 328: 129-580.

Cheng C, Yang C, Sheu C, 2014. The link between eco-innovation and business performance: a Taiwanese industry context[J]. Journal of Cleaner Production, 64(2): 81-90.

Chesbrough H W, 2006. The era of open innovation[J]. Managing innovation and change, 127(3): 34-41.

Colombelli A, Krafft J, Quatraro F, 2014. The emergence of new technology-based sectors in European regions[J]. Research Policy, 43: 1681-1696.

Conti A, Thursby M, Rothaermel F T, 2013. Show me the right stuff: Signals for high-tech startups[J]. Journal of Economics & Management Strategy, 22(2): 341-364.

Cooper R, Slagmulder R, 2004. Interorganizational cost management and relational context[J]. Accounting, Organizations and Society, 29(1): 1-26.

Daim T U, Rueda G, Martin H, et al., 2006. Forecasting emerging technologies: Use of bibliometrics and patent analysis[J]. Technological Forecasting & Social Change, 73(8): 981-1012.

Dhar S, Tarafdar P, Bose I, 2022. Understanding the evolution of an emerging technological paradigm and its impact: The case of Digital Twin[J]. Technological Forecasting and Social Change, 185: 122-098.

Døving E, Gooderham P N, 2008. Dynamic capabilities as antecedents of the scope of related diversification: the case of small firm accountancy practices[J]. Strategic management journal, 29(8): 841-857.

Eisenhardt K M, Martin J A, 2000. Dynamic capabilities: what are they?[J]. Strategic Management Journal, 21(10-11): 1105-1121.

Ellonen H K, Wikström P, Jantunen A, 2009. Linking dynamic-capability portfolios and innovation outcomes[J]. Technovation, 29(11): 753-762.

Fainshmidt S, Wenger L, Pezeshkan A, et al., 2019. When do dynamic capabilities lead to competitive advantage? The importance of strategic fit[J]. Journal of Management Studies, 56(4): 758-787.

Fiss P C, 2007. A Set-theoretic approach to organizational configurations[J]. The Academy of Management Review, 32(4): 1180-1198.

Foray D, Raffo J, 2014. The emergence of an educational tool industry: Opportunities and challenges for innovation in education[J]. Research Policy, 43(10): 1707-1715.

Forbes P, Kirsch A, 2011. The Study of Emerging Industries: Recognizing and Responding to Some Central Problems[J]. Journal of Business Venturing, 26: 589-602.

Freitas B, Marques A, Silva P, 2013. University – industry collaboration and innovation in emergent and mature industries in new industrialized countries [J]. Research Policy, 42: 443-453.

Grant R M, 1991. The resource-based theory of competitive advantage: implications for strategy formulation[J]. California Management Review, 33 (3): 114-135.

Grewal R, Lilien G L, Mallapragada G, 2006. Location, location, location: How network embeddedness affects project success in open source systems[J]. Management Science, 52(7): 1043-1056.

Guan J, Pang L, 2017. Industry specific effects on innovation performance in China[J]. China Economic Review, 44: 125-137.

Guerzoni M, Aldridge T, Audretsch B, et al., 2014. A new industry creation and originality: insight from the funding sources of University Patents[J]. Research Policy, 43: 1697-1706.

Guo H, Tao R, Zhang J, 2022. The impact of multinational corporations on the technological innovation of Chinese high-tech industries: A panel threshold analysis[J]. Technological Forecasting and Social Change, 174:121-263.

Halme K, Viljamaa K, Merisalo M, 2014. Governing the Knowledge Economy Ecosystem. In Finland as a Knowledge Economy 2.0: Lessons on Policies and Governance[M]. ,Washington, DC:World Bank Institute.

Hambrick D C, Chen M J, 2008. New academic fields as admittance-seeking social movements: The case of strategic management [J]. Academy of Management Review, 33(1): 32-54.

Hanson J, 2018. Established industries as foundations for emerging technological innovation systems: The case of solar photovoltaics in Norway[J]. Environmental Innovation and Societal Transitions, 26: 64-77.

Hekkert M P, Suurs A R., 2007. Functions of innovation systems: A new approach for analysing technological change[J]. Technological Forecasting and Social Change.

Helfat C E, Winter S G, 2011. Untangling dynamic and operational capabilities: Strategy for the (N) ever - changing world[J]. Strategic Management Journal, 32(11): 1243-1250.

Huang S, Shi Y, Chen Q, et al., 2022. The growth path of high-tech industries: Statistic Susural laws and evolution demands[J]. Physica A, 603: 127-719.

Hung S, Chu Y, 2006. Stimulating new industries from emerging technologies: challenges for the public sector[J]. Technovation, 26: 104-110.

Hunt S D, Morgan R M, 1996. The resource-advantage theory of competition: dynamics, path dependencies, and evolutionary dimensions[J]. Journal of marketing, 60(4): 107-114.

Joshi A S, Dincer I, Reddy B V, 2009. Performance analysis of photovoltaic systems: A review[J]. Renewable & Sustainable Energy Reviews, 13(8): 1884-1897.

Kenney M, Pon B, 2011. Structuring the smartphone industry: is the mobile internet OS platform the key? [J]. Journal of industry, competition and trade, 11: 239-261.

Khaire M, 2014. Fashioning an Industry: Socio-cognitive Processes in the Construction of Worth of a New Industry[J]. Organization Studies, 35(1): 41-74.

Kondo M, 1999. R & D Dynamics of Creating Patents in the Japanese Industry[J]. Research Policy, 28(6): 587-600.

Krafft J, Lechevalier S, Quatraro F, et al., 2014. Emergence and evolution of new industries: The path-dependent dynamics of knowledge creation. An introduction to the special section[J]. Research Policy, 43: 1663-1665.

Kuhlmann S, Stegmaier P, Konrad K, 2019. The tentative governance of emerging science and technology—A conceptual introduction[J]. Research policy, 48(5): 1091-1097.

Laak W, Raven R, Verbong G, 2007. Strategic niche management for biofuels: Analysing past experiments for developing new biofuel policies[J]. Energy Policy, 35(6): 3213-3225.

Lechevalier S, Nishimura J, Storz C, 2014. Diversity in patterns of industry evolution: how an intrapreneurial regime contributed to the emergence of the service robot industry in Japan[J]. Research Policy, 43: 1716-1729.

Lee J, Hwang J, Kim H, 2022. Different government support effects on emerging and mature ICT sectors[J]. Technological Forecasting and Social Change, 174: 121-253.

Lee Y H, Kim Y J, 2016. Analyzing interaction in R & D networks using the Triple Helix method: Evidence from industrial R & D programs in Korean government[J]. Technological Forecasting & Social Change, 110: 93-105.

Leonard-Barton D, 1992. Core capabilities and core rigidities: A paradox in managing new product development[J]. Strategic Management Journal, 13(S1): 111-125.

Li D Y, Liu J, 2014. Dynamic capabilities, environmental dynamism, and competitive advantage: Evidence from China[J]. Journal of Business Research, 67(1): 2793-2799.

Li R, Feng Y, 2022. Effects of industry evolution on corporate executive: Evidence from Chinese listed companies[J]. Journal of Organizational Change Management, 35(7): 1113-1124.

Li Y, Wei Y, Li Y, et al., 2022. Connecting emerging industry and regional innovation system: Linkages, effect and paradigm in China[J]. Technovation, 111: 102-38.

Lou C, Lee T, Gong S, et al., 2010. Effects of technical innovation on market value of the U.S. semiconductor industry[J]. Technological Forecasting & Social Change, 77: 1322-1338.

Lounsbury M, Leblebici H, 2004. The origins of strategic practice: Product diversification in the American mutual fund industry[J]. Strategic Organization, 2(1): 65-90.

Lounsbury M, Ventresca M, Hirsch P M, 2003. Social movements, field frames and industry emergence: A cultural-political perspective on US recycling[J]. Socio-Economic Review, 1: 71-104.

Lu C, Rong K, You J, et al. , 2014. Business ecosystem and stakeholders' role transformation: Evidence from Chinese emerging electric vehicle industry [J]. Expert Systems with Applications, 41(10): 4579-4595.

Luzzini D, Amann M, Caniato F, et al. , 2015. The path of innovation: purchasing and supplier involvement into new product development[J]. Industrial Marketing Management, 47: 109-120.

Lynskey M J, 2006. Transformative technology and institutional transformation: Coevolution of biotechnology venture firms and the institutional framework in Japan[J]. Research Policy, 35: 1389-1422.

Maine E, Garnsey E, 2006. Commercializing generic technology: The case of advanced materials ventures[J]. Research Policy, 35(3): 375-393.

Maine E, Thomas J, Utterback J, 2014. Radical innovation from the confluence of technologies: Innovation management strategies for the emerging nanobiotechnology industry[J]. Journal of Engineering and Technology Management, 32: 1-25.

Martin J A, 2011. Dynamic managerial capabilities and the multibusiness team: The role of episodic teams in executive leadership groups[J]. Organization Science, 22(1): 118-140.

Murtha P, Lenway A, Hart A, 2001. Managing new industry creation: Global knowledge formation and entrepreneurship in high technology[M]. Redwood City:Stanford University Press.

Musiolik J, Markard J, Hekkert P, 2012. Networks and network resources in technological innovation systems: Towards a conceptual framework for system building[J]. Technological Forecasting and Social Change, 79(6): 1032-1048.

Newbert S L, 2005. New firm formation: A dynamic capability perspective [J]. Journal of small business management, 43(1): 55-77.

Nill J, Kemp R, 2009. Evolutionary approaches for sustainable innovation policies: From niche to paradigm? [J]. Research Policy, 38(4): 668-680.

Nonaka I, Takeuchi H, 1995. The Knowledge-Creating Company: How Japanese Companies Create the Dynamics of Innovation[M]. London: Oxford University Press.

Pandza K, Thorpe R, 2009. Creative search and strategic sense-making: missing dimensions in the concept of dynamic capabilities[J]. British Journal of Management, 20: S118-S131.

Phill Jones, 周鸣昕, 董超, et al., 2018. 量子科技领域研究影响力及资助状况国际对比分析[J]. 中国科学基金, 32(2): 224-230.

Pisano D G, 2006. Can science be a business? Lessons from biotech[J]. Harvard Business Review, 84(10): 114.

Quatraro F, 2012. The economics of structural change in knowledge[M]. New York: Routledge.

Quitzow R, 2015. Dynamics of a policy-driven market: The co-evolution of technological innovation systems for solar photovoltaics in China and Germany[J]. Environmental Innovation and Societal Transitions, 17: 126-148.

Ragin A B, Oltmanns T F, 1987. Communicability and thought disorder in schizophrenics and other diagnostic groups: A follow-up study[J]. The British Journal of Psychiatry, 150(4): 494-500.

Rasiah R, Shahrivar B, Yap X, 2016. Institutional support, innovation capabilities and exports: Evidence from the semiconductor industry in Taiwan[J]. Technological Forecasting & Social Change, 109: 69-75.

Roberts K, David P N, 1996. The balanced scorecard: translating strategy into action[M]. Boston: Harvard Business School Press.

Roca B, Vaishnav P, Morgan M, et al., 2021. Technology forgiveness: why emerging technologies differ in their resilience to institutional instability[J]. Technological Forecasting and Social Change, 166:120-599.

Rong K, Lin Y, Shi Y, et al., 2013. Linking business ecosystem lifecycle with platform strategy: A triple view of technology, application and organisation[J]. International journal of technology management, 62(1): 75-94.

Rong K, Patton D, Chen W, 2018. Business models dynamics and business ecosystems in the emerging 3D printing industry[J]. Technological Forecasting and Social Change, 134: 234-245.

Rothaermel F T, Hess A M, 2007. Building dynamic capabilities: Innovation driven by individual-, firm-, and network-level effects[J]. Organization Science, 18(6): 898-921.

Ruan Y, Hang C, Wang Y, 2014. Government's role in disruptive innovation and industry emergence[J]. Technovation, 34: 785-796.

Sanchez R, 1996. Strategic product creation: Managing new interactions of technology, markets, and organizations[J]. European management journal, 14(2): 121-138.

Sarpong D, AbdRazak A, Alexander E, et al., 2017. Organizing practices of university, industry and government that facilitate (or impede) the transition to a hybrid triple helix model of innovation[J]. Technological Forecasting and Social Change, 123: 142-152.

Schot J, Steinmueller W E, 2018. Three frames for innovation policy: R & D, systems of innovation and transformative change[J]. Research Policy, 47(9): 1554-1567.

Shane S, 2001. Technological opportunities and new firm creation[J]. Management Science, 47(2): 205-220.

Song D, Liu S, Shi H, 2015. Formation Mechanism and Evolutionary Path of Emerging Industries[J]. Journal of Grey System, 27(3): 203-212.

Stadler C, Helfat C E, Verona G, 2013. The impact of dynamic capabilities on resource access and development[J]. Organization Science, 24(6): 1782-1804.

Storz C, 2008. Dynamics in innovation systems: Evidence from Japan's game software industry[J]. Research Policy, 37: 1480-1491.

Sun X, Liu X, Wang Y, et al., 2019. The effects of public subsidies on emerging industry: An agent-based model of the electric vehicle industry[J]. Technological Forecasting & Social Change, 140: 281-295.

Suzuki J, Kodama F, 2004. Technological diversity of persistent innovators in Japan: Two case studies of large Japanese firms[J]. Research Policy, 33: 531-549.

Szerb L, Lafuente E, Horváth K, et al., 2019. The relevance of quantity and quality entrepreneurship for regional performance: The moderating role of the entrepreneurial ecosystem[J]. Regional Studies, 53(9): 1308-1320.

Teece D J, Pisano G, Shuen A, 1997. Dynamic capabilities and strategic management[J]. Strategic Management Journal, 18(7): 509-533.

Teece D J, 2018. Business models and dynamic capabilities[J]. Long Range Planning, 51(1): 40-49.

Toole A, 2012. The impact of public basic research on industrial innovation: Evidence from the pharmaceutical industry[J]. Research Policy, 41: 1-12.

Tripsas M, 1997. Unravelling the process of creative destruction: complementary assets and incumbent survival in the typesetter industry[J]. Strategic Management Journal, 18(1): 119-142.

Uzunca B, 2011. Comparative Advantages of Spinoff Firms: An Evolutionary Perspective[J]. Journal of Technology Management & Innovation, 6(4): 80-92.

Van de Ven A H, 2005. Running in packs to develop knowledge-intensive technologies[J]. MIS Quarterly, 29(2): 365-377.

Von Zedtwitz M, Gassmann O, 2002. Market versus technology drive in R&D internationalization: Four different patterns of managing research and development[J]. Research policy, 31(4): 569-588.

Wang C L, Ahmed P K, 2007. Dynamic capabilities: A review and research agenda[J]. International Journal of Management Reviews, 9(1): 31-51.

Wang X, Li B, Yin S, et al., 2021. Formation mechanism for integrated innovation network among strategic emerging industries: Analytical and simulation approaches[J]. Computers & Industrial Engineering, 162:107-705.

Wang Y, Li J, 2021. Technological innovation, economic resilience, and the high-quality development of China's high-tech industry. Research Policy[J], 50(7):104-263.

Wang Y, Hsu T, 2018. Dynamic capabilities of biologics firms in the emerging business market[J]. Industrial Marketing Management, 71: 5-18.

William J W, Pankaj C P, Vinit P, et al., 2013. Nonlinear effects of entrepreneurial orientation on small firm performance: The moderating role of resource orchestration capabilities[J]. Strategic Entrepreneurship Journal, 7(2): 93-121.

Xu G, Wu Y, Minshall T, et al., 2018. Exploring innovation ecosystems across science, technology, and business: A case of 3D printing in China[J].

Technological Forecasting & Social Change, 136: 208-221.

Yin R K, 2003. Applications of case study research[M]. New York: Sage Publications.

Yu J, Xiao X, Zhang Y, 2016. From concept to implementation: The development of the emerging cloud computing industry in China[J]. Telecommunications Policy, 40: 130-146.

后 记

2010年《国务院关于加快培育和发展战略性新兴产业的决定》发布以来,中国战略性新兴产业规模持续扩大,已经成为中国构建现代产业生态系统、发展新质生产力的重要组成部分。战略性新兴产业的成长潜力大、创新活动突出,孕育和发展受到多种因素的复杂作用并具有探索性。基于中国加快战略性新兴产业发展的时代特征、现实需求,以及相关主体的资源禀赋、功能定位差异,本书探讨战略性新兴产业的触发机制与高质量发展路径。

全书的框架设计由孙理军承担。孙理军完成了"前言""4 战略性新兴产业企业触发模式、动态能力与绩效关系研究""2.4 战略性新兴产业触发过程的理论框架构建"等内容;张琦参与了理论框架构建研究,撰写了"3 战略性新兴产业触发过程:中美量子通信产业案例比较"等内容;刘家国撰写了"5 战略性新兴产业高质量发展路径""6.1 中国战略性新兴产业触发的基础条件评估""6.2 中国战略性新兴产业触发的重大机遇""6.3 中国战略性新兴产业触发的主要挑战",并承担了全书的正文校对、主要参考文献规范等工作;张尧承担了"1 绪论""2.1 战略性新兴产业触发的质性特征与关键要素""2.2 战略性新兴产业触发体系的功能分析""2.3 战略性新兴产业触发过程的解析",以及"6.4 中国战略性新兴产业触发策略与政策改进的核心思想"6.5 中国战略性新兴产业触发的策略选择及政策建议"部分的研究内容;研究生高倩、王慧、纪佳怡、本科生李政辉(现东南大学在读研究生)参与了本书的研讨,承担了部分数据与资料收集及整理、部分内容初稿的撰写,感谢他们的辛勤工作和贡献。参与研讨、研究工作并做出积极贡献的还包括马海燕副教授、周国华副教授、王腾博士、田东山副研究员,以及研究生吕雪、张蔓等。本书参考了国内外一些学者的研究成果,在此表示特别感谢!不足之处,敬请各位读者、专家和学者批评指正!

最后,借此机会感谢中国地质大学(武汉)经济管理学院工商管理学科建设专家郭锐教授的热情指导、大力支持和及时帮助!